U0940500

目　录

绪　言

任何一种宗教的传播、发展与流变的状态都取决于它自身与所在社会的互动关系。佛教成为中国文化的一个有机构成，正是与中国社会长期互动并自我适应改造的结果。但在中国强大的专制集权政治背景下，佛教的盛衰消长显然受着帝王君主思想信仰倾向的直接影响。“释、老之教，行乎中国也，千数百年，而其盛衰，每系乎时君之好恶。”① 明代是一个中国专制集权政治发展最为典型的时代，帝王在以儒家“王道”为正统的基础上，又大力提倡佛教，使其成为辅助“王道”的思想教化工具。但另一方面，佛教不仅仅是一种以信仰为核心的思想意识形态，也是一种以宗教社团（寺院、宗派等）形式而存在的现实社会力量，因此，在思想信仰层面倡导佛教的同时，明朝帝王对佛教僧团又采取了严格限制和严密控制的措施，从而形成了明代皇室对佛教既倡导崇奉又约束限制的政策基调。但佛教对帝王的意义并不仅仅在于其教化民众以维护现存的社会政治秩序上，佛教是一种意识形态，但更是一种以信仰为核心的文化形态，它对社会各个层面都极具渗透力，作为集权政治枢机的宫廷也不能超然其外。所以，明代帝王对佛教的推崇倡导一方面是基于其社会政治价值的考量，另一方面也缘之于个人思想信仰的内在因素，奉事佛教是明代帝后精神生活的重要内容。然而，明朝帝后之奉佛却以无数人力、财力、物力的耗费以及朝纲政事的萎靡荒殆为代价，因此，佛教便常常被朝野上下斥以“惑世诬民”和“乱政蠹财”；

① 《元史》卷202《释老》，中华书局点校本。

而在正统的儒家视野中，佛教自然成为妨害“王道”正统，也即所谓“圣贤之道”的“异端”、“左道”。在此背景下，佛教实际上就被视为一种消极的文化存在。这是明代帝王与佛教关系研究中值得探讨的问题。

宦官与佛教关系密切，与佛教僧团有着广泛的联系和交往，这是明代宫廷与佛教的关系的一大特点。明代宦官是宫廷中十分显要的政治力量，这使得他们与佛教的关系格外引人注目。以宫廷势要和佛教檀越这样的双重身份和特殊角色，宦官与佛教的关系更具有了许多不同寻常的内涵和意义。深入研究宦官与佛教的关系，不仅有助于更全面地认识明代宫廷与佛教的关系，也是从宗教与文化的特殊角度对宦官这一特殊群体研究的一种拓展，有助于进一步加深对明代宦官政治的认识。

“明朝宫廷与佛教关系研究”是一个介于明史和佛教史之间的课题，但无论从明史研究还是从明代佛教史的研究来看，这一课题的研究基本上还处在一种拓荒阶段。就相关的研究而言，主要集中在明初太祖佛教政策的探讨方面。早在 20 世纪上半期，日本学者清水次泰、龙池清等就有关于明太祖的僧团统制政策方面的探讨之作发表。[①] 近二十多年来，又有郭朋、朱鸿、陈高华、陈连营、周齐、释见晔、陈玉女、程志强等人著文研讨太祖佛教政策的内容、影响、特点及太祖与僧人的关系等等诸多方面。[②] 大多认为明太祖在儒术治国的前提下，于佛教既有崇尚倡导的一面，也有限制和控制的一面，并认为太祖朝的佛教政策奠

---

① 如清水次泰《明代佛道统制考》（载日本《东洋史会纪要》1937 年第 2 期，转见于释见晔《明太祖的佛教政策及其因由之探讨》，载台湾《东方宗教研究》1994 年新 4 期）；龙池清《明代的瑜珈教僧》（载日本《东方学报》第 11 册，1940 年，转见于陈玉女《明代瑜珈教僧的专职化及其经忏活动》，台湾《新世纪宗教研究》1993 年第 3 卷第 1 期）、《明代的僧官》（载日本《支那佛教史学》1940 年第 4 卷第 3 期，转见于释见晔《明太祖的佛教政策及其因由之探讨》）及《明太祖的佛教政策》（收入张曼涛主编《现代佛学丛刊》第 15 册，台湾大乘文化出版社 1977 年版）等。

② 分别见郭朋《明太祖与佛教》，《世界宗教研究》1982 年第 1 期；朱鸿《明太祖与僧道——兼论太祖的宗教政策》，台湾“国立”师范大学《历史学报》1990 年第 18 期；陈高华：《朱元璋的佛教政策》，《明史研究》第 1 辑（1991 年）；陈连营《试论明初洪武年间对佛、道二教的整顿与管理》，《史学月刊》1991 年第 3 期；释见晔《明太祖的佛教政策及其因由之探讨》，台湾《东方宗教研究》新 4 期（1994 年）；周齐《试论明太祖的佛教政策》，《世界宗教研究》1998 年第 3 期；陈玉女《明太祖征儒僧与统制僧人的历史意义》，台湾《中国佛学》第 2 卷第 1 期（1999 年春季号）；程志强《明太祖的三教思想、政策和影响》，《史林》2002 年第 1 期。

定了明代佛教政策的基调。其中朱鸿《明太祖与僧道——兼论太祖的宗教政策》指出："明太祖对宗教的态度着重于其对政治利益的观点上，他与僧道的关系端视二教对现实政治的利用价值而定。"周齐《试论明太祖的佛教政策》一文，总结了太祖佛教政策推行造成的官僚化僧伽管理、功能化僧伽结构和道德化僧伽形象的三大结果。台湾教内学者释见晔法师在《明太祖的佛教政策及其因由之探讨》中认为："太祖的佛教政策约有三类：管制、隔离、怀柔礼遇，而以隔离政策为其特色。换言之，其政策原则是僧俗隔离，方向是采限制而不禁绝……基本上，管制及怀柔、礼遇政策多承袭前人，而隔离政策除继承前人外，尚有太祖的创意，故笔者以此项是太祖整个佛教政策的核心与特色。"而在此种政策主导下，"洪武时期的佛教发展对明清以来的近世、现代佛教，有关键性的影响。并且对明清以来所谓'佛教衰微'之趋势，有重要的促进作用"[①]。白文固先生还比较系统地探讨了太祖时期僧官体制的建构及其相关问题；[②] 台湾陈玉女先生又有《明代瑜伽教僧的专职化及其经忏活动》一文，[③] 在龙池清研究的基础上，就洪武时期所促成瑜伽教僧的专职化对中国佛教和社会的影响作了探讨。认为经过太祖的规划及其后的发展，瑜伽教僧的经忏活动，渐成明清以来中国佛教与社会互动的主要走向，是僧俗往来的重要桥梁，佛教更趋世俗化与大众化，但同时，"追求丛林生活与穷究义理之佛教精神本色却相对地减弱与衰退"。成祖在明代宫廷与佛教关系史上地位十分重要，王崇武先生早在1949年就发表《明成祖与佛教》一文，[④] 主要分析成祖在宗教上师法太祖笃信佛教。利用朝鲜方面有关史料是本文的一个特点。但此后相关的研究在很长一段时间都没有太大的进展。1991年，台湾学者曹仕邦发表《明成祖对佛教的政治利用》一文，分析认为成祖之崇佛，实是为借以宣传自己为"名正言顺，天意所归的大明帝国缵统者"[⑤]。2000年何孝

---

① 参见台湾《东方宗教研究》新4期（《东方宗教讨论会论集》）。

② 参见谢重光、白文固《中国僧官制度史》，青海人民出版社1990年版；白文固、赵春娥《中国古代僧尼名籍制度》，青海人民出版社2002年版。

③ 参见台湾《新世纪宗教研究》第3卷第1期。

④ 原载《中国社会经济史集刊》第8卷第1期，转载《明史研究论丛》第二辑，台湾大立出版社1984年版。

⑤ 参见台湾《国际佛学研究》1991年创刊号。

荣也发表《明成祖与佛教》一文,[①] 也对成祖与佛教的关系作了研讨,认为,佛教的社会教化功用和对佛教的崇信是明成祖制定佛教政策的基石和重要出发点,而利用佛教为其篡夺皇位服务也决定了成祖对佛教的态度。

关于明代其他皇帝与佛教关系的探讨比较少见。郭朋先生《明清佛教》有《明武宗与佛教》一节,[②] 对武宗与佛教关系作了简要叙述。何孝荣先生《论明世宗禁佛》则对明世宗禁佛的原因、情况和影响等问题进行了分析。另外,一些明史著作和明帝传记中或多或少都涉及了明代帝王与佛教关系及其佛教政策。台湾学者陈玉女《明万历时期慈圣皇太后的崇佛》探讨了明万历时期慈圣皇太后奉佛及其对明末佛教复兴的意义,认为慈圣奉佛,“再度促使宫廷佛教恢复昔日盛况,甚至带动京师及其周边地区的佛教快速成长”[③]。

明代皇室与藏传佛教的关系十分密切,一些研究藏传佛教和西藏史的著述中如王森先生的《西藏佛教发展史略》[④]、牙含章先生的《达赖喇嘛传》和《班禅额尔德尼传》[⑤]、邓锐龄先生的《元明两代中央与西藏地方的关系》[⑥] 等都有所论述。另外,明代成祖、宣宗诸帝敕封藏传佛教领袖人物为法王、王等,日本学者佐藤长在20世纪60年代撰著的《明代八大教王考》中即对此进行了较为系统的研究。近十余年来,邓锐龄、陈楠等又分别就大宝法王哈立麻、大慈法王释迦也失及大智法王班丹札释入朝、受封及其与明皇室关系诸问题,作了更为细致的研究,[⑦] 从而推进了对明皇室与藏传佛教关系的认识。

近年来,明代宦官与佛教的关系也开始引起一些学者的关注。何孝

---

① 《佛学研究》2000年年刊。

② 郭朋:《明清佛教》,人民出版社1982年版。

③ 台湾“国立”成功大学历史学系:《历史学报》第23号抽印本(1996年)。

④ 中国社会科学出版社1998年版。

⑤ 《达赖喇嘛传》,人民出版社1984年版;《班禅额尔德尼传》,西藏人民出版社1990年版。

⑥ 中国藏学出版社1989年版。

⑦ 邓锐龄:《〈贤者喜宴〉明永乐时尚师哈立麻晋京纪事笺证》,《中国藏学》1992年第3期;陈楠:《大智法王考》,《中国藏学》1996年第4期;陈楠:《大慈法王与明廷封授关系》,《中国藏学》2003年第1期;陈楠:《释迦也失在南京、五台山及其与明成祖关系史实考述》,《西藏研究》2004年第3期。

荣先生发表了《明代宦官与佛教关系》一文,[①] 阐述了明代宦官与佛教关系的基本内容，并分析了宦官奉佛的原因。程恭让先生则有《明代太监与佛教关系考述》一文,[②] 重点讨论了明代宦官佛教信仰的背景与原因、宦官与佛寺建置及宦官与僧人的关系等问题。可以说这是近年来明代佛教史研究新开拓的一个课题。不过，在明代宦官与佛教关系的研究方面，台湾学者陈玉女先生的《明代二十四衙门宦官与北京佛教》引人注目,[③] 此著从佛教社会史的角度，并大量使用碑刻资料，对明代宦官崇佛、宦官与僧人的交往、宦官与北京地区佛寺兴衰的关系等进行了相当系统和细致的考察，较充分地展现了明代宦官与佛教关系的基本面貌。

另外，台湾杨启樵先生著有《明清皇室与方术》一书,[④] 论述明代诸帝溺好佛道两教中术数、方术的状况及其对政事民生的消极影响。

本书在广泛搜集史料和前贤时俊已有研究的基础上，对有明一代宫廷与佛教的关系作一较为系统的考察。全书分为六个部分，分阶段论述此种关系演进的脉络及各个阶段的一些特点，阐明包括帝后以及宦官在内的宫廷力量对明代佛教发展的作用和影响，同时，探讨佛教对于帝后及宫廷内宦所具有的意义。

---

① 《南开学报》2000 年第 1 期。

② 《首都师范大学学报》2002 年第 3 期、第 4 期。

③ 台湾如闻出版社 2001 年版。

④ 上海书店 2004 年版。

第一章

明太祖与佛教

第一节　明太祖对佛教的推崇与倡导

佛教自汉代传入中国后，经过长期调整适应，至隋唐时期便完成了自身中国化的历史进程，成为根植于中国社会的一种普遍的宗教信仰，其种种思想和观念渗透于中国人的精神世界。隋唐以降，佛教又进一步在思想领域和儒、道二家互动调和，成三教融通的局面。佛教在社会思想和文化领域广泛而巨大的影响，促使历代帝王在奉行传统儒家“王道”或所谓“圣贤”之道的同时，也将佛教视为施政治民的重要思想工具，借之以教化臣民，辅助“王纲”。这是统治者对佛教取倡导推崇之策的基本出发点。

明太祖治国，首重“礼法”，称“礼法，国之纲纪。礼法立，则人志定，上下安”①。而所谓“礼”，无非是正统儒家社会政治思想与纲常伦理的体现，贯穿着儒家“治国平天下”的理念。但长期寄身佛门的经历，使朱元璋对佛教有着比一般帝王更为直观和真切的体认，也十分清楚佛、道两教对于专制统治的裨益之处。所以明太祖在以儒术治国的基本前提下，提倡“三教合一”之论，充分利用佛、道两教的思想文化资源为自己的专制统治服务。他在《三教论》中指出：“三教之说，自汉历宋至今，人皆称之。于斯三教，除仲尼之道祖尧舜，率三王，删诗制典，万世永赖；其佛仙之幽灵，暗助王纲，益世无穷，惟常是吉。

① 《明太祖实录》卷14，甲辰年正月戊辰，(台湾)“中央研究院”历史语言所校勘本。

尝闻，天下无二道，圣人无两心。三教之立，虽持身荣俭之不同，其所济给之理一。然于斯世之愚人，于斯三教有不可缺者。”① 因此，在不遗余力地进行礼法建设的同时，又倡导佛教思想，发挥其教化益治的功用。《明太祖集》收录有大量朱元璋有关佛教的言论，可以看到他对佛教“阴助王化”的政治功用是十分推崇的。他在《论僧纯一敕》中称：

> 昔释迦之为道，孤处雪岭，于世俗无干，及其道成也，善被两间，灵通上下，使鬼神护卫而听从，故世人良者愈多，顽恶者渐少，所以治世人主每减刑法而天下治，斯非君减刑法，而由佛化博被之然也。所以柳子厚有云阴翊王度是也。②

可见，明太祖认为佛教教化可以促使世人趋良向善，因而可以助成天下之治。

朱元璋指出，儒家“三纲五常”为自古以来“圣贤”“驭世”之“不易之道”，“未尝有舍此道而安天下”者，但“自中古以下愚顽者出不循教者广，故天地异生圣人于西方，备神通而博变化，谈虚无之道，动以果报因缘，是道流行西土，其愚顽闻之如流趋下。渐入中国，阴翊王度已有年矣。斯道非异圣人之道而同焉”，③ 两者之间所异之处只是阴阳虚实之别，即佛为阴虚，儒为阳实。“所以云阴者何？举以鬼神，云以宿事，以及将来，其应莫知，所以幽远不测。所以阴之谓也，虚之谓也。其圣贤之道为阳教，以目前之事，亦及将来，其应甚速，稽之有不旋踵而验，所以阳之谓也，实之谓也。斯二说，名之则也异，行之则也异，若守之于始，行之以终，则利济万物，理亦然也。所以天下无二道，圣人无两心。”④ 所以“阳摄以纲常，而阴范以名相昙那止观之

---

① （明）姚士观等编校：《明太祖集》卷10，文渊阁四库全书本。

② （明）姚士观等编校：《明太祖集》卷8。

③ （明）姚士观等编校：《明太祖集》卷10《宦释论》。

④ 同上。

论”，以为“摩善厉俗之方”[①]。但朱元璋又认为，谓佛教为“虚”，也只是相对于“圣贤之道”而言的，他在《心经·序》中就讲道：

> 二仪久判，万物备周。子民者君，君育民者法，其法也，三纲五常以示天下，亦以五刑辅弼之。有等凶顽不循教者，往往有趋火赴渊之为，终不自省。是凶顽者非特中国有之，尽天下莫不亦然。俄西域生佛号曰释迦，其为佛也，行深愿重，始终不二，于是出世间脱苦趣。其为教也，仁慈忍辱，务明心以立命，执此道而为之，皆若此利济群生。今时之人，罔知佛之所以，每云法虚空而不实，何以导君子，训小人。以朕言之，则不然。佛之教实而不虚，正欲去愚迷之虚，立本性之实，特挺身苦行，外其教而异其名，脱苦有情。[②]

佛教有儒术所不及的独特的“善世”功用，这正是它实而不虚之处。明太祖又指出：“僧言地狱镬汤，道言洞里乾坤、壶中日月，皆非实相，此二说俱空岂足信乎？然此佛虽空，道虽玄，于内奇天机而人未识。”正是凭借这种人所未识的“玄奇”之机，佛、道两教方能宣化民众，“每所化处宫室殿阁与国相齐，人民焚香叩祝祝祷无时不至”，“愚民未知国法，先知虑生死之罪，以至于善者多而恶者少，暗理王纲，于国有补无亏”[③]。这就是说，佛教所谓“天堂”、“地狱”之类虽属虚无缥缈的东西，但是却可以实实在在地资以训世，“神道设教”。当然，太祖又清醒地提出，佛教所谓“天堂”、“地狱”之类，“本非实相”，所以也不能“妄求其真”，要保持理性的态度，也就是说，不能像梁武帝那样溺事佛教，“惟常至吉”，否则“祸生有日矣”。[④]

值得注意的是，明太祖虽然将佛教所宣扬“天堂”、“地狱”指为虚象，但他又是一个鬼神论的倡导者，肯定鬼神是存在的。他认为：

---

① （明）葛寅亮：《金陵梵刹志》卷16陈治本《重修南京僧录司碑记》，四库全书存目丛书影印本。

② （明）姚士观等编校：《明太祖集》卷10。

③ （明）姚士观等编校：《明太祖集》卷10《释道论》。

④ 同上。

“其鬼神之事未尝无，甚显而甚寂，所以古之哲王立祀典者以其有之而如是。其于显寂之道必有为而为，夫何故？盖为有不得其死者，有得其死者，有得其时者，有不得其时者。不得其死者何为？壮而夭，屈而灭，斯二者，乃不得其死也。盖因人事而未尽，故显。且得其死者以其人事而尽矣，故寂。”① 特别是经历了元末剧烈的社会动荡和兵戈扰攘，“有生之类不得正命而终，动亿万计，灵氛纠蟠，充塞上下，吊奠靡至，茕然无依，天阴雨湿之夜，其声或啾啾有闻，宸衷尽伤，若疚在躬”。而佛教“举鬼神”、“云宿事”，有一整套救度济拔之术，最为太祖所重，以为“洗涤阴欝，升陟阳明，惟大雄氏之教为然”②。为此，他曾频频地向高僧们请教和咨询佛教当中有关鬼神的论述。洪武时期，法会频兴，其主要目的就是济拔荐度那些阴魂冤鬼，借以安抚人心。可见，太祖在肯定鬼神存在的基础上，是举鬼神而劝人事，资神教民。所以在朱元璋看来，否定鬼神的存在，就等于教人们“无畏于天地，不血食于祖宗”③。自然不利于社会秩序的稳定。

正是基于对佛教的上述基本认识，朱元璋建立明王朝后，在施行儒术治国的同时，以佛教（也包括道教）为专制统治不可或缺的社会教化工具，采取倡导和推崇佛教的政策。而佛教的社会教化意义也成为太祖之后明朝历代皇帝推崇佛教的一个基本出发点。

第二节　明太祖与江南佛教上层的关系

一　明太祖与江南佛教上层的结纳

元代汉地佛教以禅宗为主流，主要是曹洞宗和临济宗，前者曾一度盛于北方，但到元末也已衰落；后者则以南方为主，临济宗中有影响的大德几乎都在江浙活动。所以江南地区实为元代汉地佛教的中心。元代江南行宣政院之设，目的正在于对这一地区佛教力量的掌控。“当元文、顺二帝时，楚山南北、浙水东西，其有道尊宿，无不

---

① （明）姚士观等编校：《明太祖集》卷10《鬼神有无论》。

② （明）宋濂：《宋学士文集》卷15《銮坡集》卷1《蒋山广荐佛会记》，四部丛刊本。

③ （明）姚士观等编校：《明太祖集》卷10《鬼神有无论》。

经锡徽号。"[①] 与此同时，江南佛教上层往往儒释兼通，很多人又长于诗文，工于书画，与士大夫阶层有着十分广泛的交往。特别是元末，"四方多事，士大夫逃禅海滨者众"，[②] 士大夫与江南上层僧人的关系更加密切，朱元璋谋臣宋濂就是其中最有代表性的人物。对于江南佛教所具有的影响和分量，朱元璋显然有着准确的估量。所以，自其率军进入江南始，就注意结纳当地名德硕僧，以为笼络和团结江南佛教力量。元至正十四年（1354），朱元璋初入金陵，闻知金陵南天宁山中有僧法秀者"戒行孤峻"、"道播诸方"，即"单骑入山，与语相契"，此后时常派要员赍送供施。不过，法秀可能是个淡于世俗的山林禅，后来便云游他方，不知所终。洪武二十年（1387），明太祖突然想起与法秀的这段佛缘，便敕于天宁山原法秀禅修处修建了般若寺，以示眷念[③]。在朱元璋和江南佛教上层的最初结纳关系中，金陵大龙翔集庆寺显然具有重要意义。当朱元璋进入南京后，与其关系最为密切的便是该寺第三代住持僧怀信和第四代住持慧昙。大龙翔集庆寺系由元文宗潜邸敕建而成的佛教寺院，"栋宇之丽甲天下"，有"国朝江南建寺，惟此一寺为盛"之称，其宗教和政治地位非同一般。与此同时，"其秉住持事者若笑隐䜣公、昙芳忠公皆名德之士，举行百丈清规，为东南之楷"[④]。笑隐䜣公即笑隐大䜣，也即此寺开山住持广智。广智为元代临济宗匠之一，极受元皇室的礼重。龙翔集庆寺建成后，奉敕为开山住持，天历三年，文宗诏其入觐。至正二年，元顺帝又通过帝师公哥儿监藏巴藏卜颁降法旨，令广智校证归一《百丈清规》。昙芳继广智后住持集庆寺，此人为元代临济宗崇岳一系的代表人物。可见，龙翔集庆寺足可以视为江南佛教力量的一个象征，也很自然得到朱元璋的重视。朱元璋进驻金陵时，龙翔寺住持为怀信。怀信字孚中，浙江奉化人，早年习教，后从竺西怀坦入禅，元帝赐有"广慧妙悟智宝弘教禅师"之号及金襕法衣。至正九年继昙芳之后以"名德"身份出主大龙翔集庆寺。至正十六年朱元璋军

① （清）自融撰，性磊补辑：《南宋元明禅林僧宝传》卷10《楚石愚庵梦堂三禅师》，台湾白马精舍影印卍续藏经本。

② 同上。

③ （明）明河：《补续高僧传》卷15《法秀禅师传》，台湾白马精舍影印卍续藏经本。

④ （明）宋濂：《宋学士文集》卷5《銮坡集》卷5《大天界寺住持孚中禅师信公塔铭》。

南渡入金陵，龙翔寺僧徒风闻星散，怀信则坚守不去。朱元璋对之颇示礼重，曾数往寺中听其说法。“嘉师言行纯悫。特为改龙翔为大天界寺。”[①]“寺有逋租在民间者，官为征集。僧众日归，法施益盛。”[②] 元至正十七年，怀信坐化，朱元璋“诏出内府帛泉助其丧事，且命卜葬。举龛之夕，上亲致奠，送出都门外”[③]。“其荣宠之加，近代无与同者。”[④]

慧昙，字觉原，浙江天台人，为广智弟子，广智奉敕出主龙翔，慧昙与偕，“掌藏钥，继分座”[⑤]。天历三年，随广智至大都朝见文宗，并得谒见帝师。元至顺二年（1331），奉行宣政院命出主南京牛首祖堂寺，至正三年出主清凉广惠寺，均著起废图新之绩，受到帝师嘉奖，授以“净觉妙辨禅师”之号。[⑥] 至正十五年住持保宁寺。朱元璋入南京，慧昙即主动向其靠拢。“丙申（即元至正十六年），王师定建业，师谒皇上于辕门。上见师气貌异常，尝叹曰，此福德僧也。命主蒋山兴国禅寺。”[⑦] 蒋山寺即后来的灵谷寺。时值兵戈扰攘，寺院的维系颇为艰难，而慧昙则积极争取朱元璋的支持，保障了寺院的正常运作。“时当俭岁，师化食以给其众，无缺乏者。山下田人多隶军籍，师惧寺之田荒废也，请于上而归之。山之林木为樵者所剪伐，师又陈奏，上封一剑，授师曰：敢有伐木者斩。”至正十七年，怀信去世后，慧昙奉命为天界寺第四任住持。此后，朱元璋常于寺内设举广荐法会，慧昙“必升座举宣秘法要，车驾亲帅群臣幸临，恩数优洽”。朱元璋还亲书“天下第一禅林”六字，悬于山门。朱元璋登极前夕，诏慧昙率僧众一千余“披阅藏经，用严清净觉地”，慧昙升座说法，朱元璋率群臣“座前瞻听，大

---

① （明）宋濂：《宋学士文集》卷5《銮坡集》卷5《大天界寺住持孚中禅师信公塔铭》。

② 喻谦：《新续高僧传》四集卷51《明金陵大天界寺沙门释怀信传》，上海古籍出版社《高僧传合集》本。

③ （明）明河：《补续高僧传》卷14《天界孚中信禅师传》。

④ （明）宋濂：《宋学士文集》卷5《銮坡集》卷5《大天界寺住持孚中禅师信公塔铭》。

⑤ （明）文琇：《增集续传灯录》卷5《径山古鼎铭禅师法嗣》，台湾白马精舍影印卍续藏经本。

⑥ （明）幻轮：《释氏稽古略续集》卷2，台湾白马精舍影印大正藏本；文琇：《增集续传灯录》卷5《径山古鼎铭禅师法嗣》。

⑦ （明）宋濂：《宋学士文集》卷25《翰苑续集》卷5《天界善世禅寺第四代觉原禅师遗衣塔铭》。

悦，出内帑帛以赐”[①]。洪武元年（1368），开善世院于大天界寺，诏慧昙领院事，“统诸山释教事”，赐给紫衣及金襕方袍。同时颁降诰命，授“大禅师”之号。诰文略称：“自予肇业，命汝匡宗，德风振起于法门，景运赞襄于家国，特授‘演梵善世利国崇教大禅师’。”[②]

洪武三年，慧昙奉使西域，为明代首位僧人使臣，四年殁于僧伽罗国。七年，太祖令天界寺住持宗泐等“奉师衣钵，建塔于雨花台之左”[③]。

二　明太祖对江南佛教上层的征召

作为江南佛教上层的重要代表人物之一，慧昙与朱元璋的结纳，无疑为明朝正式建立后与江南佛教上层建立广泛而密切的联系作了铺垫。1368年，朱元璋正式称帝改元，善世院也于此年成立，除了慧昙领院事之外，其人员构成基本都是来自江南，特别是浙江地区。“俾浙之东西五府名刹住持咸集京师，共甓天界，立善世院，以统僧众。”[④]其中之人选，当多由慧昙和宋濂的推荐汲引。天界寺作为善世院所在，也就成为明初江南硕僧聚集的寺院。大凡僧人应诏入京，多馆于此寺，以为荣宠。所谓“皇明龙兴，诏有道硕僧集天界”[⑤]。特别是从洪武元年开始，太祖“征天下高僧，赴京师大兴法事”，[⑥]江南地区名僧大德普受征召，大多都被安置在天界寺内，以备太祖随时召见顾问。洪武一朝，高僧大德频频出入于内禁，与太祖或谈佛论法，答疑解惑；或诗文酬和，召对“称旨”者，就给予种种优待和赏赐。“高帝自登极以来，潜心性理，与诸禅宿盘桓，无虚岁月也。”[⑦]其中元叟行端和笑隐大䜣两系门人最为活跃。

元叟行端是元代江南最具影响的禅门宗匠之一，曾“三受金襕”，

---

① （明）文琇：《增集续传灯录》卷5《径山古鼎铭禅师法嗣》。

② 同上。

③ （清）聂先：《续指月录》卷6《金陵天界觉源慧昙禅师》，台湾白马精舍影印卍续藏经本。

④ （明）幻轮：《释氏稽古略续集》卷2。

⑤ （明）明河：《补续高僧传》卷14《广慧及禅师》。

⑥ （明）幻轮：《释氏稽古略续集》卷2。

⑦ （清）自融撰，性磊补辑：《南宋元明禅林僧宝传》卷13《季潭泐禅师》。

与元廷关系密切，且法门极盛，“人才之盛，不减妙喜。其楚石琦辈，时称僧杰”[①]。明朝建立后，行端门人多被征召，所谓“师之后，大抵说法朝廷”[②]。洪武三年，征高僧入朝，“其赴诏尊宿三十余员，出元叟之门者，三居一焉”[③]。可见这一系僧人在明初是相当有影响的。这其中著名者为昙噩、梵琦、智及等人。

昙噩，字无梦。元延祐初，诏建佛会于金山，名德毕集，昙噩辅佐元叟行端“敷陈法要，及与群公辩论，义趣英发，莫不推敬”[④]。昙噩又长于诗文，负有盛名，张翥称其“仪观伟而重，戒行严而洁，文章简而古，禅海尊宿，今一人耳”[⑤]。洪武二年，昙噩应征赴京，馆于天界寺，并受到太祖召见，“上悯其年耄，放令还山”。三年，又经梵琦荐举，应征赴京，承太祖顾问“鬼神”之事[⑥]。

梵琦，字楚石。浙江明州象山人，俗姓朱氏。为元叟端公高足。其“文采炳蔚，声光蔼著，两浙名山宿德争欲招至座下”[⑦]。元英宗时以其书法优长选至大都抄写泥金大藏经。泰定中奉行宣政院命先后出主福臻、永祚、报国、本觉等江南诸寺，帝师嘉其行业，授以“佛日普照慧辩禅师”之号。钱谦益称梵琦“学行高一世，宗说兼通，禅寂之外，专志净业”[⑧]。洪武元年，梵琦作为被征高僧之一参加了蒋山佛会，并且“升座说法，以耸人鬼天龙之听”。事竣，“廷臣奏其说，上大悦”[⑨]。洪武二年三月，“复用元年故事，再征于蒋山说法，上闻其说，又大悦。十五日赐宴文楼下，亲承劳问。诏馆于天界寺十日。及行，出内府白金以赐”[⑩]。洪武三年，太祖“以鬼神之理甚幽，意先佛必有成说，宜征其徒之尝为师德者问焉”。当时，浙江各地应诏者有梵琦、昙噩、至仁

---

① （清）自融撰，性磊补辑：《南宋元明禅林僧宝传》卷10《元叟端禅师》。

② （清）自融撰，性磊补辑：《南宋元明禅林僧宝传》卷10《楚石愚庵梦堂三禅师》。

③ 同上。

④ （明）明河：《补续高僧传》卷14《梦堂噩公传》。

⑤ 同上。

⑥ 同上。

⑦ （明）梵琦：《楚石梵琦禅师语录》卷20，（明）至仁：《楚石和尚行状》，台湾白马精舍影印卍续藏经本。

⑧ （清）钱谦益：《列朝诗集小传》闰集《西斋和尚琦公》，上海古籍出版社1983年版。

⑨ （明）梵琦：《楚石梵琦禅师语录》卷20，（明）至仁：《楚石和尚行状》。

⑩ 同上。

等十六人。梵琦等至京后，仍馆于天界寺，与诸僧援据经论，以待入朝敷奏，太祖命礼部官员慰劳，又令光禄寺供给薪米诸物。但梵琦未及奏对而病故。太祖闻知，“为嗟悼久之”，时行火化之禁，太祖特命依佛教之制开僧家火化之例。[①]

智及，字以中。元至正时，先后住持昌国、隆教、普慈、净慈和双径诸名寺，僧传称智及“长深山立，昂然如孤松在壑。威令严肃，其下无敢方命，故所至百废具兴。然处事变达，接引后进，又如春风时雨之及物，使人不自知”。元帝师以其贤，授以“明辩正宗广慧禅师”之号。[②] 洪武三年，智及与同门昙噩、梵琦等应诏赴天界，“频入宴文楼论道”[③]。六年，太祖征高僧集天界寺，智及居诸僧之首。旋因病未及召对而还。[④]

另外，曾出主天界寺的万金和出主灵谷寺的清睿也都属于元叟行端一系的僧人。这两人都出自行端弟子古鼎祖铭门下。

万金（大多写为力金，钱谦益以为误，此从钱说），字西白，吴郡人，俗姓姚。万金“精通西竺典及东鲁诸书”，佛儒淹贯，与士大夫多有交游。元至正十七年（1357）住持苏州瑞光寺，后又兴复嘉兴天宁寺。帝师闻其贤，授以“圆通普济禅师”之号。洪武元年，太祖诏万金为天界寺住持。天界寺朱元璋钦定为“天下第一禅林”，“桑门上首非有宿德重望为上所知者，不以授之”[⑤]，万金“名驰当时，学冠诸老”[⑥]，自然受太祖器重。万金至京，“见上于外朝，慰劳优渥”，令内官送至善世院，“赐以天厨法馔。万机之暇，时召入禁庭，奏对多称旨”[⑦]。当时，应征僧人中有不少是经过万金推举荐引的。除前述宗泐外，尚有惟则。[⑧] 洪武四年春，蒋山设广荐佛会，与会名僧及其徒众二

---

① （明）明河：《补续高僧传》卷14《楚石梵琦禅师传》；（明）至仁：《楚石和尚行状》。

② （明）明河：《补续高僧传》卷14《广慧及禅师传》。

③ （清）自融撰，性磊补辑：《南宋元明禅林僧宝传》卷10《楚石愚庵梦堂三禅师》。

④ （清）聂先：《续指月录》卷5。

⑤ （明）徐一夔：《始丰稿》卷12《全室集序》，文渊阁四库全书本。

⑥ （清）自融撰，性磊补辑：《南宋元明禅林僧宝传》卷11《天界金禅师》。

⑦ （明）宋濂：《宋学士文集》卷29《翰苑续集》卷9《大天界寺住持白庵禅师行业碑铭》。

⑧ （明）幻轮：《释氏稽古略续集》卷2。

千人，万金奉旨总持法事，“灵承上旨，并建规式”①，所拟仪制规式“堪传永久”②。洪武五年冬，蒋山广荐大法会，太祖亲临，“诏师阐扬第一义谛，自公侯以至庶僚，环而听之，靡不悦服”③。太祖还以万金“才智踔绝，谕令罢道辅政，师固辞而止”④。

清睿，字天渊，洪武初主杭州万寿寺。四年，应诏作为十大高僧参与蒋山佛会，事竣还万寿，赐赍甚优。十五年，授僧录司觉义职，十九年奉旨在灵谷寺斋会说法，“祥光发现，照耀林谷，万目咸睹，叹未曾有”⑤。是年太祖钦命出主灵谷寺，并亲撰御制诗十二首“以宠其行”，又敕僧录司官员弘道、夷简、守仁、宗泐及翰林学士刘三吾、董伦等和诗以赠，清亦唱和进呈，太祖览之称善。自是，太祖待遇益隆，屡奉制赓和。一日清和思亲怀故诗进，太祖嘉叹，赐宝钞二千五百。清还甚得诸亲王礼待，“赐予手书诗偈及珍异物”⑥。

笑隐门人在太祖朝应征者也不少。宗泐是其中的代表人物。

宗泐，字季潭，别号全室，浙江临海人。八岁即从广智受业，二十岁受具足戒，曾随广智住大龙翔集庆寺。宗泐精于佛典，淹通儒学，且长于词章文学，诗名极盛，为虞集、黄溍及张翥等名家所推重，交往颇厚。宗泐与明太祖亲近，初由万金之推引。《补续高僧传》卷14《白庵金禅师传》载洪武元年蒋山佛会后，天界寺住持万金以母年耄欲归，遂举宗泐代为住持。钱谦益《列朝诗集小传》闰集《全室禅师泐公》也载：“洪武初，高皇帝召西白金公问鬼神事，诏举高行沙门，师居其首。”则洪武三年所征两浙名僧十六人中当有宗泐。“太祖高皇帝问鬼神事，诏两浙有学行僧，师居其首。”⑦ 不过，宗泐地位的瞩目始自洪武五年蒋山佛会。此次法会太祖率群臣亲临，规格和规模均非以前各次可比，法会中所用由太祖御署曲名的八部“赞佛乐章”即由宗泐奉敕而撰。法会上宗泐又奉旨“升座说法”，“穷理尽性，彻果法因，显密

---

① （清）钱谦益：《列朝诗集小传》闰集《西白禅师金公》。
② （明）明河：《补续高僧传》卷14《白庵金禅师传》。
③ 同上。
④ （明）文琇：《增集续传灯录》卷5《径山古鼎铭禅师法嗣》。
⑤ 同上。
⑥ 同上。
⑦ （明）文琇：《增集续传灯录》卷5《龙翔笑隐䜣禅师法嗣》。

浅深，无机不被"[①]，极契太祖心意。法会后，宗泐仍为天界寺住持，太祖"屡临驾幸，召对内庭，赐膳无虚日"。君臣间还经常诗文酬和，太祖"每和其诗，称为'泐翁'"[②]。宗泐《全室外集》诗作即"以钦和御制诗为首"[③]。洪武十年，宗泐与僧如玘又奉旨笺释《心经》、《金刚经》和《楞伽经》。明太祖对宗泐儒学修养极为欣赏。明都穆《都公谭纂》载："国初宋学士景濂精于释，释宗泐季潭精于儒，太祖每称之曰'泐秀才'、'宋和尚'。"洪武九年，太祖还一度以宗泐"博通今古，儒术深明"而令其育发还俗，出仕为官。"命育发，将授以儒职。师姑奉命，至发长，上召而官之，师再辞求免，愿终释门。上嘉叹从之，赐'免官说'以旌其志。"[④]

宗泐自洪武初应征入朝，此后一直与太祖保持着密切关系。"泐之宿愿弘深，辨才无碍，际遇乎佛心。天子常于慈明殿设榻，召问心经枢要。"[⑤] 在明初僧人中，宗泐是最得太祖器重的。

元叟和大䜣两系的禅僧之外，洪武朝受到太祖征召和优崇的著名僧人尚有无念、慧日等等。

无念胜学，为万峰时蔚门人。元末明初住持随州宝林寺，有兴复之功。洪武十五年，楚王朱桢延诸山名衲集于洪山，为去世的孝慈皇后设超荐法会，无念也在其中。楚王"见师道容惊异，特留邸馆。深谈法奥，请叩弥笃"[⑥]，后特为之建九峰寺居之。[⑦] 由于无念"具福德相，行慈悲行"，在信徒中有很高的德望和号召力，所以法席大盛。洪武十七年，明太祖"钦师道范"，征之入朝，"应对称旨，礼遇优渥"。[⑧] 太祖欲留其主京师寺院，无念辞不受。因厚赐之，遣中官送还。洪武二十九年，太祖又遣中官持敕至宝林寺，赐无念《御制怀僧诗文》一轴及松花实各一器，"谕慰弥至"。敕文中称："前者，僧无念戒行精于皎月，

---

① （清）聂先：《续指月录》卷6《金陵天界善世全室宗泐禅师》。
② （明）明河：《补续高僧传》卷14《泐季潭传》。
③ （清）钱谦益：《列朝诗集小传》闰集《全室禅师泐公》。
④ （明）姚士观等编校：《明太祖集》卷15《赐僧宗泐免官说》。
⑤ （清）自融撰，性磊补辑：《南宋元明禅林僧宝传》卷13《季潭泐禅师》。
⑥ （清）聂先：《续指月录》卷10《武昌九峰无念胜学禅师》。
⑦ （明）明河：《补续高僧传》卷15《无念传》。
⑧ （清）聂先：《续指月录》卷10《武昌九峰无念胜学禅师》。

定慧稳若巍山，暂来一见，去上常怀，怀之不已，遣人就见，特以松实供之，兼以诗劳之。”太祖又赐其《僧无念九岁出家诗》，无念亦以偈进，偈云：“万机之下究真玄，百草头边佛祖禅。毛孔遍含尘刹土，毫端现出性中天。定回坐看云横谷，行乐闲观石涌泉。林下衲僧何以报，祝延圣寿万斯年。”“上览之大悦。”① 僧史称：“无念受知天子，见礼亲王，极一时之盛，全以实行感动。”②

慧日，号东溟，为元代著名诗僧子庭门人。洪武二年应征入京，见太祖于奉天殿，为诸名僧中年最长者，“白眉朱颜”，太祖呼之为“白眉法师”，“亲问升济沈冥之道，奏对称旨”。③ 并要众僧凡《金刚经》、《楞伽经》诸经有不通者，“质诸白眉师可也”。后多次受太祖召见，“从容问道，字而不名”④。洪武五年，奉敕于蒋山佛会宣说毘尼戒。事竣，辞归。⑤

洪武时期征召名僧的活动，是明太祖笼络佛教上层借以稳固明王朝统治和安定社会秩序的重要举措之一。大批僧人遵命应召，意味着佛教这股重要的社会力量对明王朝的政治认同与顺从。太祖也曾不无得意地称：“遵朕命则法轮常转，佛日增辉，名僧于吾世足矣。”⑥ 向僧人咨问佛法，谈经论道，以至诗文酬和成为太祖佛教生活的一个重要部分。然而，明太祖在处理与僧人关系方面，是礼而有节，宠而不纵，没有滥施恩惠之举，更无僧人与政的现象，保持了极为理性的态度，即使前代各朝所盛行的赐紫、封号之类的“恩典”，明太祖也极少出给。明释明河评论说：“儒尊士行，僧贵德业。我圣祖敬德慕道之心，世出世间一揆，深得灵山付嘱之意。即师号一节，在宋元时，何其纷纷也，至我朝卷迹一扫。故历代帝王护法尊僧，非不及则过之，唯我圣祖为体道得中云。”⑦ 此为客观之论。

---

① （明）明河：《补续高僧传》卷15《无念传》；（清）聂先：《续指月录》卷10《武昌九峰无念胜学禅师》。

② （明）明河：《补续高僧传》卷15《无念传》。

③ 喻谦：《新续高僧传》四集卷5《明余杭上天竺沙门释慧日传》。

④ （明）明河：《补续高僧传》卷5《东溟日法师传》。

⑤ 喻谦：《新续高僧传》四集卷5《明余杭上天竺沙门释慧日传》。

⑥ （明）幻轮：《释氏稽古略续集》卷2。

⑦ （明）明河：《补续高僧传》卷15《无念传》。

三 拔“儒僧”入仕与遣僧出使

（一）拔儒僧入仕。

明初江南僧人儒释博通，长于文章词翰，可谓才俊济济。在王朝初立，百业待兴，急需各方人才的情况下，朱元璋对僧团中这些龙象俊杰也甚为垂涎，试图择拔那些淹通儒学的“儒僧”脱去袈裟，“罢道辅政”，成为直接替君主效命的世俗官员。为此，太祖作《拔儒僧入仕论》，以所谓“天堂地狱之由”动员“通儒僧”入仕佐君。太祖认为“修行之人皆积后世之事，或登天上及人间好处”为其目标志向，可实际上，“天堂地狱昭昭于目前，时人自不知耳”。“若民有贤良方正之士，不干宪章，有家赀儿女妻妾奴仆满前，若出仕以道佐人主，身名世禄及其家，贵为一人之下，居众庶之上，高堂大厦，妻妾朝送暮迎，此非天堂者何？若民有顽恶不悛，及官贪而吏弊，上欺君而下虐善，一旦人神见怒法所难容，当此之际，抱三木而坐幽室，欲亲友之见杳然，或时法具临身，苦楚不禁，其号呼动天地亦不能免，必将殒身命而后已，斯非地狱者何？”所以，出家人还俗出仕，尽心为君主服务，得享功名利禄，就是获登天堂。太祖在《宦释论》中还指出，现今僧侣不务祖风，“污市俗，居市廛，以堂堂之貌，七尺之躯，或逢人于道，或居庵受人以谒，其所谒者，贤愚贵贱者皆有之，必先屈节以礼之，然后可。然修者以此为忍辱之一端耳”。如此屈节忍辱，“将后果了此道，何枉辱也哉！若将后不能了此道，其受辱屈节果何益乎？”所以都是不值得的。况且，出家之人生不能孝养父母，死无后嗣，不尽人伦，还不如还俗出仕，辅助君王，所谓“入博修之道，律身保命，受君恩而食禄，居民上而官称，辅君政，使冤者离狱，罪者入囚，农乐于陇亩，商交于市廛，致天下之雍熙，岂不善哉！”不过，对于太祖之拔儒僧出仕，儒僧们的回应似乎并不热烈，至少是没有得到普遍的响应。特别是名德硕僧之属几无应者。前述万金、宗泐两人都由太祖钦点入仕，但都委婉相辞。道衍（姚广孝）也曾于洪武八年奉通儒学僧出仕之诏，“赴京师礼部考试中式，因不愿仕，钦赐僧服还山”①。以明太祖的严苛和狭隘，

---

① （明）姚广孝：《逃虚子集》补遗《相城妙智庵姚氏祠堂记》，续修四库全书影印本。

对其说“不”并非易事，宗泐先是“姑奉命，至发长，上召而官之，师再辞求免，愿终释门”[①]。道衍也是初奉诏赴试，中式后才又辞之。而万金则有“解还归隐”之举，很可能就是避祸之策：“暮年欲谢退，不可，乃喟然曰：‘吾以虚名滥当圣代，每怀煨芋诸公，予不逮矣’，遂称病笃，解还归隐。”[②] 从表面上看，对于宗泐等人之谢辞，太祖颇示宽宏，于宗泐，“上嘉叹从之，赐‘免官说’以旌其志”[③]，于道衍，“钦赐僧服还山”。但太祖对“寰中士夫不为君用”者就往往“诛其身而没其家”[④]，则儒僧之谢辞不仕，在太祖内心上亦非真正能够容纳和接受的事实，后来，包括宗泐在内的众多僧人蒙受种种处罚和政治上的牵连，这恐怕是重要的伏笔之一。

洪武时期有多少儒僧出仕，已不可考。见于记载只有郭传、华克勤、吴印和李大猷诸人。

郭传，浙江会稽僧人，法号不详。此人“儒、释兼长”[⑤]，因宋濂而见知于太祖，授官出仕。《明史》列入《文苑》，[⑥] 其本传载：

> 郭传，一名正传，字文远。洪武七年，帝御武楼，赐学士宋濂坐，谓曰：“天下既定，朕方垂意宿学之士，卿知其人乎？”对曰：“会稽有郭传者，学有渊源，其文雄赡新丽，其议论根据《六经》，异才也。”既而濂持其文以进，帝召见于谨身殿，授翰林应奉，直起居注。迁兵部主事，再迁考功监丞，进监令，出署湖广布政司参政。

华克勤，绍兴萧山人，幼时出家为僧，洪武初住南京瓦官寺，四年，与僧大阐等奉使日本，归国后，“奏对称旨”，赐白银百两，授职考功监丞。[⑦]

---

① （明）明河：《补续高僧传》卷14《泐季潭传》

② （清）自融撰，性磊补辑：《南宋元明禅林僧宝传》卷11《天界金禅师》。

③ （明）明河：《补续高僧传》卷14《泐季潭传》

④ 明太祖：《大诰续编·苏州人材第十三》，转引自张显清、林金树等《明代政治史》（上册），广西师范大学出版社2003年版，第179页。

⑤ （明）姚士观等编校：《明太祖集》卷13《拔儒僧文》。

⑥ 《明史》卷285《文苑二》。

⑦ 《明太祖实录》卷106，洪武九年六月壬子。

吴印为天界寺僧，太原人，“少从释氏”①，“有文学，上亲选，命蓄发拜官，径授方面。宠之甚厚，所言多从”②。

李大猷，法号愿证，亦为天界寺僧，由宋濂荐举而出仕。李大猷“竺坟鲁典无不研穷之，著为文辞森然有奇气”。撰有《观幻子》内外篇，“以合儒释一贯之妙。皆踔厉前人，其光烨烨不可袭秘”。时太祖访良僧于宋濂，“濂以师对。太祖览其所著喜曰：‘论议甚高，其铁中铮铮者乎。’召见谨身殿，慰劳备至。敕吏部除以翰林院官”③。

明太祖拔“儒僧”出仕，以释子治民，无疑是对正统用人观念的一种冲击，因而也引起朝臣中部分以“辟佛”自任的官员的反对。最激进的便是崇尚朱子之学的李仕鲁和陈汶辉。《明史》卷一三九《李仕鲁传》载：

> 帝自践阼后，颇好释氏教。诏征东南戒德僧，数建法会于蒋山。应对称旨者辄赐金襕袈裟衣，召入禁中，赐坐与讲论。吴印、华克勤之属，皆拔擢至大官，时时寄以耳目。由是其徒横甚，谗毁大臣。举朝莫敢言，惟仕鲁与给事中陈汶辉相继争之。汶辉疏言：“古帝王以来，未闻缙绅缁流，杂居同事，可以相济者也。今勋旧耆德咸思辞禄去位，而缁流俭夫乃益以谗间。如刘基、徐达之见猜，李善长、周德兴之被谤，视萧何、韩信，其危疑相去几何哉？伏望陛下于股肱心膂，悉取德行文章之彦，则太平可立致矣。”帝不听。

李仕鲁秉持儒家正统思想，推崇朱子之学，以“辟佛”自任。曾数十次上疏，劝太祖不要舍“圣学”崇“异端”：“陛下方创业，凡意指所向，即示子孙万世法程，奈何舍圣学而崇异端乎！”但均不被太祖所用。性情刚介的李仕鲁见言不为用，“遽请于帝前，曰：‘陛下深溺其教，无惑乎臣言之不入也！还陛下笏，乞赐骸骨归田里。’遂置笏于地。帝

---

① 《明太祖实录》卷108，洪武九年八月己亥。

② （明）幻轮：《释氏稽古略续集》卷2。

③ 同上。

大怒，命武士捽搏之，立死阶下”[①]。

陈汶辉后来也因直言忤旨惧祸而投水自尽。[②]

除李、陈二人之外，著名的“文学之士”张孟兼则对出任山东布政使的儒僧吴印发难，实际上也表露出对太祖“拔儒僧入仕”心存不满。据《明史》卷二八五《文苑二》，僧吴印出仕后，任山东布政使，按察副使张孟兼对其持有成见，有意发难：“布政使吴印者，僧也，太祖骤贵之，宠眷甚，孟兼易之。印谒孟兼，由中门入，孟兼杖守门卒。已，又以他事与相拄。太祖先入印言，逮笞孟兼。孟兼愤，捕为印书奏者，欲论以罪。印复上书言状，太祖大怒曰：‘竖儒与我抗邪！’械至阙下，命弃市。”

太祖令僧人出仕，其目的无非是网罗沙门精华为其效命，并非崇佛，而在具正统儒家观念的官员来看，却是太祖溺好佛教的一种表现，引起这些人的不满自属正常。但出仕儒僧“谗毁大臣”之说恐系李仕鲁之辈的偏执甚至中伤之词，因为洪武时期似乎并没有哪位大臣因为出仕僧人的“谗毁”而见疑于太祖的。所谓“刘基、徐达之见猜，李善长、周德兴之被谤”均与出仕儒僧没有什么干系。君臣间的这种冲突实际上也反映了两者对佛、儒关系的不同认知，作为政治家的明太祖身上显然没有刻板和偏执的迂儒之气。

当然，太祖对儒僧的网罗，除了令其还俗出仕外，在僧司官员的选用上也是有所体现的。如洪武十四年开设僧录司，自左右善世至左右讲经的八位僧官中，宗泐、仲羲、来复及一初等都是通儒大僧。[③] 后来，僧了达、德瑄及溥洽等人选充僧录司官，三人都是“东鲁之书颇通，西来之意博备”的儒僧，太祖谓“若以斯人备员僧录司，实为允当”[④]。其瞩意于儒僧的倾向由此可见。因此，整个洪武时期，见于记载的僧录司官员几乎都是兼通内外的儒僧。

（二）遣僧出使。

明朝建立后，太祖积极开展对外交往，其中对一些有佛教传统的国

---

① 《明史》卷 139《李仕鲁》。

② 《明史》卷 139《陈汶辉》。

③ （明）葛寅亮：《金陵梵刹志》卷 2《钦录集》；（明）幻轮：《释氏稽古略续集》卷 2。

④ （明）幻轮：《释氏稽古略续集》卷 2。

家和地区，太祖即以僧人为使臣，以利于沟通和“宣化”。前述慧昙便是明朝最早的僧使。洪武四年“廷议西域未臣伏，上以彼域敦尚佛乘，特命师往”[①]。继慧昙之后，祖阐与华克勤等八人于洪武四年奉使日本。[②] 明初，与日本关系紧张，“议其俗尚禅教，宜选高僧说其归顺”。因选明州天宁寺僧祖阐和南京瓦罐（官）寺僧克勤（无逸）“往谕”[③]，对明初中日关系的开拓发挥了重要作用。此后，建文、永乐两朝也都有僧人出使日本的史例。

另外，僧克新、宗泐及智光等还先后于洪武三年、十一年和十七年奉使西藏及毗邻的尼泊尔（尼八剌）等地，进行招谕、宣化等工作，[④] 对于拓展和加强明朝与这些地区和国家间的政治文化关系发挥了十分重要的作用。

四　洪武时期“党狱”之祸等对僧人的牵连

洪武一朝，极力强化专制统治，数兴“党狱”，屠戮文臣武将，株连蔓引，不少与所谓“逆臣”、“奸党”有所交往过从和联系的僧人也受牵连而罹难。其中胡惟庸一案，牵累的僧人就有六十多人，太祖敕编《清教录》，著名僧人宗泐和来复均名列其中。钱谦益《跋清教录》谓：

> 《清教录》条例僧徒爰书交结胡惟庸谋反者凡六十四人，以智聪为首，宗泐、来复皆智聪供出逮问者也。[⑤]

胡惟庸案发于洪武十二年，至洪武二十三年，又“追论”“胡党”，次年，“山西太原府捕获胡党僧智聪，供称胡丞相谋举事，时随泐季潭长老及复见心等往来胡府”[⑥]。智聪的情况，史籍中未见有更多的记载，但肯定是一个与胡惟庸多有交往的上层僧人。《明史》卷二八五《文苑

① （明）文琇：《增集续传灯录》卷5《龙翔笑隐䜣禅师法嗣》。
② 《明史》卷322《外国三》。
③ （明）严从简：《殊域周咨录》卷2《东夷日本》，国立北平图书馆善本丛书本。
④ 《明史》卷331《西域三》。
⑤ （清）钱谦益：《牧斋初学集》卷86，四部丛刊本。
⑥ （清）钱谦益：《牧斋初学集》卷86《跋清教录》。

二》载，王蒙曾谒胡惟庸于私第，与郭传、智聪一起“观画”。这三人中，郭传早死，免受株连，王蒙和智聪则均入“胡党”之列。“惟庸伏法，蒙坐事被逮，瘐死狱中。”智聪则在二十三年被追论时，“坐交结胡丞相谋逆”[1]，名列僧侣中“胡党”之首。智聪被逮后，供指宗泐、来复亦为胡党，宗泐洪武十一年出使西域也被指与胡惟庸有牵连。“以为惟庸与宗泐合谋，故以赃钞事诬奏，遣之西行也”[2]，“谓公往西域，丞相嘱令说土番举兵为外应”[3]。然而，宗泐自招却并无通土番之说，“其自招与智聪原招过异，宗泐之自招以为胡惟庸以赃钞事，文致大辟，又因西番之行，绝其车马，欲陷之死地，不得已而从之”[4]。一个是与胡惟庸“合谋”，一个是胡惟庸胁以附己，两相差距太远。钱谦益认为，若宗泐真与胡氏有“合谋”之举，“则宗泐之罪自应与惟庸同科，圣祖何以特从宽政着做散僧耶？岂季潭之律行素见信于圣祖，知其非妄语抵谩者，故终得免死耶？汪广洋贬死海南在洪武十二年十二月，去惟庸之诛才一月耳，智聪招辞惟庸于十一年已云如今汪丞相无了，中书省惟我一人，以此推之，则智聪招辞未可尽信也”[5]。钱氏之论是有说服力的。实际上，位高权重的胡惟庸骄纵跋扈是实，但谓其私通北元、日本以谋逆均无的实之据，无非是明太祖为重治其罪而捕风捉影妄加其身的，则胡氏嘱宗泐通土番之说显然也是“莫须有”之罪。按宗泐洪武十一年之出使西域确为太祖对其进行的一次惩罚，但与胡惟庸案无涉：“泐公初以度牒事论死，诏宥之，往西天取经。”[6]“度牒事”与“赃钞事”详情无载，但应是一回事。不过，宗泐之获罪，或许早在其拒绝太祖令其蓄发出仕时就酿下了祸源。“度牒事”宗泐虽免于一死，但因此而遣使西域，内心深感冤屈。故其西行充满凄切伤感之情。途中所作《陇头水》、《度关陇》诸诗就充分流露了此种心迹。《陇头水》云：“陇树苍苍陇阪长，征人陇上回望乡。停车立马不能去，况复陇水惊断

① （清）钱谦益：《列朝诗集小传》闰集《全室禅师泐公》。
② （清）钱谦益：《牧斋初学集》卷86《跋清教录》。
③ （清）钱谦益：《列朝诗集小传》闰集《全室禅师泐公》。
④ （清）钱谦益：《牧斋初学集》卷86《跋清教录》。
⑤ 同上。
⑥ （清）钱谦益：《列朝诗集小传》闰集《全室禅师泐公》。

肠。谁言此水源无极，尽是征人流泪织。拔剑砍断令不流，莫教惹连征人愁。水声不断愁还起，泪下还滴东流水。封书和泪付东流，为我殷勤达乡里。”[①]《度关陇》诗云：“陇头流水关山月，月色凄凉水呜咽。今古征人尽断肠，野客经过亦愁绝。连林二月冰不开，猛虎一吼苍崖裂。鹦鹉能言好寄书，心事茫茫向谁说。”[②] 洪武十五年，宗泐还朝，仍然受到重用，“开僧录司，授右街善世”[③]。而时隔不久，宗泐再次遭遣。“或有教门事，同官不敢言，惟师力言之，后因长官奏事获遣，同往凤阳槎峰建寺。”十九年，“趣归天界，引见赐诗，有‘泐翁去此问谁禅，朝夕常思在目前’之句”[④]，可见宗泐作为沙门才俊，明太祖对他的心态是颇为复杂的。二十三年，宗泐奉敕再主天界寺，次年，又诏授右善世。“胡党”事发，“有司奏当大辟，钦依免死，着做散僧”，再次遣往槎峰圆通寺。途中病故。[⑤] 宗泐也成为坐胡党被逮的六十多位僧人中唯一被宥免者。“太祖御颁《清教录》，僧徒坐胡党，条例招词者六十四人，咸服上刑，惟公一人得宥。”[⑥]

来复，字见心，豫章人，曾“以人才仕元为学士，因乱遂祝发为僧”[⑦]。来复“通儒术，工诗文，一时名士皆与之友，与泐齐名”[⑧]。僧传誉其“敏朗渊毅，非惟克修内学，形于诗文，气魄雄而辞调古，有识之儒多自以为不及”[⑨]。洪武元年，来复作为高僧被征入京，受到太祖召见，“上诏侍臣取其诗览之，褒美弗置。赐金襴袈裟”[⑩]。也曾奉诏在蒋山佛会“升座说法”[⑪]。洪武十四年开设僧录司，来复任左觉义。[⑫] 钱谦益《列朝诗集小传》载，时，“蜀王椿最贤，上所钟爱，命儒臣李叔

---

① （明）宗泐：《全室外集》卷2，文渊阁四库全书本。
② （明）宗泐：《全室外集》卷4。
③ （清）钱谦益：《列朝诗集小传》闰集《全室禅师泐公》。
④ （明）文琇：《增集续传灯录》卷5《龙翔笑隐䜣禅师法嗣》。
⑤ （清）钱谦益：《列朝诗集小传》闰集《全室禅师泐公》。
⑥ 同上。
⑦ （清）傅维麟：《明书》卷160《异教传》，丛书集成初编本。
⑧ （明）严从简：《殊域周咨录》卷2《东夷·日本》。
⑨ （明）明河：《补续高僧传》卷25《复见心传》。
⑩ （清）钱谦益：《列朝诗集小传》闰集《蒲庵禅师复公》。
⑪ （清）聂先：《续指月录》卷8《六祖下二十四世临济宗》。
⑫ （明）幻轮：《释氏稽古略续集》卷2。

荆、苏伯衡及师与之论道。蜀王最重师命，撰正心、观道、崇本、敬贤四箴，榜于宫”。傅维麟《明书》则载：“时蜀王雅志释典，礼遇复甚隆。王在中都构西堂读书，召儒臣日与讲论，复亦在列。又建宝训堂以奉祖训及前代帝王经典，命复作记；王又为正心、观道、崇本、敬贤四箴以自警，复代草。以故得达上。”[①] 则与钱氏所记略异。但无论怎样，来复甚得蜀王朱椿礼重，且过从甚密，他因此也“名溢都中”[②]。洪武十四年开设僧录司，来复任左觉义。二十四年，来复被指为“胡党”，“坐凌迟死”[③]。来复之死，明清以来都流行以诗忤上致死之说。称其曾蒙太祖召见，“承赐御食”，因赋诗以谢。谢诗云：“淇园花雨晓吹香，手援袈裟近御床。阙下彩云生雉尾，座中红拂动龙光。金盘苏合来殊域，玉碗醍醐出上方。稠叠滥承上方赐，自惭无德颂陶唐。”太祖见诗大怒，曰：“汝用殊字，是谓我歹朱耶？又言无德颂陶唐，是谓朕无德不若陶唐也。何物奸僧，敢大胆如此！”遂诛之。[④] 不过，来复以应制诗获罪太祖恐亦不是空穴来风。明太祖生性猜忌多疑，于文臣武将多疑其有谋逆之心，于文人学士则虑其有轻侮之意。所以洪武时期除以谋逆之罪滥行杀戮之外，又大兴文字之狱，对文人学士开刀。不少名僧硕德也因此罹祸。来复以诗获罪也不是没有可能。另外，据傅维麟《明书》载，太祖曾召问来复云：“汝不欲仕我而出家为僧，吾以视汝，然留须亦有说乎？”来复对称：“削发除烦恼，留须表丈夫。”来复回答机巧，太祖亦“笑而遣之”[⑤]，但对来复之不仕朱明或许并未释怀，将其列名“胡党”处死，此或为根源之一。

洪武时期，以诗忤上致祸的僧人尚有守仁和德祥。守仁字一初，长于诗文，其诗“清简有致远”，极得名士杨维桢推重。又善书法，笔法遒劲。洪武中，应征入朝，授右觉义，后升僧录司右善世。《补续高僧传》载：“时南粤贡翡翠，一初题诗云：‘见说炎州进翠衣，网罗一日遍东西，羽毛亦足为身累，那得秋林静处飞。’太祖见之，怒曰：‘汝

---

① 《明书》卷160《异教传》。

② （清）自融撰，性磊补辑：《南宋元明禅林僧宝传》卷11《天界金禅师》。

③ （清）钱谦益：《列朝诗集小传》闰集《蒲庵禅师复公》。

④ 《明书》卷160《异教传》。

⑤ 同上。

不欲仕我，谓我法网密耶！'"[1] 一初的诗友、径山寺僧德祥（止庵）也同样因诗而"忤上"。明蒋一葵《尧山堂外纪》载，德祥有《夏日西园》诗云："新筑西园小草堂，热时无处可乘凉。池塘六月由来浅，林木三年未得长。欲净身心频扫地，爱开窗户不烧香。晓风只有溪南柳，又畏蝉声闹夕阳。"太祖见到这首诗后，谓德祥曰："汝诗'热时无处可乘凉'，以我刑法太严耶？又谓'六月由浅'、'三年未长'，谓我立国规模小而不能兴礼乐耶。'频扫地'、'来烧香'，是言我恐人议而肆杀，却不肯为善耶？"结果被"弃市"。[2] 但据《补续高僧传》卷二十五的二人传记，守仁与德祥"二公皆以诗贾祸，几于不免。然止庵律已甚严，临众有法，气象巍然。然一初日暮无聊，颇涉不羁，不得蒙法门矣……故止庵得稍酬初志，而一初则终于不振。至止庵就化，倚座示众。若无经意于死生，脱然无系，景光尤可想见也"。据此，二人虽都以诗作致祸，但并未被"弃市"。

明初，江南佛门人才济济，但"党狱"及"文字狱"等使许多硕僧大德和才俊之士蒙难罹祸，因此，太祖对这些人虽也有优渥礼待之举，但政治压抑和迫害的阴影也常常笼罩在这些人的头上，经历了洪武一朝，江南佛教人才便迅速凋零，教门委顿，其中太祖之摧残是其重要原因。

第三节　敕修佛寺与诏建法会

一　敕修佛寺

寺院是佛教弘法传教的中心，是信众供佛礼佛的净地，也是僧伽持业修行的道场和住居生活的安身之处。佛寺的消长是佛教盛衰的重要标志。明朝建立后，太祖朱元璋本着崇用佛教的立场，十分重视佛寺的营造，"于瞿昙之教每云阴翊王度、云暗理王纲，崇奖有加，莫之废堕"，故于"兵燹之余，随为创复，名蓝森列，烂然重辉，其宸翰之昭宣，规

---

① （明）明河：《补续高僧传》卷25《守仁德祥二公传》。

② （明）蒋一葵：《尧山堂外纪》卷94《国朝》，续修四库全书影印本。

划之颁布，凡以振法乘而护学人者犁然具举也”[①]。敕修佛寺的主旨之一，就是使僧人依托寺刹丛林，利用佛教劝化利济的说教施行有益于现存秩序的社会教化，也即“使凡学佛者起居食息各得其所，而致力于其道，至于慈风所被，法雨所沾，有生之类咸愿去恶而为善，庶有以上答圣天子崇奖之意”[②]。太祖时期，配合皇宫营建，对南京地区已有的古旧寺刹进行重建、扩建、改建和迁建等，将灵谷寺、天界寺、天禧寺、能仁寺和鸡鸣寺等名刹大寺纳入“敕建”佛寺的名列，成为太祖倡佛护法的重要标志。

灵谷寺是洪武时期太祖敕建大型法会之地，也是明代皇家赐建的第一座大寺。该寺位于南京钟山，也即蒋山，故又名蒋山寺。初建于南朝梁，寺内有梁武帝为“神僧”宝志所建佛塔。据徐一夔奉敕撰《灵谷寺碑记》，寺院原在钟山南侧玩珠峰前，毗邻皇家宫禁之地。洪武九年，住持僧仲羲以寺院邻近宫阙，“王气攸聚，紫云黄雾昕夕拥护，非惟吾徒食息靡宁，亦恐圣师（按即宝志）神灵有所未妥，且佛法以方便为先”，因奏请迁建于独龙岗。太祖准其所请，且遣亲军五万余人“徙塔附于寺”，又诏以建太庙遗材施给寺院。但就在寺院即将完工时，有堪舆家认为寺址湫隘，“非京刹所宜”，仲羲“复以闻，有旨舍其旧而新是图，拓大其规制，令可容千僧”。因诏韩国公李善长另择址于独龙岗东麓，由中军都督府佥事李新、卫指挥佥事滕聚、袁禄及神坛署令崔安等督建。工程于洪武十四年九月开工，次年九月竣工。新建的寺院“规模气象轩豁雄丽，望之翚飞，积之山立，都人士庶莫不瞻仰赞叹，以为希有”。灵谷寺迁建工程前后两次，工期长达六年，工程规模浩大，“其工之巨不可以数计”。第二次迁建时，建寺工役主要由五千囚徒承担，寺院完工后，太祖以为“佛善无上，道场既完，安敢再罪，当体释迦大慈大悯。虽然真犯，特以眚灾一赦”[③]。

灵谷寺迁建，太祖极为关注，自称“虽不暇礼视，身虽未至，梦游几番”[④]。寺成后赐额“灵谷禅寺”，并敕书“第一禅林”标立山门。同

---

① （明）葛寅亮：《金陵梵刹志》序。

② （明）徐一夔：《始丰稿》卷11《敕赐灵谷寺碑》。

③ （明）葛寅亮：《金陵梵刹志》卷3，明太祖：《御制大灵谷寺记》。

④ 同上。

时“命度僧一千名，悉给度牒，赡僧田二百五十顷有奇”[①]。又亲作《大灵谷寺记》，并命徐一夔撰《灵谷寺碑记》志其始末。[②]

按洪武时期有“第一禅林”之称的还有天界寺，则灵谷与天界两寺地位并等，不过，天界寺内置有善世院和僧录司，为朝廷最高僧衙所在；而灵谷寺则是明前期朝廷大型法会的举办地，两寺的角色是不同的。又据成化时明宪宗颁给灵谷寺的“护敕”，灵谷寺实际上是作为“孝陵香火”而建的，所以“圣祖命赡僧千人，赐田独倍于他寺僧众，额设左觉义一人总其事”[③]。

太祖之后，成祖和宪宗都曾对灵谷寺进行过修葺。永乐四年，成祖征藏僧哈立麻于寺内作盛大佛会，因之重修寺院，“添造殿宇山门”[④]。宣德时寺遭火灾，但未能及时修葺。成化六年，宪宗以“上为祖宗列圣举已坠之典，下为国家祈方来之福”，特命僧录司左觉义德默至南京督修。并赐护敕。[⑤]

天界寺前身即元时由文宗藩邸改建而成的大龙翔集庆寺，朱元璋进入南京的第二年即元至正十七年（1357）改寺额为“天界”，委僧慧昙为住持。朱元璋本人曾多次到过寺院。[⑥] 洪武元年朱元璋登基称帝，天界寺也成为朝廷最高僧衙善世院所在地，“就寺建官，总辖天下僧尼”[⑦]。又增寺额为“大天界”，御书“天下第一禅林”榜于寺门。洪武四年改寺额为“天界善世禅寺”，五年又改称“善世法门”，十四年改名“善世院”，十五年设僧录司于寺内。二十年，寺遭火灾，僧录司迁至天禧寺。太祖以天界寺地处城市喧嚣之地，与佛教清寂之性相悖，有碍于僧徒禅诵为由，下诏择一“虚旷闲寂之地”迁建。前住持僧宗泐等便选中南京城南聚宝门外原定林寺故址。[⑧] 天界寺迁建工程由锦衣卫官员奉敕督责，“凡寺之方向规制（宗）泐与谋划，所用一切材料工庸

① （明）葛寅亮：《金陵梵刹志》卷2《钦录集》。

② （明）葛寅亮：《金陵梵刹志》卷3《灵谷寺》。

③ 同上。

④ 同上。

⑤ 同上。

⑥ （明）明河：《补续高僧传》卷14《觉原昙禅师传》。

⑦ （明）葛寅亮：《金陵梵刹志》卷16，宋濂：《觉原昙禅师志略》。

⑧ 《明太祖实录》卷188，洪武二十年十二月甲戌。

之费尽出公帑”。迁建过程前后历时三年。寺成后，规模比旧寺扩大一倍，太祖仍赐名“天界善世禅寺”，并“赐圩田芦洲以充香积之具”。宗泐也再次奉旨主寺。[①]

天界寺在永乐中又不慎失火，损失惨重，“所存者惟大雄殿耳”[②]。以后，天顺、成化及弘治先后中由寺僧募缘进行过修葺。[③]

鸡鸣寺位于南京市城北鸡笼山。此处自晋时即有佛教道场。然“承隋唐宋元，虽钟鼓香灯不乏声焰，而规模卑狭未入丛林之列”，洪武二十年，明太祖命崇山侯李新“督工创造”，“尽撤故宇而开拓之。由是殿堂门庑举轶旧观，建大浮图尤出新制，自远望之，俨然一祇园鹫岭”[④]。寺成后，太祖令将原在灵谷寺的宝志“法函”迁至鸡鸣寺，由寺僧岁时祭祀。

天禧寺位于南京城外南城聚宝山。三国吴时初建，名长干。宋时改称天禧。寺内有著名的阿育王塔，藏有西域僧康僧会借神通而致的佛舍利。塔寺历代俱有兴废。洪武十三年，胡惟庸案发，明太祖以为“七朝居是土者皆臣愚君者多”，原因是南京乃虎踞龙盘之地，而“虎方坤位，浮图太耸”，因此，太祖即令将高耸于“虎方坤位”的阿育王塔迁建于钟山左侧。但“工将完，(旧) 塔将毁，有来告者工人有坠于塔下者绝”，迁建事就此罢手。洪武十八年，工部侍郎黄立恭以寺塔颓损，奏准太祖施财并募缘修缮阿育王旧塔，并重建了大雄殿、僧房及楼阁等。完工后，太祖命僧录司左讲经守仁为住持，并敕礼部及光禄寺馔“素馐”饭僧。[⑤]

能仁寺。能仁寺位于南京城南天竺山。寺初建于刘宋时期。原址在南京城西门。历代旋兴旋废。明初因灾而废。洪武二十一年，太祖诏改址重建。嘉靖时复灾，万历时重建，但不复旧貌。[⑥]

以上诸寺都属于明代南京八大寺之列（另三大寺为栖霞寺、弘觉寺

---

① （明）葛寅亮：《金陵梵刹志》卷16，姚广孝：《天界寺昆卢阁碑》。

② 同上。

③ （明）葛寅亮：《金陵梵刹志》卷16《天界寺》。

④ （明）葛寅亮：《金陵梵刹志》卷17，王慎：《重修鸡鸣寺记略》。

⑤ （明）葛寅亮：《金陵梵刹志》卷31，明太祖：《御制黄侍郎立恭完塔记》。

⑥ （明）葛寅亮：《金陵梵刹志》卷32《能仁寺》。

和静海寺），在明代南京佛寺中占有重要地位。寺院住持一般都择名僧大德为之，其人选往往由皇帝钦点。各寺院还多蒙赐田赡僧养寺，仅灵谷、天界、报恩、鸡鸣、能仁及栖霞六寺，就有赐田近五百顷，且享有种种赋税优免政策。[①]

除上述大寺之外，太祖还赐建有碧峰寺、草堂寺、西天寺、般若寺、三山讲寺、接待寺等中小寺院。

碧峰寺在南京安德街，为晋时古刹，先后有"翠灵"、"妙果"、"铁索"诸名。洪武五年太祖敕工部侍郎黄立恭督工重建，延"异僧"宝金居之。宝金，号碧（又作壁）峰，为陕西乾州永寿人，祖籍西域，精于阴阳术数。早年参学游历于峨眉、五台诸地，元至正时，顺帝曾两度召至大都，颇有"灵异"之著，赐"寂照圆明大禅师"之号，朝廷文武大臣多所崇信。洪武三年，碧峰应征南下金陵，见太祖于奉天殿，太祖以"中州苦寒，特延师居南方尔"，将其留住于天界寺。"时召入问佛法及鬼神情状，奏对称旨。""极蒙恩赐。"[②] 是洪武时期征召高僧中屈指可数的北方僧人之一。碧峰的"灵异"也深得太祖"敬厚"。嘉靖时佚名所作《碧峰寺起止记略》载有碧峰与龙虎山真人张天师在太祖面前"斗法"的故事：

> 时值旱，久不雨，驾御承天门语真人祷雨不应，乃召禅师至，圣祖谓："和尚祈得雨乎？"师应声："何难！"真人云："雨乃天意，非人力强为。"师即展钵，见一小龙，形如金色，从钵飞腾，少顷，阴云四合，大雨。平地水深尽余，民困得苏。上喜曰："和尚真神也。"赐座。斋备，送出西华门外。有"钵水溢蛟龙"御赞存焉。后真人不悦，密谮于上曰："胡僧妖术，请试之水火。"竟无损焉。上愈加敬厚。[③]

这一则记载充满传奇虚玄色彩，但从一个侧面透露出洪武时佛、道两教

① （明）葛寅亮：《金陵梵刹志》卷16《八大寺定租记》。

② （明）袾宏：《皇明名僧辑略·壁峰金禅师》，台湾白马精舍影印卍续藏经本。

③ （明）葛寅亮：《金陵梵刹志》卷39。

明争暗斗的信息。精于阴阳术数的碧峰确有其不同寻常的“法术”，斗法胜过了张天师，因蒙承太祖厚待。洪武五年，碧峰作为十大高僧之一参与了蒋山广荐佛会，并且主持施食法事，“于圜悟关施摩伽陀斛法食。事竣，宠赍优渥”。是年，南京古刹铁索寺重建，太祖特令赐名为“碧峰寺”。不久，碧峰示疾，“上知之，亲御翰墨赐诗十二韵”，“其称禅师之德甚备”[①]。碧峰去世后，太祖“深思不已”，敕其徒宝衲头住持碧峰寺，并令宋濂“状其文”。太祖也撰《御赞金碧峰禅师像》，以示钦重。[②]

草堂寺原在钟山，初建于宋绍兴间，元泰定间曾大规模扩建，至正时毁于兵燹。洪武七年，明太祖为开平忠武王择墓地，“驾幸于寺，视其山林岩，草木郁畅，足称所谋，乃命有司拨扬府庄以易之，其庄在上元县慈仁乡……移建其寺于彼，亦以草堂名之”[③]。

西天寺是明太祖为纪念来华印僧萨哈拶释哩而建的。寺院位于南京南城重译街。萨哈拶释哩为中天竺迦湿弥罗（今克什米尔）人。元末来华，洪武七年至南京朝见明太祖，获“善世禅师”之号，极得太祖优礼和褒赏。洪武十四年，萨氏在南京圆寂，太祖即敕于其居处建塔及寺，藏其舍利以祀。赐寺名“西天”，意在“表师之所自出也”。[④]

三山讲寺原系古刹，在三山之阳，洪武十三年太祖命工部侍郎黄立恭重建，赐额三山讲寺。[⑤]

般若寺在江宁天王山，是太祖为纪念禅僧法秀而建的。元大德中，法秀在天王山结庵习禅，颇著声望。至正十四年（1354），明太祖率部渡江，闻其名而入山参谒，“与语相契，时遣缪总制者送供”。后法秀游方他处，莫知所终。洪武二十二年，太祖诏工部右侍郎黄立恭选干僧往天王山法秀习禅旧处建寺，黄氏即委僧绍义前往，远近信众也纷纷输财助力，“未几而成丛席”，太祖赐名“般若禅院”。[⑥]

---

① （明）葛寅亮：《金陵梵刹志》卷39，宋濂：《碧峰禅师碑略》。

② （明）葛寅亮：《金陵梵刹志》卷39《碧峰寺起止记略》。

③ （明）葛寅亮：《金陵梵刹志》卷15，俞经：《草堂寺缘起记略》。

④ （明）葛寅亮：《金陵梵刹志》卷37，智光：《西天板的达禅师志略》。

⑤ （明）葛寅亮：《金陵梵刹志》卷33《三山讲寺》。

⑥ （明）葛寅亮：《金陵梵刹志》卷47《般若寺》；（明）明河：《补续高僧传》卷15《法秀》。

接待寺在南京郭城江东门外。洪武三十一年（1398）敕建，为“接待十方处所”①。

除京师外，太祖还赐修了杭州上天竺讲寺、凤阳大龙兴寺、云南大理大云殿及五台山普光寺等。

杭州上天竺讲寺供奉观音大士，以素有灵应而著称，洪武十五年，曾为该寺住持的僧录司左善世弘道以元末战乱，寺院残破，乞赐重建，太祖遂赐金二千，“遣中使陶砖瓦于姑苏，命杭州前、右二卫军士撤操两月，搬运砖瓦木植入山鼎建”②。

凤阳大龙兴寺前身即皇觉寺，此寺元末明初已完全败落，洪武十六年，“撤中都宫室名材建，规模宏壮”③。朱元璋称，“是寺之建，非为求佛积福而建，止因幼托身于寺四年，寺因兵废，其应供是方者无，有失孝子顺孙慎终追远之道”。寺成后，赐名“大龙兴寺”。以旧寺僧善杞为开山住持，另委仪真地藏寺僧文彬在寺中讲习示范应供科仪。④

云南大理大云殿则是太祖为褒赏僧无极而赐建。据《新续高僧传》，无极为大理土僧，法脉则承自元时江南临济宗名僧高峰原妙。洪武十六年，明军括定云南。次年，无极率徒众入觐，向太祖献山茶、龙马、《征南赋》及《进觐诗》，诗中对太祖歌功颂德，有“辟土神功同五帝，开天圣德媲三皇”及“泽及空门无以报，敢将芹曝献君王”之句，令太祖喜不自胜，“馆之上刹，法衣典馔屡邀赐赏”，且御制诗文赐之，授其为大理府僧纲司都纲。无极返滇，太祖又御制诗赐之，并敕翰林学士及僧司诸首僧各和诗以赠。“更敕建大云殿并制三十六院以处其徒。”⑤

二 诏建佛会法事

具有浓重鬼神思想的明太祖对“为死者超升，生者解冤”的佛事活

① （明）葛寅亮：《金陵梵刹志》卷30《接待寺》。

② （明）释广宾：《杭州上天竺讲寺志》卷7《因革》，四库全书存目丛书影印本。

③ （明）柳瑛等：《中都志》卷4，台湾成文出版有限公司印行中国方志丛书本。

④ （清）于万培等修，谢永泰续修：《凤阳县志》卷14《艺文下》，《明太祖御制龙兴寺碑》，台湾成文出版有限公司印行中国方志丛书本。

⑤ 喻谦：《新续高僧传》四集卷5《明大理荡山沙门释无极传》。

动极为重视，早在吴王时期，他就在天界寺内多次组织僧人举行广荐佛会。明朝建立后，太祖又在南京蒋山灵谷寺集名僧大德启建规模盛大的广荐佛会，“蒋山佛会”便成为洪武时期最具标志性的佛事活动。这些佛会的主旨，是以佛礼、佛法祭祀鬼神和安顿亡魂为名而从精神上对元末以来长期战乱给民众造成的种种创伤进行抚慰，从而收揽民心，稳固政权，安定社会秩序。他在洪武四年所作《御制蒋山寺广荐佛会文》中称：

> 朕本农夫，自幼托身佛门，忽经大乱，不得已而从戎，于（今）二十年矣。向与群雄并驱之时，务在操兵整队，救民于彷徨之中，今祸乱已平，天下已定，未尝朝僧暮道，妄祀鬼神。有所祀必以礼，有所祭必以时，尚虑军民身经大难，凡死者或遭兵刃或陷水火，或迫于危急而自缢投河，或潜入山林而蛇伤虎咬，或天灾而陨灭，或因互斗而杀伤，或为国宣力而殒命，或思父母妻子因疾而亡身，凡此诸等死者，或蒲门灭绝，无祭无依，或虽有眷属不能顾念，或有父母妻子因兵流离，生者未安，死者谁为之祭。朕以己心度之，此等鬼魂遇天阴时，莫不呻吟于风雨之间，遇晴明时莫不悲号于星月之下，或因生前作恶，留连冥冥之中无由自脱。又如我朝大军征讨四方，远入他境，或糇粮不继，一时手刃平民，或遇壮军之无故烧毁房舍，杀害老幼残疾，致惹重愆，有累身后。朕今因死者恐不得生天，恐有冤报，故作大善佛事，为死者超升，生者解冤。①

洪武元年九月，太祖诏梵琦等江南名僧十余人，由善世院组织在蒋山灵谷寺建“冥阳水陆大斋”，“于中作佛事，供佛、贤圣、天地神祇三界鬼神”。② 此为明朝开国后，在蒋山所作首次大型佛教法会。此后，洪武二年、三年、四年及五年，连年都在蒋山举办同类型的法会，其

① （明）葛寅亮：《金陵梵刹志》卷3。

② （明）梵琦：《水陆升座》，《宋学士文集》卷5《銮坡集》卷5《佛日普照慧辨禅师塔铭》。

中，洪武三年佛会，太祖亲至寺中“奉佛供僧”。洪武五年佛会，太祖再次率文武群臣躬临，规模和规格为历次之最。据宋濂等人的记载，早在洪武四年十二月，太祖就开始“诏征江南有道浮屠来复等十人诣于京师，命钦天监臣蓍以榖旦，就蒋山太平兴国禅寺丕建广荐法会”[①]。法会之前，太祖“御奉天殿集公侯百官宣踰（谕）建会之因，禁天下屠宰，上先斋戒一月”[②]。并敕中书省臣汪广洋和胡惟庸“移书城社之神，具宣上意，俾神达诸冥期以毕集”[③]。另外，诏预会名僧先“点校藏经”[④]。又命僧宗泐撰“献佛乐章”，由太祖御署曲名，分别为《善世曲》、《昭信曲》、《延慈曲》、《法喜曲》、《禅悦曲》、《遍应曲》、《妙济曲》、《善成曲》。“敕太常谐歌舞之节用之，著为定制。”[⑤] 洪武五年正月十五日，佛会正式开始，其过程宋濂《蒋山广荐佛会记》载之甚详：

> 五年春正月辛酉昧爽，上服皮弁服临奉天前殿，群臣服朝衣左右侍。尚宝卿启御撰章疏，识以皇帝之宝，上再拜，燎香于炉，复再拜，躬视疏已，授礼部尚书陶凯，凯捧从黄道出午门，置龙舆中，备法仗鼓吹，导至蒋山，主僧行容率僧伽千人持香花出迎。万金奉疏入大雄殿，用梵法从事，白而焚之。退阅三藏诸文，自辛酉癸亥止。当癸亥时，加申诸浮屠，行祠事。已，上服皮弁服搢玉珪上殿，面大雄氏北向立，群臣各衣法衣以从，和声朗举。悦佛之乐首奏善世曲，上再拜迎，群臣亦再拜。乐再奏昭信曲，上跪进熏芗奠币，复再拜，乐三奏延慈曲，相与悦佛之舞。舞二十人，其手各有所执，或香或灯，或珠玉明水，或青莲花冰桃暨名荈衣食之物，势皆低昂应以节。上行初献礼，跪进清净馔史册祝，复再拜，亚终二献同，其所异者不用册。光禄卿进馔，乐四奏曰法喜曲，五奏禅乐曲，舞同。三献已，上还大次群臣，退诸浮屠，旋绕大雄氏宝座

① （明）宋濂：《宋学士文集》卷11《銮坡集》卷1《蒋山广荐佛会记》。
② （清）纪荫：《宗统编年》卷28，台湾白马精舍影印卍续藏经本。
③ （明）宋濂：《宋学士文集》卷11《銮坡集》卷1《蒋山广荐佛会记》。
④ （明）幻轮：《释氏稽古略续集》卷2。
⑤ 同上。

演梵咒三周，以寓攀驻之意。初斸山左地成坎六十，漫以垩，至是令军卒五百负汤实之，汤蒸气成云，诸浮屠速幽爽入浴，焚象衣使其更以彩幢，法乐引至三解脱门，门内五步筑方坛，高四尺，上升坛南向坐，使者北向跪受诏而出，集幽爽而戒饬之。诏已，引入殿致参佛之礼，听法于径山禅师宗泐，受昆尼戒于天竺法师慧日，复引出供斛，所解凡四十有九，命阇黎师咒食之。时夜以半，礼将毕。上复上殿，群臣从如初，乐六奏遍应曲，执事者撤豆，上再拜同，乐奏善成曲。上至燎位，燎已，上还大殿，次解严，群臣趋出。①

洪武五年蒋山广荐佛会由天界寺住持万金“总持其事”，与会僧徒达数千之众。②

蒋山佛会是王朝初建时期太祖安抚民心，稳定社会的一种宗教文化举措，但随着其政权基业的逐渐稳固和社会的渐趋安宁，此种佛事活动的意义也就不大了，此后，太祖致力于自身君权的强化，在佛教上则更多地用心于寺院僧团的整饬，蒋山佛会也就很少再兴。直到洪武末年，才有两次为征战、镇戍等亡故的将士而诏建的普度佛会。一次是洪武二十七年，太祖诏礼部及僧录司于蒋山灵谷寺为征南阵亡将士举行超度佛事。③ 另一次则是洪武三十年，太祖以“近年多有征守、镇戍、海运官身故及西平侯、信国公等亡故都不曾超度”，敕礼部于天界寺组织僧人“条设水陆三日一夜普度”。④

第四节　明太祖对僧团的整肃与统制

一　明太祖对僧人队伍的整肃

对社会生活的各个领域进行直接而强有力的监督和控制是专制统治的基本特征。佛教僧团是佛教社会存在的主要标志，是一股十分重要的

---

①（明）宋濂：《宋学士文集》卷11《銮坡集》卷1。

②（清）纪荫：《宗统编年》卷28。

③（明）释幻轮：《释氏稽古略续集》卷2。

④（明）葛寅亮：《金陵梵刹集》卷2《钦录集》。

社会力量，其触角及于社会各个阶层。但僧人队伍来源芜杂，几乎涵盖了社会各个阶层，出家动机也是多种多样，所以历代以来都是一支成分复杂、良莠并存的队伍。许多“叛逆”的力量也往往是由这中间萌发兴起的。明太祖本人有长期的僧侣生活经历，对元末以来佛教僧团内部的结构和僧侣队伍窳滥的情形有着更为深切的体认，所以明朝建立后，他一方面从思想文化的角度大力提倡和推崇佛教，另一方面则从社会组织的层面上对佛教组织进行整肃和统制。其目标有三个方面：第一，为朱明皇朝提供一支具有相对精良素质和良好社会形象的僧伽队伍，承负起皇室所冀望的“阴翊皇度”的社会教化使命；第二，要避免过量的民众也即作为国家征课对象的社会劳动力流入寺院，同时阻遏僧伽规模的膨胀，以防增加社会供养负担；第三，特别是严防寺院僧团成为各种逋逃者及所谓“奸恶之人”潜匿隐身的薮泽和洼地，从而危及朱明皇家基业。

太祖对僧团的整肃，大致可以归纳为以下三大方面：

（一）官给度牒，禁止私度。度牒制度始于唐代，是佛教僧团力量不断扩张的背景下，官府严格僧侣剃度和控制僧团规模的有效手段。明朝建立后，于洪武五年实行僧人普给度牒的办法，并罢除前代所行僧人免丁钱（即纳资取牒）。[①] 由此将僧人剃度权牢牢地掌握在官府手中。另一方面为防止僧侣队伍之伪滥，也同样沿袭前代试经度僧制度，即通过经业考试合格者方能出给度牒。洪武六年太祖诏僧尼“若请给度牒，必考试精通经典者方许”[②]。僧人经业考试由僧录司主持。洪武十四年规定，各府州县无度牒僧人先由当地僧司衙门具名申解僧纲司，再由僧纲司转申僧录司，僧录司主持通过考试后，最后具申礼部出给度牒。[③] 对于经业考核不合格者，有“断还为民，应当重难差役”的规定。洪武二十五年，朝廷度僧，时有各地赴京请牒的沙弥三千余人，“其中多有不能记经，欲冒请者”，太祖闻知，大怒，令悉送锦衣卫，“皆籍为军”。后有僧永隆焚身求免，太祖才“悉宥罪，给牒为僧”[④]。洪武时，

---

① 《明太祖实录》卷77，洪武五年十二月己亥。

② 《明太祖实录》卷86，洪武六年十二月戊戌。

③ （明）葛寅亮：《金陵梵刹集》卷2《钦录集》。

④ （明）明河：《补续高僧传》卷20《落魄僧》。

经业考试不仅针对要求剃度的行童、沙弥，对已取得度牒的僧人也进行考核。如洪武二十八年，太祖就诏僧录司分上、中、下三科考试天下沙门（六十以上者免），结果，“其中多有不通经典者”，令太祖极为不满。诏三年后再来考试，不中者发边卫永远充军。[①]

度牒出给的时间，洪武前期似无明确规定。洪武十七年，针对大量民众为逃避差役而披剃为僧，致使僧侣人数过量增长的趋势，经礼部尚书赵冒奏请，太祖诏此后三年一次出给度牒。[②]

僧人剃度既由官府掌控，则私自剃度便属非法。《大明律》中就明确规定：“若僧道私自簪剃者，杖八十。若由家长，家长当罪。寺观住持，及受业师私度者，与同罪，并还俗。”[③]

为了保障有足够的劳动力来承担官府赋税和差役，明太祖对僧人出家的年龄也作出了具体的规定。洪武二十年，明太祖诏令民年二十以上者不许出家为僧。次年又诏有年龄在二十以上而要求剃度者，则发往云南乌蛮、曲靖等处边地，“每三十里造一座庵，自耕自食，就化他一境人”[④]。洪武二十五年又禁止寺僧收养幼童为僧，违者“首僧凌迟处死，儿童父母迁发化外”。明太祖认为“儿童无知，止由父母之命入寺披剃。及至年长，血气方刚，欲心一动，能甘寂寞诚心修行者少，所以僧中多有泛滥不才者，败坏祖风，取人轻慢”[⑤]。至于妇女出家为尼，则规定年龄必须在四十岁以上。另外，洪武时期还特别规定“不许军、匠、灶、站、违碍之人出家”。

（二）强调僧人严守僧俗界限，约束僧人与世俗的关系。太祖认为，僧人出尘离俗，自与世俗有别，“其本面家风，端在苦空寂寞”。但在现实中，“僧多与俗混淆，尤不如俗者甚多，是等其教而败其行”[⑥]。这既败坏了僧人乃至整个佛教的社会形象，也扰乱了社会秩序。所以明太祖对佛教的整肃，最为强调区划僧俗界限，禁止僧人混同世

① （明）葛寅亮：《金陵梵刹志》卷2《钦录集》；（明）李东阳等敕撰，申时行等奉敕重修：《明会典》卷104《礼部》62《僧道》，江苏广陵古籍刻印社影印本。

② 《明太祖实录》卷167，洪武十七年闰十月癸亥。

③ 《大明律》卷4《户律一》，法律出版社1998年怀效锋点校本。

④ （明）幻轮：《释氏稽古略续集》卷3。

⑤ （明）葛寅亮：《金陵梵刹集》卷2《钦录集》。

⑥ （明）葛寅亮：《金陵梵刹志》卷2《钦录集·申明佛教榜册》。

俗，与民杂处。[①] 他甚至曾以“浙西寺院田粮多，僧惟务酒肉女色，不思焚修，尽趣集京城工役，死者甚多”[②]。这种极端的做法虽然由于皇后的谏言而未持久，但反映出太祖对于僧人违犯戒律混同世俗的现象极为痛恨和反感。所以洪武二十四年所颁《申明佛教榜册》和二十七年所颁《僧人趋避条例》，都以强调僧俗两界的区划为重要内容。《申明佛教榜册》指出：“自经兵之后，僧无统纪，若府若州合令僧纲司、僧正司验，倚郭县份僧会司验，本县僧人杂处民间者，见其实数于有佛刹处，会众以成丛林，守清规以安。”严令“今后敢有不入丛林，仍前私有眷属潜住民间，被人告发到官，或官府拿住，必枭首以示众，容隐窝藏者流三千里”。《僧人趋避条例》又进一步强调僧人必须住寺，而不得与民杂处，“凡僧之处于市者，其数照归并条例务要三十人以上聚成一寺，二十人以下者悉令归并，其寺宇听僧折改并入大寺”。“除游方问道外，禅、讲两宗止守常住，笃遵本教，不许有二，亦不许散居及入村市。”对僧人有妻室者则予以严厉惩治。“僧有妻室者，许诸人捶辱之，更索取钞五十锭，如无钞者打死勿论。”“有妻室僧人愿还俗者听，愿弃离修行者亦听。若不还俗又不弃离，许里甲邻人擒拿赴官；循私容隐不拿者，发边充军。”为了使区划僧俗的政策得以落实，洪武二十四年颁行《申明佛教榜册》时，明太祖还令僧录司差僧人赍榜前往各布政司清理僧寺，“凡僧人不许与民间杂处，务要三十人以上聚成一寺，二十人以下者听令归并成寺”[③]。

针对僧人中“奸邪无籍之徒，避患难以偷生，更名易姓潜入法门，以其修行之道不足以动人，一概窘于衣食，岁月实难易度，由是奔走市村，无异乞觅者，致使轻薄小人毁辱骂詈，有玷佛门”的现象，明太祖下诏严格约束，不许僧人“奔走村市，以化缘为由，致令无籍凌辱，有伤佛教。若有此等，擒获到官，治以败坏祖风之罪”。

明太祖还禁止僧人与官府结纳。洪武十九年，太祖诏令凡有田粮的寺院均设砧基道人，专门负责办理寺院差役田税诸务，而其他僧人不得

---

① 台湾学者释见晔认为这实际就是一种僧俗隔离政策，并认为此为明太祖佛教政策的核心。见氏著《明太祖的佛教政策及其因由之探讨》。

② （明）徐学聚：《国朝典汇》卷134《释教》，四库全书存目丛书影印本。

③ （明）葛寅亮：《金陵梵刹集》卷2《钦录集》。

预其事。即“一应差役，不许僧膺”。[①]《僧人趋避条例》中又进一步指出：“凡住持并一切散僧，敢有交结官府，说俗为朋者，治以重罪。”

（三）建僧籍周知册。僧籍制度是宋唐以来传统民户编籍制度的一种扩展，反映着专制皇权对社会僧团管理和控制的强化。明朝建立后，仍然通过置立系统而严密的僧人名籍，来达到控制僧团和防止僧人冒滥的目的，并借以阻塞各类逋逃之徒隐身僧寺的渠道，消除社会政治隐患。洪武十四年，太祖就要求各地僧司衙门置立僧籍文档以备查核，所开报内容包括僧人姓名、籍贯、出家寺院和年份、受业师姓名、正式披剃及领受度牒的时间等等。洪武二十五年，礼部又奏在出给僧人度牒时，原先“止凭僧录司来文，照名出给，并不见开称曾无揭籍明白”，太祖令“都教他揭籍明白时给予他”。[②] 所谓“揭籍明白”无非就是要清楚地注明僧人名籍、家庭情况，等等，以便于官府的监督稽查。同年，太祖得到奏报说“各处僧寺多隐逃军、逃囚”的情况十分突出，当时南京百福寺只有四名僧人，却隐匿着许多“刺字逃囚”，以致“寺都废了”。这些囚徒、逋卒往往易名换姓冒为僧人，游食四方，无法验其真伪。有鉴于此，太祖令僧录司行文各处僧纲、僧会及僧正诸司，造僧籍册刊布各寺院，互相周知，称之为《周知板册》。《周知板册》由僧录司按照钦定的册式刊板印造，先由各地僧司所属寺院填报，然后逐级汇总至僧录司，最后“具申到（礼）部立案”。在册僧人既包括有度牒僧，也包括尚未取得度牒的僧人。[③] 其编制原则和内容为“自在京及在外府州县寺院僧名以次编之，其年甲、姓名、字行及始为僧年月与所授度牒字号，俱载于僧名之下”[④]。为了确保僧籍的真实可信，太祖诏令要求各处僧人都要于原出家处详细供报俗家户口入籍，不许再在挂搭处入籍，以免重复登录或滋生冒名、伪造等其他弊端，待造册成后方许挂搭游方。并要求各处僧司及寺院严格操作，“有容隐奸诈等人朦胧入册的，事发时，连那首僧都不饶他性命”。《周知板册》编成后，印行颁布于各处寺院，“凡游方行脚至者，以册验之。其不同者许获送有司，

① （明）葛寅亮：《金陵梵刹集》卷2《钦录集》。

② 同上。

③ 同上。

④ 《明太祖实录》卷223，洪武二十五年十二月甲午。

械至京治重罪，容隐者罪如之”①。

明太祖对僧人队伍的整肃应该说是明初强化专制集权在社会宗教领域的一种体现，是明太祖从世俗统治者的立场出发，对佛教僧团所进行的一次较全面治理。其核心和目标就是清除僧团中对专制统治不利、特别是对其构成潜在危害的因素，将社会僧团力量纳入专制集权可以有效控制的范围之内，同时充分发挥佛教有利于维护现实社会秩序的宣传教化作用。很显然，整肃活动显示出了明王朝专制集权干预丛林事物的力度和强度，充分体现了帝王对佛教僧团所拥有的权威和主导性。但客观地说，在倡导和护持佛教的前提下，明太祖对僧人队伍的整肃同样也是有利于佛教自身利益的。首先，对僧人出家受度的限制，能使佛教僧团保持一个较为适度的规模，这既可以减轻整个社会的供养负担，也同样有利于保持僧人队伍的精良。否则只能是泥沙俱入，伪滥窳败。其次，强调僧俗界限，尽管在一定程度上有分隔僧俗的倾向，与明代佛教世俗化的取向相悖，但多少可以起到减弱世俗风气对佛门冲击的作用，也有助于清除僧人队伍中戒律松弛、作风颓败等种种腐化堕落现象，使僧人在社会中保持一种严谨清整的良好形象。再次，采取试经给度，使僧团成员可以保持一定的宗教素养。

应该说，在明太祖对僧人队伍的整肃过程中，明王朝有关佛教僧团的管理体系也逐步得以建构，所制定颁布的各种《条例》、《榜文》也成为此后明朝历代帝王管理佛教僧团的基本原则和依据。当然，伴随着明中叶朝纲委顿，太祖时期的这些定制在实际上也往往成为敬而不从的具文。特别就明代佛教而言，在全面世俗化的背景下，僧俗之间的关系更加密切，世俗之风对佛教戒规的冲击和对僧人身心的濡染是不可避免的，所以，外在行政约束力固然强大，但保持僧人队伍的严整，还取决于佛教内部是否具有强有力的戒律约束。

二 分寺清宗与佛寺的归并

分寺清宗即禅、讲、教的区划是太祖时期整肃和统制佛教僧团的一个极为重要的内容，十分突出地体现了明代皇权对于丛林事物进行干预

① 《明太祖实录》卷223，洪武二十五年十二月甲午。

的力度。按照太祖自己的说法，禅、讲、教三寺的区划只是对有史以来佛教自身丛林制度的一种沿袭，洪武十五年五月，太祖在其诏谕中称："佛寺之设，历代分为三等，曰禅、曰讲、曰教。其禅不立文字，必见性者方是本宗；讲者务明诸经旨义；教者演佛利济之法，消一切现造之业，涤死者宿作之愆，以训世人。"① 但实际上，这种区划既有对佛教在历史过程中自然形成的丛林格局的一种沿袭，同时也是太祖按照个人意愿，使用行政力量对丛林制度的一种设计和安排。从沿袭继承的方面而言，《元史》中就有"天下寺院之领于内外宣政院，曰禅、曰教、曰律。则固各守其业"之说。② 各自的特点是，"禅尚虚寂，律严戒行，而教则通经释典"③。而明太祖所谓禅、讲、教三寺中，禅寺与元时无异，讲寺则对应于教寺，名异实同，差异在于取消了律寺，而代之以教寺，也即瑜伽教寺或应付寺院，专为应供民间佛事活动。在分寺的同时，太祖还钦定三类寺僧各着不同颜色的僧服以示区别："禅僧，茶褐常服，青条玉色袈裟；讲僧，玉色常服，深红条浅红袈裟；教僧，皂常服，黑条浅红袈裟。僧官皆如之。惟僧录司官，袈裟缘纹及环皆饰以金。"④

教寺以应供民间佛事为务，需要掌握一套程序化的经忏科仪，为此，太祖先于洪武十五年诏僧人行果和如锦在南京能仁寺开设"应供道场"，以为示范和样板，令京师内外各地教寺僧人前往观摩学习，"若不由此，另起名色私作佛事者，就仰能仁寺官问罪"⑤。次年，太祖又诏僧录司对瑜伽显、密法事仪式及诸真言密咒尽行考校，定为成规，颁行各处寺院遵行。"为孝子顺孙慎终追远之道，人民州里之间祈禳伸情之用"；并令各处僧官、住持督率僧人要依式学习演练，三年后，凡持瑜伽教僧赴京参加考核，"若于今定成规仪式通者方许为僧，若不省解，读念且生，须容周岁再试。若善于记诵，无度牒者，试后就当官给与，

① （明）葛寅亮：《金陵梵刹集》卷2《钦录集》。

② 《元史》卷202《释老》。

③ （元）刘仁本：《羽庭集》卷2《送大璞玘上人序》，转引自韩儒林主编《元朝史》（下册），人民出版社1986年版，第340页。

④ 《明太祖实录》卷150，洪武十五年十二月乙酉。

⑤ （明）葛寅亮：《金陵梵刹集》卷2《钦录集》。

如不能者发为民庶”[1]。后来，在《申明佛教榜册》中，太祖仍强调“显密之教仪范科仪务遵洪武十六年颁降格式。内其所演唱者，除内外部真言难以字译仍依西夷之语，其中最密者惟是，所以曰密；其余番译经及道场内接续，词情恳切交章天人鬼神，咸可闻知者，此其所以曰显。于兹科仪之礼，明则可以达人，幽则可以达鬼，不比未编之先。俗僧愚士妄为百端，讹舛规矩，贻笑智人，鬼神不达，此令一出，务谨遵，毋增减，为词讹舛紊乱。敢有违者，罪及首僧及讹谬者”[2]。

在制定了统一规范的经忏轨仪之后，太祖还在《申明佛教榜文》中，定出了教僧赴应佛事经忏受取酬施的若干标准。[3] 一则使僧人应供佛事得到适当报酬，二则防止僧人巧取民施。

1. “验日验僧”取酬。即“每一日、每一僧钱五百文。假若好事三日，一僧合得钱一千五百文。主磬写疏，召请三执事，凡三日道场，每僧各五千文”。

2. 定《道场诸品经咒布施则例》，僧人可按所诵诸佛品经取酬。从五百文到一千文不等。“诸经施钱，诵者三分得一，二分与众均分。云游暂遇者同例。若有好事者额外布施或施主亲戚邻里朋友乘斋下衬者，不在此限。”

3. 陈设诸佛像、香灯供给黎等项劳役钱一千文。

太祖还注意保护教僧正常的应供经忏不受阻挠和干扰。《申明佛教榜册》中就规定，“今后所在僧纲、僧正、僧会去处，其诸散寺应供民间者听，从僧民两便。愿请者愿往，任从之，僧纲、僧正、僧会毋得以上司出帖非为拘钤，假此为名，巧取散寺民施”。“敢有仍前拘钤者，其僧纲、僧正、僧会杖一百，工役三年。”洪武二十七年之《趋避条例》中又规定，瑜伽（教）僧“各有故旧檀越所请作善事，其僧如科仪教为孝子顺孙，以报劬劳之思在上而追下者，得舒慈爱之意，此民之所自愿，非僧窘于衣食而干求者也，官民敢有侮慢是僧者，治之以罪”。

---

① （明）葛寅亮：《金陵梵刹集》卷2《钦录集》。

② 同上。

③ 同上。

应供佛事既有专门的教寺和专职的教僧，所以禁止民间世俗之人仿僧人行瑜伽教事。太祖认为："瑜伽之教显、密之法，非清净持守，字无讹谬，呼召之际幽冥鬼趣咸使闻知，即时而至，非垢秽之躯世俗所持者。曩者民间世俗多有仿瑜伽教者，呼为'善友'，为佛法不清、显密不灵，为污浊之所，污有若是，今后止许僧为之，似前如此者，罪以游食。"[①] 也就是说，只有经过了规范科仪训练的僧演法才能有通达鬼神的功效，法事也才能有效圆满。

由洪武初年连年启建广荐佛会终至洪武十五年时下诏置立从事经忏佛事（瑜伽教事）的专门化寺院，可以看出沙弥出身的明太祖对于经忏法事的重视程度是非同一般的，充分体现了太祖资神教民、举鬼神以劝人事的宗教价值观念。在太祖看来，瑜伽寺僧，应供一方，"足孝子顺孙报祖、父母劬劳之恩。以世俗之说，斯教可以训世，以天下之说，其佛之教可以阴翊王度可也"。[②] 也就是说，瑜伽僧的经忏法事体现着儒家慎终追远、事亲孝悌的伦理之义，可资为训世教化，敦厚人伦。所以在禅、讲、教三寺中真正受到重视的是直接与世俗民众打交道的教寺教僧。因此，就连在太祖人生经历中占有重要地位的皇觉寺，也是作为一方"应供道场"进行重建的。为了抬高教僧的地位，太祖还规定教僧可以像文武百官及儒士生员一样有穿靴子的特权。[③] 台湾学者释见晔法师引太祖《御制玄教斋教仪序文》所称"朕观释道二者，各有二徒……禅与全真，务以修身养性，独为自己而已；教与正一，专以超脱，特为孝子慈亲之设，益人伦、厚风俗，其功大矣哉"，亦认为"太祖以教优于禅"。[④]

所谓瑜伽者，"手结印，口诵咒，心作观，三业相应之谓"，"瑜伽大兴于唐之金刚智、广大不空二师，能役使鬼神，移易山海，威神之力

---

① （明）葛寅亮：《金陵梵刹集》卷2《钦录集》。

② 同上。

③ 《明太祖实录》卷219，洪武二十五年七月壬申条载，洪武二十五年规定："唯文武百官并同籍父兄、伯叔、弟侄、子婿及儒士、生员、吏典、知印、承差、钦天监天文生、太医院医士、瑜伽僧、正一道士、将军散骑、舍人带刀之人、正伍军并马军总小旗、教读大诰师生许穿靴。"

④ 释见晔：《明太祖的佛教政策及其因由之探讨》。

不可思议。数传之后，无能嗣之者，所存但施食一法而已”①。唐以后，瑜伽间杂以道教符咒等因素，广泛地运用应付世俗超荐亡灵、禳灾祈福，等等。至元代，有浓厚密教色彩的藏传佛教受皇室崇信，施食等瑜伽经忏因得盛行。② 瑜伽法事的盛行，可以说是佛教普及和深入民间的一种表现，但专门设立以应供民间佛事为务的瑜伽教寺并专职的瑜伽教僧，则是明太祖行政作用的产物。教寺的设立“的确肯定历代以来经忏僧对于社会所具存的正面功能”③，满足了世俗社会对于经忏法事的客观需求，同时，在一定程度上也清理了元以来经忏法事活动的混乱局面。但抬举教寺而冷落禅、讲两寺，也就意味着重视了佛教中最为浅化的科仪，而轻待了佛教的修持和义理，这样，明代社会上佛教经忏活动盛行，但作为佛教主流的禅宗则渐为消歇，佛教义理之学更是中绝，明代佛教的低沉与落寂便是不可避免的。与此同时，律寺被取代，律僧无寺可依，律学无由弘传，无疑也是造成明代律学不兴的重要原因。而律学之不兴，僧团必然缺乏行之有效的戒律规范，丛林的失序、僧人的堕落在所难免。这实际上与太祖要求僧人与世俗保持界限的主张是自相矛盾的。又由于瑜伽寺僧成为僧团中与大众交往互动的主流，佛教在一般民众心目中的形象也就是一套程序化的科仪和演法诵经的应付僧了。而教僧易为，还可应供取酬，吸引更多的僧俗加入此一队伍，资以利养，造成佛寺和僧人崇高清净形象严重受损。④ 由此可见，明太祖教寺的设立，对于明代及其以后中国佛教的状态产生了十分深远的影响。

基于社会中僧徒过众增加了国家和民众供养负担，太祖在丛林的整肃方面还采取了归并寺院的措施。早在洪武五年，太祖就发布诏旨将南京天禧、能仁两寺归入蒋山灵谷寺：

---

① （明）祩宏：《莲池大师全集》第7册，《竹窗三笔·施食师》，台湾华宇出版社影印金陵刻经处本。

② 见陈玉女《明代瑜伽教僧的专职化及其经忏活动》。

③ 陈玉女：《明代瑜伽教僧的专职化及其经忏活动》，台湾《新世纪宗教研究》第3卷第1期。

④ 周齐认为：“教寺教僧泛职业化严重，佛寺和僧人崇高清净形象受损，尤其是丑陋弊端丛生，原为清理败坏现象的手段却再成为导致败坏佛教口实的重要方面。”见氏著《试论明太祖的佛教政策》。陈玉女《明代瑜伽教僧的专职化及其经忏活动》对此有更为详细的研讨。

七月十六日，中书省钦奉圣旨：蒋山系是大禅刹处所，如今你省家出给执照与住持长老行容收执，把那天禧寺、能仁地两处应有旧日常住田土，并寺家物件都入蒋山砧基簿内作数，永远为业，收的钱粮等项听从蒋山寺支用，其天禧、能仁寺僧人都收入蒋山坐禅。钦此。[①]

这应该是太祖归并佛寺的最早实践。洪武六年，正式发布归并佛寺的诏旨。“时上以释老二教近代崇尚太过，徒众日盛，安坐而食，蠹财耗民，莫甚于此。乃令府州县止存大寺观一所，并其徒而处之，择其戒行者领其事。”[②] 此一政策推行之后，造成许多地区佛寺被毁。文徵明《重修大云庵碑》载：“吾苏故多佛刹，经洪武厘革，多所废斥。郡城所存丛林十有七，其余寺院庵堂无虑千数，悉从归并。”[③] 程敏政《重修仁王院记》也载：“我高庙混一，初尝命官考正祀典，而释老二氏之宫获存者视前代不啻十之一二。若徽之休宁计其额几以百数，而获存者四焉。其严如此。”[④] 不过，洪武十五年分寺清宗，原先归并的佛寺又重新按照禅、讲、教的格局分离开来了。如南京在归并佛寺时，以天界寺“重门楼观，金碧荧煌可谓之大者矣”，因将“诸寺院庵观一概屏除之，僧不分禅、讲、瑜伽尽入天界寺”，但洪武十五年分寺清宗，“禅者禅，讲者讲，瑜伽者瑜伽，天界不复斯例矣”[⑤]。洪武二十四年颁布《申明佛教榜册》，太祖再次强调“禅者禅，讲者讲，瑜伽者瑜伽，各承宗派集众为寺”[⑥]。其中归并佛寺的含义则被表述为“凡僧人不许与民间杂处，务要三十人以上聚成一寺，二十人以下者听令归并成寺”[⑦]，二十七年所颁《趋避条例》也是同样重申“凡僧之处于市者，其数照归并条例务要三十人以上聚成一寺，二十人以下者悉令归并，其寺宇听僧折

① （明）葛寅亮：《金陵梵刹志》卷2《钦录集》。
② 《明太祖实录》卷86，洪武六年十二月戊戌。
③ （明）文徵明：《莆田集》卷35，文渊阁四库全书本。
④ （明）程敏政：《篁墩文集》卷18，文渊阁四库全书本。
⑤ （明）葛寅亮：《金陵梵刹志》卷2《钦录集》。
⑥ 同上。
⑦ 同上。

改并入大寺，如所在官司有将寺没官及改充别用者，即以赃论”[①]。这样，“府州县只存大寺观一所”的规定实际上也就自动废止了。

三 僧衙体系的建构

僧衙体系是明太祖为统制佛教僧团而建构的一整套僧官制度。此一体系的建立，是明太祖整肃和统制佛教僧团的一项重要举措。建置僧衙，就是赋予其管理僧团事务、贯彻执行皇帝佛教政策的职能，使佛教僧团依照统治者设想中的轨迹运行，而不致“操异意凿旁蹊而谬正印也”[②]。

太祖时期，僧衙机构经历了善世院和僧录司两个阶段。善世院洪武元年即设于南京天界寺内，院“置统领、副统、赞教、纪化等员”[③]。统领当为善世院首长，“秩视从二品”[④]，其地位是相当尊崇的。首任统领为天界寺住持慧昙。善世院的职能，史籍中都以“总辖天下僧尼”、“海内诸名山悉隶之”、“统诸山释教事”等笼统言之，没有更为具体的记载。据宋濂《送觉初禅师还江心序》，善世院有检选寺院住持的职责：

> 及我皇上正位宸极，隆兴佛乘，开善世院于大天界寺内，置统领、副统、赞教、纪化等员，海内诸山悉隶之。捡选有禅行涉资级者，俾为之主，其非才而冒充者斥之。于是循例为江心择贤，然终无逾觉初者。统领遂合群议，仍请觉初居其职。[⑤]

善世院至洪武四年（1371）十二月即被革除，[⑥]前后不到四年时间。其中的缘由没有记载。此后直到洪武十四年僧录司建立前，也没有替代的机构行使“统诸山释教”的职能。洪武七年，太祖曾授印僧萨

---

① （明）葛寅亮：《金陵梵刹志》卷2《钦录集》。

② （明）葛寅亮：《金陵梵刹志》卷16，陈治本：《重修南京僧录司碑记》。

③ （明）宋濂：《宋学士文集》卷8《銮坡集》卷8《送觉初禅师还江心序》。

④ （明）宋濂：《宋学士文集》卷25《翰苑续集》卷5《天界善世禅寺第四代觉原禅师遗衣塔铭》。

⑤ （明）宋濂：《宋学士文集》卷8《銮坡集》卷8。

⑥ 《明太祖实录》卷70，洪武四年十二月戊申。

哈拶释哩“善世禅师”之号，“俾统制天下诸山”①，似乎是把原属善世院的权力交给了萨哈拶释哩个人，但这恐怕只是给予萨氏的一种荣誉，就如同永乐时成祖给藏僧哈立麻和昆泽思巴“领天下释教”的名义一样，并无实际意义。但僧衙的缺失，显然不符合明太祖强化专制统治和统制佛教的思想。因此，洪武十四年诏令以宋朝制度为蓝本建立了一整套完备的从中央到地方的僧衙体系。依《释氏稽古略续集》和《钦录集》所载，其设置如下：1. 在京设僧录司，作为中央僧衙，“掌天下僧教事”。地方各府州县分设僧纲司、僧正司和僧会司，各掌一方教政。2. 僧录司设左右善世、左右阐教、左右觉义及左右讲经各两员，品秩从正六品至从八品不等；府僧纲司设正都纲各一员，都纲授秩从九品；州僧正司设僧正各一员；县僧会司设僧会一员。

僧司的职权则主要在以下几个方面：1. 管理僧籍；2. 供报寺院；3. 举保寺院住持；4. 为僧人申解度牒并负责考试经典；5. 检束僧人。

洪武十四年所建立的这些僧司机构是一个自中央到地方自上而下的僧官系统，并被赋予了明确的职能和权责。僧官如世俗官僚一样，有职有品，到二十五年又开支俸禄，僧司官员除不入品之副都纲、僧正及僧会外，均开支俸禄。② 所以，周齐先生认为，“明太祖所设之僧官机构，已完全被纳入了世俗官僚体制”，故概括其特征为“官僚化僧伽管理”，为允当之论。③ 当然，这个僧官系统在整个官僚体制中所处的地位是十分低微的，“僧道录司体统，与钦天监相同出入”④。就僧录司而言，左右善世的品秩仅为正六品，显然不复有善世院统领从二品那样尊崇的地位了。更重要的是，僧官系统虽然自成体系，但并不具完全的职能权责，而是上受礼部的支配，下受地方官员的制约。例如，各处寺院住持的举保，僧人度牒的出给，最终都需“申解”礼部“奏闻”。又如僧人“如犯奸盗非为，但与军民相涉，在京申礼部酌申，情重者送问。在外

---

① （明）来复：《萨哈拶释哩塔铭》，北京图书馆金石组：《北京图书馆藏中国历代石刻拓本汇编》第51册（以下简称《石刻拓本汇编》），中州古籍出版社1991年版，第17页。

② 《明太祖实录》卷222，洪武二十五年十一月丙午。

③ 周齐：《试论明太祖的佛教政策》。另外，明代之僧官制度，白文固先生于《中国僧官制度史》、《中国古代僧尼名籍制度》两著中均有系统论述。

④ （明）幻轮：《释氏稽古略续集》卷2。

即听有司断理"[①]。因此，由清一色僧人构成的僧司机构，在整个官僚体系中只不过是个附庸的角色而已。看来，从善世院的废止，到僧录司的建置，实际上却是佛教地位由高向低的一个转折过程。

第五节 明太祖与藏传佛教

藏传佛教在元代由于蒙古皇室的敬信、推崇而盛极一时，但随着元朝的灭亡，藏传佛教对内地的影响也骤然消退。明朝建立之后，出于绥怀柔服藏人和稳定西部边疆的政治需要，明太祖对藏传佛教也示以崇奖、亲和的态度。他在《护持朵甘思乌思藏诏》中就指出："朵甘思乌思藏两衙地方诸院上师踵如来之大教，备五印之多经，代为阐扬，化凶顽以从善，启人心以涤愆，朕谓佛为众生若是，今多院诸师亦为佛若是，而为暗理王纲，与民多福。"[②] 从洪武初年开始，太祖便不断遣使到藏区各地进行招谕宣抚，藏地僧团势力因之陆续归顺新朝。其中，帕木竹巴首领章阳沙加和摄帝师喃加巴藏卜的归附具有重要意义。

帕木竹巴为元代十三万户之一，元末势力扩张，并取代萨迦派成为左右卫藏地区政治局面的力量，元顺帝封其首领章阳沙加为灌顶国师。[③]《明太祖实录》卷73，洪武五年四月丁丑条载：

> 河州卫言："乌思藏帕木竹巴故元灌顶国师章阳沙加，人所信服。今朵甘赏竺监藏与赏竺管兀儿相仇杀，朝廷若以章阳沙加招抚之，则朵甘必内附矣。"中书省以闻。诏章阳沙加仍灌顶国师之号，遣使赐玉印及采段表里，俾居报恩寺化导其民。

明太祖认可元朝对章阳沙加的敕封，并重新给予册封，也即承认帕木竹巴在卫藏地区的政治地位。章阳沙加遂遣使臣以佛像、佛书、舍利等进贡。[④] 章阳沙加之后，后继的锁南札思巴噫监藏和吉剌思巴监藏巴藏卜

---

① （明）幻轮：《释氏稽古略续集》卷2。

② 同上。

③ 参见杜常顺《西藏帕木巴地方政权兴衰述略》，《西北史地》1990年第1期。

④ 《明太祖实录》卷78，洪武六年正月己巳。

兄弟又先后奏准太祖袭封灌顶国师之号。[①]

摄帝师喃加巴藏卜于洪武五年遣使朝贡，表示归附。[②] 帝师是元时宣政院的首脑，位尊权重，喃加巴藏卜虽是“摄帝师”，但他的归顺，无疑会有很大的影响。翌年，喃加巴藏卜入朝，同时荐引藏区僧俗首领六十人前来朝贡，“乞授职名”。太祖封喃加巴藏卜为“炽盛佛宝国师”，并颁赐兽纽涂金玉印。喃加巴藏卜辞归，太祖又委以招抚之任，“命河州韩加里麻等同至西番，招谕未附土酋”[③]。洪武七年，喃加巴藏卜又奏举藏区僧俗首领五十六人于朝，由太祖授予职名。[④] 可见，在带动藏区政教上层归附方面，喃加巴藏卜以其故元“摄帝师”的身份和影响发挥了重要的作用。

洪武七年，“故元帝师八思巴之后”，答力麻八剌和公哥坚藏巴藏卜遣使入朝，太祖授答力麻八剌灌顶国师之号，“赐玉印海兽纽，俾居昝多桑古鲁寺，给护持（敕）十五道”。授公哥坚藏巴藏卜圆智妙觉弘教大国师之号，赐玉印狮纽。[⑤] 喃加巴藏卜后来也曾宣抚荐举“西番故官”十余人入朝受职。[⑥]

随着藏区僧俗政教势力逐渐归顺，极力强化集权统治的明太祖又在礼待、笼络藏传佛教势力的同时，也尝试着将专制集权体制下的僧官制度推行于藏传佛教流行的“西番”即西北近边藏区。洪武二十二年，明太祖谕僧录司“西（宁）、河（州）、洮州等处，多有不曾开设僧司衙门，凭僧录司差汉僧、番僧去打点。着本处官司就举选通佛法的僧人发来考试，除授他去”[⑦]。根据此一谕旨，可以看到明太祖要求在西北近边地区设置僧司衙门，而这些衙门则是汉藏两教兼摄的，所以令差汉僧和藏僧同去“打点”。遵照太祖的这个谕旨，礼部祠部和僧录司便从陕西遴选了汉藏僧十名，考试后带礼部和僧录所颁札符和文牒，前往上述地方筹建僧司衙

① 《明史》卷331《西域三》。

② 《明太祖实录》卷77，洪武五年十二月庚子。

③ 《明太祖实录》卷79，洪武六年二月癸酉。

④ 《明太祖实录》卷95，洪武七年十二月壬辰。

⑤ 《明太祖实录》卷91，洪武七年七月己卯。

⑥ 《明太祖实录》卷122，洪武十二年正月甲申。

⑦ （明）葛寅亮：《金陵梵刹志》卷2《钦录集》。

门。[1] 洪武二十六年（1393），在西宁和河州两地首先建立由藏僧主持的僧司机构。《明太祖实录》卷二二六，洪武二十六年三月丙寅条载：

> 立西宁僧纲司，以僧三剌为都纲。河州卫汉僧纲司，以元国师魏失剌监藏为都纲。河州卫番僧纲司，以僧端月监藏为都纲。盖西番崇尚浮屠，故立之，俾主其教，以绥来远人。复赐以符曰："自古帝王致治，无间远迩，设官以理庶务。稽诸典礼，复有僧官以掌其教者，非徒为僧荣也，欲其率修善道，阴助王化。非真诚寡欲、淡泊自守者，奚足以任斯职。今设僧纲司，授尔等以官，给尔符契，其体朕之心，广佛功德，化人为善，钦哉。"

在西宁和河州建立的这三个僧纲司，尽管河州卫又特地分设汉僧纲司和番僧纲司，但僧司首脑却全以藏僧任之。这一方面反映了这两个地区藏传佛教之盛行，另一方面则说明太祖对藏传佛教的重视。上述三名都纲中，魏失剌监藏事迹不详，但有"国师"名号，无疑也是当地有影响和声望的僧人。三剌和端月监藏都曾积极为明朝奔走效力，著有劳绩。西宁僧三剌曾"为书招降罕东诸部"，后来于西宁碾白地方创建佛寺，洪武二十六年入朝，请赐寺额及护敕，太祖"嘉其向善慕义之诚"，赐给寺额"瞿昙寺"并护敕。[2] 此后，瞿昙寺一直得到明皇室的大力扶持，是西番地区与皇室关系最密切的藏传佛教寺院之一。端月监藏，《明太祖实录》卷八五，洪武六年十月己卯条载其为"阿撒捏工寺住持"，洪武六年此人至京师朝贡，奏请太祖赐给护敕。端月监藏"又请收集散亡之民。廷议以事属有司不许"。据清龚景瀚修《循化志》，端月监藏俗姓韩，为河州山外川卜族僧人，洪武六年与其弟韩哈麻率族人归附明朝，"奉旨在阿撒川金佛寺说法，管束僧番人等。二十二年升都纲执事。二十四年，同内官尔尼、御史朵尔只赍敕抚番纳马"。阿撒川金佛寺应即阿撒捏工寺。洪武二十五年，金佛寺毁于火，端月监藏"奉旨移（河州）老鸦关内自修寺一座"，宣德时钦赐

---

① （明）幻轮：《释氏稽古略续集》卷2。

② 《明太祖实录》卷225，洪武二十六年二月壬寅。

名普纲寺。[①]

“西番”地区僧司衙门的建置，除了对当地藏传佛教事务实施管理外，也是明太祖崇奖和优待藏传佛教的体现，寓有“绥来远人”的民族怀柔之意。继太祖之后，成祖、宣宗诸帝又陆续在西北近边及川边藏区增设了许多由藏僧主持的僧纲司。[②]

值得注意的是，太祖除了因政治上的需要而崇重藏传佛教之外，在宗教方面也有对藏传佛教感兴趣之处。洪武中太祖在南京鸡鸣寺召请“番僧”结坛作法，就表明他与密教色彩浓厚的藏传佛教的关系并不仅仅局限在政治利用的层面上。此事之缘由始末见载于嘉靖时南京鸡鸣寺住持道果所撰《鸡鸣寺施食台记》：

> 鸡鸣山在六朝时为北郊之冈，冈下有坑堑，凡诛戮者皆置之，俗呼为“万人坑”。国朝筑城禁则冈堑皆在城内矣。圣祖高皇帝观其山势秀丽，乃建十王功臣等庙及鸡鸣寺于冈之阳，以为祀神演法之所，而坑堑之地形势益盛，又命司空建立国学以育天下英才用以镇压其地。而余魂滞魄尚未泯没，往往结为黑气，人有触之者僵仆甚至殒命亡躯。一日事闻于朝，圣祖疑且骇，乃服儒服幸广业堂以试其事，则寂无妖怪之状，驾回则妖气复作，于是思以神道治之。遂敕使迎取西番有道僧，因得惺吉坚藏等七僧，诣城阙置坛场于寺之东南隅，与监之六堂对峙。坛内具三大石钵盂，贮蓄净水菜饭三物，诸僧登坛运心作法，广施济度，忽感天雨宝花之异，监中黑气充塞，坛场上下忽聚忽散，时开时合，宛若趋向之状，往来供事人役身皆为气所翳，所可见者惟顶额兀然在外，盖阴邪不能掩至阳也。似此者七昼夜，妖气始灭，自是不复作也。圣祖嘉其神妙，乃构西番殿与居，用黄金以饰之。日命光禄寺厚馈饮馔，其馂余者不以食人，俱留贮于豆，诸僧旋绕诵呪，则馂余皆化为水。越数年，坚藏等乞还本国，圣旨可其奏，止留二僧守奉香火，至宣德间殁于本寺，葬神策门外崇化寺。先所居坛场门径皆有钦赐扁额：曰秘密关、曰观由所、曰出尘径。其坛场牌

① （清）龚景瀚：《循化志》卷5。

② 参见谢重光、白文固《中国僧官制度史》第10章，青海人民出版社1990年版。

坊则曰鸡鸣寺施食台，盖将以旌其法奖其人而垂之不朽也。

“施食”，又称“放焰口”，始于佛陀弟子阿难，“尊者夜坐林中，见面然鬼王，遂启施食之教”[①]，后以“拔幽冥，拯沈魄”为主旨构成瑜伽法事的重要内容，专用于追荐死者和超度亡灵。元时，来自藏传佛教的各种施食法事名目种多。《元史》中提到的就有：“朵儿禅，华言大施食也”；“朵儿只列朵四，华言美妙金刚回遮施食也”；“喒朵四，华言作施食也”；“擶思江朵儿麻，华言护（江）［法］施食也”；“古林朵四，华言至尊大黑神回遮施食也”。[②] 明太祖诏建的蒋山广荐佛会，实际就是以超度亡灵为主题的大型经忏法事，施食自然是法会必行的重要仪轨。前述洪武五年法会就有宝金碧峰禅师作施食法事的内容，此即宋濂《蒋山广荐佛会记》中提到的“供斛”。太祖“敕取”番僧惺吉坚藏等作施食法事，显然是承元代皇室之遗风。番僧惺吉坚藏《明太祖实录》有载，见于卷一七六，十八年十二月丁巳条：

建鸡鸣寺于鸡鸣山……初，西番僧星吉监藏为右觉义，居是山，至是，别为院寺西以居之。

星吉监藏为惺吉坚藏无疑，译写稍异而已。由此也可知，惺吉坚藏等在鸡鸣寺的佛事活动当在洪武十八年（1385）左右。此件记载是明初藏僧受皇帝之召在京师进行佛事活动的珍贵史料。明太祖“旌其法，奖其人”，说明其对藏传密教的瑜伽法事持肯定态度。而鸡鸣寺大概也因此成为洪武时期藏僧入京后挂锡居留的主要寺院。如洪武二十二年，太祖曾诏工部给来自陕西的鸡鸣寺番汉僧人“做与绵布僧衣”[③]。清《狄道州志》亦载，明洪武时，有狄道（今甘肃临洮）藏人何领占朵尔只“随其父之南京诣鸡鸣寺管倬朵儿只禅师为徒”[④]。

---

① （明）德清：《憨山大师梦游全集》卷19《刻瑜珈佛事仪范序》，台湾白马精舍影印万字续藏经本。

② 《元史》卷202《释老》。

③ （明）葛寅亮：《金陵梵刹志》卷2《钦录集》。

④ （清）呼延华国：《狄道州志》卷10《人物下》。

第二章

明成祖与佛教

第一节　成祖对佛教的崇好与宣扬

一　靖难夺位与僧人的襄助

明成祖是从一个“屏蔽”皇室的藩王，通过武力而夺得帝位的。而在这一重大的历史变故中，佛教僧人道衍起了谋划定策的关键作用。成祖与道衍的结纳，也是他与佛教的结缘，而这一结缘竟成就了其帝王之业。所以，成祖与佛教的关系从一开始就具有不同寻常的意义。这也在很大程度上决定了成祖上台后崇好佛教的局面。

道衍，俗名姚广孝，苏州相城人，十四岁出家为僧，取法名道衍，字斯道，别号逃虚子。元末入径山智及门下“习禅学，暇则披阅内外典籍以资才识”①。道衍虽为僧，但亦通达儒学，工于诗文；又与道士、术士等颇多结交。“事道士席应珍，得其阴阳术数之学”，游嵩山时又结交相士袁珙。珙谓其“公非常僧，刘秉忠之俦也”②。洪武八年（1375），太祖“诏通儒书僧试礼部。不受官，赐僧服而还”。洪武十五年，孝慈高皇后去世后，“列国亲王各奏乞名僧归国修斋”③，太祖因之“诏选高

---

① （明）幻轮：《释氏稽古略续集》卷2。

② （清）钱谦益：《列朝诗集小传》闰集《少师独庵衍公》；又《金陵梵刹志》卷39《碧峰寺起止记略》载道衍为金碧峰门人，为得其真传的四大弟子之一。“师尝谓衍曰：‘两眼旋光，眉间煞气，当为太平光头宰相。’”

③ （明）王鏊：《震泽纪闻》，三秦出版社中华野史本。

僧分侍诸王"[1]，道衍因宗泐之荐入选，遣往北京住持庆寿寺，由此得与燕王朱棣结纳。道衍至北京后，频频出入燕王府，"迹甚密，时时屏人语"。建文帝上台后，采齐泰、黄子澄之议，实行"削藩"政策，矛头直指兵强势盛的燕王。道衍即与朱棣定谋，以"清君侧"为名，发动"靖难之役"。"及帝转战山东、河北，在军三年，或旋或否，战守机事皆决于道衍。道衍未尝临战阵，然帝用兵有天下，论功以为第一。"作为对道衍谋划定策的酬报，成祖登帝位后，"召至京师，欲官之，固辞，为僧录左善世"[2]。永乐二年（1404）授道衍资善大夫、太子少师，复其姓，赐名广孝。又令其蓄发还俗，但为道衍辞绝。此后，"常居僧寺，冠带而朝，退仍缁衣"。以半官半僧的特殊身份监修《明太祖实录》，与解缙等主持纂修《永乐大典》，"帝往来两都，出塞北征，广孝皆留辅太子于南京。五年四月，皇长孙出就学，广孝侍说书"[3]。

永乐十六年，姚广孝卒于北京庆寿寺，"帝震悼，辍视朝两日，命有司治丧，以僧礼葬。追赠推诚辅国协谋宣力文臣，特进荣禄大夫、上柱国、荣国公，谥恭靖"。成祖还亲制神道碑志其功。[4]

在成祖"靖难"夺位的过程中，除道衍谋划定策外，还有一位冲锋陷阵、战功卓著的僧人智寿，却甚少有人提及。钱谦益《牧斋初学集》卷七十有《吕讲经传》，载之颇详：

吕讲经者，名智寿，字松岩。北平宛平县时雍坊吕氏子也。始为童子辞父母出家庆寿寺，依慧禅师学浮图法，洪武元年，年十六出游山东之齐河县建定慧寺。十五年领符牒于京师，遂主其众。庚辰岁（按即建文二年）靖难兵起，太宗幸济南，寿朝见，请从军自效，奉敕募兵五千人，号"敢勇忠效军"。累升都指挥同知、神武中卫带俸从征。横刀跃马，身先士卒，所至功为多。靖难兵罢，悉缴上钦赐银币钞锭，请返僧服。诏同衍禅师住庆寿寺，管北平府僧纲寺副都纲事。永乐元年召赴南京升僧录司右觉义，旋升右讲经，

---

① （明）幻轮：《释氏稽古略续集》卷2。

② （清）钱谦益：《列朝诗集小传》闰集《少师独庵衍公》。

③ 《明史》卷145《姚广孝》。

④ 同上。

诏住持能仁、鸡鸣、天禧三寺。齐河定慧寺毁于兵，寿请重建，诏工部为庀治。六年扈驾巡守北京，诏修广荐法会度白沟河五处阵亡将卒。九年母马氏没于齐河，追封都督夫人，赐坟地五十亩，葬具钱物引经据典人府优给。十一年，奉命住持庆寿寺，诏以月朔望升天王殿法座说法，劝诱四众。十七年三月，衍禅师示寂于庆寿寺，上临问者三，命寿治葬事，起塔于寺祖坟之西。九月二十日无疾端坐而逝。异香满室，如衍禅师化时，士庶皆惊叹。上为文命礼部员外郎郑复言致祭，起塔祖坟内，与衍相望。

智寿其人其事未见于其他史籍，此为钱谦益访得于齐河定慧寺内碑记和寺僧。钱氏还曾经眼寺内所供荣国公道衍和智寿两僧画像，“荣国乐易颀秀，似文人老衲，而讲经相奇伟，巨目方颐，面如沈铁，英姿飒爽，闪动影堂灯火间，想见其身领忠效军冲锋酣战时也”。智寿何以在靖难时取支持燕王的立场并募兵效忠，不得而知，此或与其庆寿寺的法脉有关联。

二　明成祖对僧人的征召

明成祖仍然重视对佛教上层力量的笼络，但成祖上台时，江南佛门已呈萧条冷落之象，太祖朝被征召的江南儒僧中遗留下来的大德也存者寥寥，具有资望者也就溥洽而已。

溥洽字南洲，晚号迂叟，早年入会稽普济寺为僧，释儒淹贯，赋诗属文也颇有造诣。[①] 曾师事如玘，协助《金刚经》、《楞加经》及《心经》的注释考订。洪武二十二年，太祖征之入朝，授僧录司右讲经，二十五年奉旨主天禧寺，二十八年，升为左善世。成祖登基后，溥洽将左善世一职逊让道衍，而己居右衔。“上嘉从之”。永乐四年，诏修天禧寺佛塔，“落成之日，车驾临幸，命师庆赞，祥光烨煜，万众聚观，天颜愉怿”[②]。同年，溥洽“遭谗左迁”，“时有觉义者，忌师之宠，构词

① （明）明河：《补续高僧传》卷25《南洲溥洽法师》。

② （明）焦竑：《国朝献征录》卷118，杨士奇：《僧录司右善世南洲溥洽法师塔铭》，上海书店1987年影印本。

间之，左迁右觉义"[1]。实际则被囚禁，直到永乐十六年姚广孝临殁前为之奏请得释。溥洽之被拘禁，据明人都穆、郑晓等的记载，是因为燕王起兵时，溥洽曾为建文帝启设药师灯忏以诅太宗，燕兵破城时，又为建文削发。太宗即位后，"微闻其事而未审，囚之十余年"。《明史》则谓："初帝（成祖）入南京，有言建文帝为僧遁去，溥洽知状，或言匿溥洽所。帝乃以他事禁溥洽。"[2] 但明人记载中，包括杨士奇所撰塔铭，[3] 对溥洽被禁一事隐讳不言，大多只称"遭谗左迁"，一笔带过。钱谦益认为，杨士奇所撰塔铭"于洽公系狱及设忏削发之疑，皆没而不书，但云'遭谗左迁'。又云'衍公将化，独举师为对'。则又隐括其事，使读者刁而闻之；此所谓不没其实，史臣记事之体也。正统三年，庐陵周文襄公忱撰写'凤岭讲寺记'云：'公当永乐间，尝为同列所间，太宗皇帝欲试其戒行，幽之于禁卫者，十有余载。'其记洽公下狱，与文贞塔铭相互证明，其事盖有征矣。壬午逊国之事，国史、实录削而不书，无可考据。观洽公十载下狱，考其所以被谗之故，则金川夜遁之迹，于是乎益彰明较著，无可疑矣。文贞、文襄，身事长陵，服官史馆，其所记载，非稗官野史可比"。钱氏析论是有说服力的。不过，解禁后的溥洽在仁宗朝得到厚待。"仁宗皇帝临御，以老宿数被召问，礼遇特厚，命居庆寿寺松阴精舍以自佚，而赐赉屡加。"[4] 后溥洽乞还南京报恩寺终老，仁宗从之，赐给佛像、佛经及钞币，并给驿舟，遣中官护送。次年即宣德元年坐化。

永乐一朝，成祖延续了太祖征召名僧硕德入朝的做法，以此为荣礼僧人的一种形式。不过，相对于太祖朝而言，成祖朝征召的僧人尽管仍多出自江南，但无论是在个人名望、还是在社会影响方面均显逊色。同时，成祖上台后，更多的注意力又放在了藏僧的征召迎请上，因此，对汉僧的征召已不复太祖时期的盛况了。

永乐时期僧人的征召多与《永乐大典》编纂与佛教《大藏经》的刊刻有关。《永乐大典》的编纂在成祖登基伊始就开始了。预其事者都

---

① （明）焦竑：《国朝献征录》卷118，杨士奇：《僧录司右善世南洲溥洽法师塔铭》。

② 《明史》卷145《姚广孝》。

③ （明）焦竑：《国朝献征录》卷118，杨士奇：《僧录司右善世南洲溥洽法师塔铭》。

④ 同上。

是“儒释道流深通文义者”，其中释氏部分的编纂即主要由道联、师颐两僧主持。

道联，字祖芳，为杭州南屏净慈寺的住持，“成祖文皇帝永乐四年丙戌朝廷纂修大典，征净慈祖芳道联为释教总裁。以师博通经典，纂集有方，深沐恩宠”①。

师颐，字希古，号简庵，曾住持杭州崇福、万寿诸寺，永乐四年“以高僧征修大典，总持释宗”。大典事竣，成祖又以其“平昔研求古学，精于鉴别”，命“乘驿遄征索古彝器，归进所得，赐赉甚厚”。后来，师颐又奉诏至北京，参与佛藏之校雠。事毕辞归，赐佛像、经玦、衣币等，“宠渥有加”②。

永乐朝佛大藏的两次校印、编纂也征召了一批高僧大德。而其中道成、慧进、一如及能义等都是奉旨主事者。

道成，字鹫峰，别号雪轩，蓟北人，后游方于山东青州。洪武十五年授青州僧纲司都纲，太祖闻其贤，召授僧录司右讲经。曾奉旨考试天下僧人，受命住持天界寺。成祖上台伊始，道成奉旨与左通政赵居任和行人张洪出使日本，“往宣圣化”③，永乐二年使归，授僧录司左善世。④四年，“以僚佐谮，系囹圄百余日。师坦然无虑，上知其非罪，宥之”⑤。六年，奉旨于灵谷寺修设大斋会。十一年，成祖北巡，道成亦赴北京朝贺，奉旨在庆寿寺建斋，“赐赉优沃”⑥。大藏纂编时，道成即为主事者之一。

慧进，字栖岩，号止翁，山西霍州人。幼年失怙，出家为僧。“究通华严宗旨，傍达唯识百法诸论，意解心融，众所钦服。遂得‘法主’之称。”⑦ 成祖知其名，令内臣驰驿召之入朝，咨以楞严大义，应对称旨。遂赐紫衣，命住天界寺，选俊秀僧徒从学。后随驾至北京，居海印

① （明）大壑：《南屏净慈寺志》卷6《檀护》。

② 喻谦：《新续高僧传》四集卷25《明杭州净慈寺沙门释师颐传》。

③ 《明史》卷322《日本》；（清）聂先：《续指月录》卷11《金陵天界雪轩道成禅师》。

④ （明）释明河：《补续高僧传》卷26《天界成禅师传》。

⑤ （清）聂先：《续指月录》卷11《金陵天界雪轩道成禅师》。道成被“谮”事因不详，但恰与上述溥洽“遭谗”同时，故两者间可能有关联。

⑥ （清）聂先：《续指月录》卷11《金陵天界雪轩道成禅师》。

⑦ （明）明河：《补续高僧传》卷4《慧进传》。

寺，奉诏修设普度大斋。成祖赐玺书金襕衣，升左觉义，总督海内文学儒士及高僧于海印经馆较大藏经，“因奏刊行藏教以辅治化，当述诸序昭示遐远。上从之”。后升左阐教。[①]

一如，字一庵，晚号退翁。会稽人。洪武时曾出主江浙地方多所寺院。永乐初退居南京大报恩寺，撰《法华经注》，书成，道衍为之序。成祖曾览其所著，“奖谕再三，加以赏赉”。永乐十二年，召之纂修大藏经，并总持其事，先后授右觉义和右阐教。[②]

能义，字无言，号损庵，四明人，为杭州径山寺僧。永乐四年，成祖令选荐精通楞严经旨的僧人，僧司以能义荐之，“师为说以进，上览之，心甚契合”。后授僧录觉义、讲经诸职，两度奉诏入朝，极承成祖眷顾。[③] 永乐十七年，与慧进、一如同主大藏校写诸事。[④]

据杨士奇《僧录司右阐教一庵如法师塔铭》，能义和一如为成祖最为看重的僧人，其文云：“太宗皇帝临御，四方之名僧者皆尝入觐，而圣心所重者，四明之能义，会稽之一如。盖曰此其粹乎内而不徒夸矜乎外也。盖两人者皆恂恂温恭，言若不出口。而能义深于楞严，一如深于法华，既皆为僧录司官，掌天下释教。”[⑤]

除上述诸僧外，永乐中被征召的僧人还有很多，较有名望者尚有文琇、善启、洪莲、道永，等等。其中道永（号非幻，碧峰门人）因精于堪舆风水而一度被成祖征为钦天监官。[⑥]

三　成祖对佛教的弘宣

在明代皇帝中，明成祖在弘宣佛教方面是付出心力最多最勤的一位。这主要表现在以下两个方面：一是纂刻佛教《大藏经》；二是刊行了大量御撰的佛教著述。传统认为，明代皇室纂刻《大藏经》，也即宫版大藏首推《洪武南藏》（即《初刻南藏》），此藏为宋元以来流通的

---

① （明）释明河：《补续高僧传》卷4《慧进传》。
② （明）释明河：《补续高僧传》卷41《一如传》。
③ （明）释明河：《补续高僧传》卷5《能义传》。
④ （明）葛寅亮：《金陵梵刹志》卷2《钦录集》。
⑤ （明）杨士奇：《东里文集》卷25，四库全书存目丛书影印本。
⑥ （明）释明河：《补续高僧传》卷15《非幻禅师传》。

《碛砂藏》的重刻本。不过，据李富华和何梅先生的考稽，现存的所谓《洪武南藏》并非太祖时所刊，而是建文时惠帝诏命重刊印行的。因此，应更名为《建文南藏》。而后人之所以被长期蒙蔽，是成祖毁灭建文一朝历史的结果。[①]“《初刻南藏》不仅保存了《碛砂藏》集宋元刻藏之大成的优势，而且经过详细校勘，使本藏更加完美。同时本藏收入中国僧人撰述的典籍较多，又启发了后来的刻藏向这一方面大大地发展。由此可见，《初刻南藏》在中国大藏经雕刻史上起到了承上启下的重要作用。”[②] 这也是建文帝在佛教上的一个重要贡献。不过，由于史料的缺欠，建文帝敕刊大藏的详情已不得而知。

《初刻南藏》经板藏于南京天禧寺，[③] 永乐十一年（1413），天禧寺毁于火，《大藏经》板也不能免。由于此一缘故，《初刻南藏》印本存世者十分罕见。[④]

成祖称帝后，对佛教《大藏经》的纂刻十分重视，先后敕修了《永乐南藏》和《永乐北藏》两种大藏。永乐初，成祖就征召高僧入京，校勘重刻了《初刻南藏》，至十二年基本完成重刻，是为《永乐南藏》。此后，随着政治中心的北移，成祖又在北京敕纂《永乐北藏》。《永乐北藏》是成祖以为太祖夫妇“资以荐扬”的名义敕纂的。其《御制藏经赞》中即称：“朕念皇考、皇妣生育之恩，垂绪之德，劬劳莫报。乃遣使往西土，取藏经之文，刊梓印施，以资为荐扬之典。”永乐十七年，成祖诏释道成、释一如等八人在北京“校勘藏经，新旧对比，聚僧写录”[⑤]。接着又诏僧录司左觉义慧进“总督海内文学儒士高僧于（北京）海印经馆较大藏经”[⑥]，纂事由此开始，而预其事者，不仅有方袍之流，也有逢掖之士。对《永乐北藏》的纂刻，成祖极为关注。从一开始，他就要求道成、一如等“将藏经好生校勘明白”，并敕定藏经

---

① 详考见《汉文佛教大藏经研究》第九章《明官版大藏经研究》第一节《初刻南藏》，宗教文化出版社2003年版。

② 李富华、何梅：《汉文佛教大藏经研究》，第388页。

③ （明）葛寅亮：《金陵梵刹志》卷2《钦录集》。

④ 现存四川崇庆寺《初刻南藏》为孤本。

⑤ （明）幻轮：《释氏稽古略续集》卷3。

⑥ （明）明河：《补续高僧传》卷4《慧进传》。

缮写格式，对一些经籍是否入藏也亲自定夺。[①] 永乐十八年，《永乐北藏》之校勘及缮写工作完成，成祖即敕“刻大藏经板两副，南京一藏六行十七字，北京一藏五行十五字，又旨石刻一藏，安置在石洞。圣旨，向后木的坏了，有石的在”[②]。永乐十九年正月，成祖亲自过目所写藏经“着就寺里刊刻”[③]。为示隆重，成祖还“亲制经序十三篇、佛菩萨赞跋十二篇”入藏。[④]《永乐北藏》的刊刻是明代佛教的一件盛事，也是明成祖对佛教文化的一大建树。

除了汉文《大藏经》外，明成祖还通过大宝法王哈立麻，由藏地“取其经缮写以传”[⑤]，刊刻了中国历史上第一部宫版藏文大藏经。[⑥] 其文化意义十分深远。朝鲜史籍中记载，永乐九年，成祖遣太监黄俨等至朝鲜，要求进贡印经所用纸张，“将写佛经送于西域”[⑦]，此“佛经”应该就是刚刚雕刻完备的藏文《大藏经》。此后，这部《大藏经》就成为明皇室宣赐藏区寺院的重要法物。

成祖时期，还在内府刊刻了大量单行的佛教经籍，印施流通。[⑧]

成祖在位期间，“御撰”了为数甚多的关于佛教的论著。这其中除了前面提到的大量经序和赞跋之外，[⑨] 还编撰有《诸佛世尊如来菩萨尊者神僧名经》、《诸佛世尊如来菩萨尊者神僧名称歌曲》、《神僧传》和《金刚经集注》等。

《诸佛世尊如来菩萨尊者神僧名经》四十卷，内容为赞念诸佛、菩萨及“神僧”名称。成祖在《序》中称：“诸佛世尊如来菩萨尊者神僧弘发誓愿，济度群生，凡发善心称赞诸佛世尊如来菩萨尊者神僧名号者，即得种种善报，轻薄侮慢不敬不信者，即得种种恶报。”“诸佛世

---

① （明）葛寅亮：《金陵梵刹志》卷 2《钦录集》。

② （明）幻轮：《释氏稽古略续集》卷 3。

③ 同上。

④ （明）明河：《补续高僧传》卷 4《慧进传》。

⑤ （明）张居正：《番经厂记》，（清）于敏中等：《日下旧闻考》卷 39《皇城》，北京古籍出版社 1981 年版。

⑥ 此藏只有《甘珠尔》即经、律部分。

⑦ 吴晗：《朝鲜李朝实录中的中国史料》上编卷 3《太宗恭定大王实录二》。

⑧ 周绍良：《明永乐年间内府刊本佛教经籍》，载《文物》1985 年第 4 期。

⑨ 李富华、何梅先生在《汉文佛教大藏经研究》中统计共有 30 篇，详见第 435—438 页。

尊如来菩萨尊者神僧，千经万典，开导诱掖，作无量方便，劝人为善，幽明果报，明有征应。间取佛经所载诸佛世尊如来菩萨尊者神僧名号，编成歌曲，欢喜赞诵，功德弘深，因以锓梓，流通广传。”

《诸佛世尊如来菩萨尊者神僧名称歌曲》五十卷，“取佛经所载诸佛如来菩萨尊者名称，著为经曲”①。据统计，共有南北曲调344种，2177首。②

《神僧传》九卷，《太宗实录》卷一八四，永乐十五年（1417）正月癸巳条载：

> 神僧传成。上尝阅释氏书，采往昔名僧功行之超卓者辑为一编，名神僧传，至是成。亲制序冠之，曰：神僧者，神化万变，而超乎其类者也。然皆有传，散见经典，观者猝欲考求，三藏之文宏博浩汗，未能遍周，是以世多不能尽知，而亦莫穷其所以为神也。故间翻阅采辑其传，总为九卷，使观者不必用力于搜求，一览而尽得之，如入宝藏而众美毕举。遂用刻梓以传，昭著其迹于天地间，使人皆知神僧之所以为神者，有可征也。书于编首，概见其意云尔。命锓梓以传。

《金刚经集注》是明成祖简选唐宋以来《金刚经》注中在他看来“至精至要经旨无违者”纂辑而成。他之所以要纂辑此书，是因为《金刚经》能“发三乘奥旨，启万法之元微，论不空之空，见无相之相，指明虚妄，即梦幻泡影而可知，推极根源于我，人众寿而可见，诚诸佛传心之秘，大乘阐道之宗，而群生明心见性之机栝也。爰自唐宋以来，注释是经者无虑数十百家，虽众说悉加以剖析，而群言莫克于折中，朕夙钦大觉，仰慕真如，间阅诸编，选其至精至要经旨弗违者，重加纂辑，特命锓梓，用广流传，俾真言洞彻，秘义昭融”③。

另外，仁孝徐皇后“居常志存内典”，因取儒、释、道三教所谓

① 明成祖：《御制感应序》，《永乐北藏》第181册，北京线装书局影印本。

② 刘观民：《张掖大佛寺明永乐佛曲》，载《文物》1987年第10期。

③ 明太宗：《金刚经注解序》，台湾白马精舍影印卍续藏卷24。

“嘉言善行”加以类编，名《劝善书》，也刊布流行于世。[1]

成祖及徐皇后御撰的这些著作，曾被广行颁赐流通，特别是《诸佛世尊如来菩萨尊者神僧名称歌曲》编成后，不仅“使宫中歌舞之”[2]，而且“颁示中外，使人人受持讽诵，修因作善，咸跻仁寿之域”[3]。永乐十七年一年之内曾多次向各地颁赐佛曲佛经。甚至于礼部尚书吕震和都御史王彰等大臣也都差往陕西、河南等地颁给御制佛曲。[4] 一时之间，诵唱佛曲成为当时举国上下的一种风习。《金陵梵刹志》卷二四记载南京有小寺唱经楼，就是当时用来唱念佛曲的。[5] 朝鲜《李朝实录》记载当时该国使臣在明朝所见举国上下唱念佛曲的景象云：“今者皇帝深信浮屠，胜于萧梁，名称歌曲之诵，遍于天下，空花佛像之瑞，播于图画，一时习尚靡然趋势之。”[6] 成祖还将《名称歌曲》等颁赐给作为藩属国的朝鲜、安南等国。据朝鲜史籍记载，当时朝鲜国王尊儒斥佛，为免引起“上国”皇帝的不满，曾有臣下建议“皇帝所赐名称歌曲、为善阴骘之类，速令西北面黄河道使臣往来之地，聚会僧徒及耆老人等，常加读诵。又制歌诗称赞佛氏及皇帝崇信获报瑞应屡现之状，令上妓肄习。如有上国使臣，则沿道经历有诵经者，燕飨歌舞有诵德者，皇帝闻之，必喜我国能体圣心”[7]。也即制造假象，应付明朝。在举国上下唱诵佛曲的形势下，于此有所抵触或消极不应者就成为“另类”而受到排斥。当时翰林院官王洪就是如此。“帝颁佛曲于塞外，命洪为文，逡巡不应诏。为同列所排，不复进用。”[8] 所以，朝鲜使臣称：“臣见皇帝崇信释教，故中国臣庶无不诵读名称歌曲者，其间岂无儒臣不好异端者？但仰体帝意，不得不然。”[9] 成祖所营造崇佛氛围之浓，由此可见。

---

① （明）雷礼等：《皇明大政记》卷 6，四库全书存目丛书影印本。

② （明）幻轮：《释氏稽古略续集》卷 3。

③ 明成祖：《御制感应序》，《永乐北藏》第 181 册。

④ （明）幻轮：《释氏稽古略续集》卷 3。

⑤ 《金陵梵刹志》作者葛寅亮云此为仁孝皇太后建以“唱念佛曲，化导愚氓”，但成祖颁《佛曲》时，仁孝早已去世，又，明人董谷《碧里杂存》则记载，成祖为宣扬佛教，曾在南京“凡通达之衢必建一听经楼，每夜妙选高僧于上讽讲经义，俾臣民咸席地而静听之”。

⑥ 吴晗：《朝鲜李朝实录中的中国史料》上编卷 4《世宗庄宪大王实录一》。

⑦ 同上。

⑧ 《明史》卷 286《文苑二》。

⑨ 吴晗：《朝鲜李朝实录中的中国史料》上编卷 4《世宗庄宪大王实录一》。

成祖如此致力于佛教的弘宣，以致给人们造成“深信浮屠甚过萧梁”的印象，那么，对成祖而言，佛教具有什么样的意义而使得他如此热衷呢？成祖以藩王身份，使用武力弑君夺位，这在正统儒家的纲常名教和社会政治伦理的标准来衡量，显然是不忠不孝和不仁不义的悖逆行为，因此，虽然攫得了最高统治权，却缺乏道义的基础。所以，明成祖对佛教的热衷与他上台的背景是直接相关联的。其目的当有以下几个方面：

第一，借用佛教来证明自己夺位称帝是得自神明的授意和启示的，因此也就是合乎天意的。明释幻轮《释氏稽古略》卷三载：

> 靖难之图，实起于道衍。云燕王密语道衍以人心所向，对曰：“天之所造，何论民心。”

道衍以“天之所造”鼓动成祖起兵夺位，自然也需要摆出让天下臣民相信“天之所造”的证据，有道衍这样的高僧出谋划策，佛教正可以利用来大做文章。所以成祖上台后，就积极通过崇佛的形式为自己夺位和称帝“正名”。甫上台，明成祖就以仁孝皇后的名义造作了一部所谓的“佛经”，即《梦感佛说第一希有大功德经》，杜撰出观音菩萨为仁孝皇后“托梦授经”的神迹，表明自己起兵靖难和弑君称帝都是应和了“神意”和“天命”的举动。《梦感佛说第一希有大功德经》卷二《仁孝皇后自序》描述了此经“不凡”的来历：

> 洪武三十一年春正月朔日，吾焚香坐阁中，阅古经典，心神凝定。忽有紫金光弥满四周，恍惚若睡梦，见观世音于光中现大悲像，在吾前行。吾不觉乘翠云□，少焉，行至一门曰耆阇崛境，入门更行数里许，复见一门，其上题金字曰耆阇崛第一道场。徘徊上至山顶，观世音导吾升七宝莲台，台上宫殿巍峨。吾自念德本菲薄，何因而得至此？观世音言：此佛说法菩提道场，惟契如来道者方得登此。后妃德禀至善，然今将遇大难，特为接引。如来常说第一希有大功德经，为诸经之冠，可以消弭众灾，诵持六年，得成佛果。后妃将为天下母，堪付嘱以拔济生灵。遂出经一卷，令吾随口

诵之，即第一希有大功德经也。吾诵三遍，记忆无遗。忽闻宫中人声，遽然警寤，亟取笔札书所授经咒，不遗一字，由是日夜持诵是经不辍。[①]

此中的关键有两处，一是观音预见明成祖将会有“大难”，也就是建文帝“削藩”，危及燕王；二是观音预示王妃“将为天下母”，也就是燕王能称帝。这就明白无误地告诉人们成祖起兵夺位是不得已而为之，也是“神明”所示而非个人意志。

《自序》中又宣称成祖能夺位成功，是“承天地眷佑，神明协相，荷皇考太祖皇帝、皇妣孝慈皇后所垂荫”的结果：

三十二年秋，难果作，皇上（成祖）提兵御侮于外，城中数受危困，吾持诵是经益力。皇上承天地眷佑，神明协相，荷皇考太祖高皇帝、皇妣孝慈皇后所垂荫，三十五年，平定祸难，奠安宗社，抚临大统。吾正位中宫，深惟昔日梦感佛说第一希有大功德经，一字一句，皆具实理，奥义微妙，不可思议，人未得闻。今不敢自秘，用锓梓广施，为济苦之津梁，利益世间。姑述为存，翼赞流通。

所谓“人未得闻。今不敢自秘，用锓梓广施，为济苦之津梁，利益世间”者，自是冠冕堂皇之语，杜撰这样的所谓“佛经”，目的并非“为济苦之津梁，利益世间”，而是通过广行流布，使天下人都相信燕王朱棣能成为天下之主是神意使然，是“承天地眷佑，神明协相”，是托了高皇帝后的福荫。仁孝徐皇后是以虔奉佛教的面目出现在臣民面前的。据明末僧人德清记载，仁孝皇后制定了一套以净土信仰为旨趣的念佛修行功课，“垂法宫闱”，即“每日早起礼佛即诵《弥陀经》一卷或《金刚经》一卷，即持数珠念阿弥陀佛名号或三五千声，或一万声，完即对佛回向，发愿往生彼国。语中功课经中。此是早功课，晚亦如之。如此

① （明）仁孝皇后：《梦感佛说第一希有大功德经》，台湾白马精舍影印卍续藏经本。

日日以为定课，定不可缺”[1]。所以以仁孝皇后名义造出这种菩萨托梦授经的“神迹”或能达到蒙蔽民众的目的，但把已成为现实的东西指称为神明事先的预示，这样的编造手法的确过于幼稚，它说明为夺位称帝“正名”，是明成祖很迫切的一种需求。

第二，塑造和树立个人忠孝仁义的道德形象，淡化和消除自己在臣民心目中弑君夺位的恶劣印象。在这一点上，成祖一方面通过其“御撰”的佛教著作大力宣扬忠孝仁义的道德观念；另一方面，又通过一些具体的奉佛活动向世人彰示自己的忠孝仁义形象。在明成祖有关佛教的“御撰”著述中，对忠孝仁义的宣传占有很突出的地位。其要旨就在于强调儒佛两家在立教宗旨上的一致性。他指出，趋人向善是佛家立教的核心宗旨，而“善”的内涵就是儒家所倡导的忠孝仁义。所谓“如来施教，但欲使人为善。夫为善者，为臣为忠为子为孝”[2]；所以，行忠孝仁义之道，即是行善，就会得到生享富贵、殁升天堂的善报，悖离忠孝仁义，即是作恶，就得生遭重谴，死堕地狱的恶报。他在《诸佛世尊如来菩萨尊者神僧名经序》中就说道：

> 世尊启大慈悲，弘大誓愿，济度历劫，生死沉沦，俾皆成佛道。教臣以忠，教子以孝、教兄以友、教弟以恭、教朋友以信，教夫妇以顺，教敬神明，教重三宝，所以维持世教，阴翊皇度。其言曰，圣人之为教也，劝臣以忠，劝子以孝，劝国以治，劝家以和，弘善示天堂之乐，惩非显地狱之苦，立忠立孝，所以扬名于后代，行逆行乖，所以受报于来世，尽忠立孝，济国治家，开生天净路，成第一福田……所谓善者，忠于君上、孝于父母、敬天地、奉祖宗、尊三宝、敬神明、遵王法、谨言行、爱惜物命、广行阴骘，如是则生享富贵，殁升天堂，受诸快乐。所谓恶者，不忠于君、不孝于亲、不敬天地、不奉祖宗、不敬三宝、不敬神明、不遵王法、不谨言行、残害物命、不积阴骘，如是则生遭重谴，死堕地狱，受诸

① （明）德清：《憨山大师梦游全集》卷10《答德王问》。

② 明成祖：《御制真实名经序》，台湾白马精舍影印大正藏第20册。

苦报。[1]

这就是说，佛、儒两家具有相同的立教宗旨，佛教的社会价值观和儒家的社会伦理观是一致无二的。这不啻在奉佛和尊儒之间画上了等号，也就是说，虔奉佛教与遵行儒家忠孝仁义之道是具有同等意义的。

成祖时期最具影响的奉佛活动主要有三件，一是迎请藏僧，二是敕刊佛藏，三是敕建大报恩寺，而这些活动几乎都成为成祖"践行"忠孝仁义之道的一种形式。迎请藏僧人哈立麻入朝，就宣称是为太祖夫妇超度荐福的（详后）。敕纂佛教大藏，也是如上所述是为太祖夫妇"资以荐扬大典"的。敕建南京大报恩寺，更突出了成祖"孝亲"的道德意义。大报恩寺前身为天禧寺，永乐十年明成祖诏重建，"皆准大内式，中造九级琉璃塔，赐额大报恩寺"[2]。永乐二十二年成祖《御制大报恩寺左碑》中称：

> 朕皇考太祖圣神文武钦明启运俊德成功统天大孝高皇帝、皇妣孝慈昭宪至仁文德承天顺圣高皇后开创国家，协心致理，德合天地，功在生民，至盛极大，无以复加也。朕以菲德统承大宝，负荷不易，夙夜惟勤，惕惕兢兢，祗循成宪。重惟大恩罔极，未由报称，且圣志惓惓，惟欲斯世斯民暨一切有情咸得其所，继述之重，其在朕躬。仰惟如来万法之祖，弘济普度，慈誓甚深，一念克诚，宜无不应，增隆福德，斯有赖焉。南京聚宝门外有寺旧名长干，吴赤乌之岁所建，历世既远，兴替相因。宋真宗时改寺额为天禧，国朝洪武中撤而新之。岁月屡更，将复颓圮，永乐乙酉尝命修葺。未几厄于回禄，今特命重建，弘拓故址，加于旧规，像貌尊严，三宝完具，殿堂廊庑辉焕一新，重造浮图，高壮坚丽，度越前代，更名曰大报恩寺。所以祗灵迎贶，上资福于皇考、皇妣，且祈普佑海宇生灵及九幽滞爽咸获济利，用仰承我皇考妣之圣志而表朕之孝诚。

---

① 明成祖：《诸佛世尊如来菩萨尊者神僧名经序》，北京线装书局永乐北藏第178册。

② （明）葛寅亮：《金陵梵陵志》卷31《聚宝山报恩寺》。

成祖重修大报恩寺投入了巨大的人财物力。参与修寺的“军匠夫役”有十万之众，“比之于旧，工力万倍”。[①] 所以王世贞称寺系成祖“倾天下之财力为高皇及后营福者也”。[②]

第三，营造和渲染祥和太平的盛世之象，表明自己是明主贤君，天人合德，故感得“神明协应”，天降“祥瑞”，以此来获取臣民在政治上对自己的认同与拥戴。明成祖时期，与奉佛活动密切相关的一种现象就是各种所谓“祥瑞”、“灵迹”的应现。例如，永乐十七年，成祖颁赐御制佛曲至各地，就不断有“祥异”、“灵迹”应现。《释氏稽古略续集》卷二载：

> 九月十二日，钦颁佛曲至大报恩寺，当日夜本寺塔见舍利光如宝珠。十三日现五色毫光，卿云捧日，千佛、观音、菩萨、罗汉妙相毕集。续颁佛经佛曲至淮安给散，又现五色圆光，彩云满天，云中现菩萨、罗汉、天花、宝塔、龙、凤、狮、象。又有红乌白鹤盘旋飞绕。续又命尚书吕震、都御史王彰，赍捧《诸佛世尊如来菩萨尊者名称歌曲》往陕西河南颁给，神明协应，屡现卿云、圆光、宝塔之祥。

清《钦定清凉山志》录有成祖于永乐庚辰（当为庚子年，即永乐十八年）《御制五台感应序》，称佛曲颁至五台，“一至显通寺，即有祥光焕发，五色绚烂，上烛霄汉，衣被山谷，朗耀日星，久而不散，已而复露文殊菩萨乘狮之相，如犹仿佛，及云收雾敛，乃见狮子扬髯吐舌，奋迅腾舞，左顾右盼，于山巅伫立。明日复有罗汉由华严岭而来，或数百或数十，接踵联翩，翱翔其间。有顶经包者，有挂锡者，有裸体者，有袒肩者，有跣足者，有跛躄而伛偻者，众者三千余，隐显出没，变化非常”[③]。而此类“祥异”、“灵迹”的应现在藏僧哈立麻入朝时更为频繁，关于此，我们在后面还要谈到。所谓“祥瑞”、“灵迹”之属，自

① （明）葛寅亮：《金陵梵刹志》卷31《成祖重修报恩寺敕》。
② （明）葛寅亮：《金陵梵刹志》卷31《游报恩寺塔记略》。
③ （清）张维新、查志隆：《钦定清凉山志》卷12《历代崇建》，续修四库全书影印本。

然是成祖本人或者授意臣下造作和渲染的产物，其旨意就在于让臣民相信他是个有德之君，他的统治是应和天意、得到神明庇护的。正如他在《御制五台感应序》中所言："大抵人之好善惟在于诚而已，诚则纯一无妄，贯彻内外，足以通天地、感鬼神、贯金石、孚豚鱼，虽极其幽远无感通者。朕统临天下，夙夜拳拳以化民为务，凡有所为，一出于至诚，是以佛经所至，屡获感通，观于五台之显应，尤足征矣。"①

第四，成祖篡位，残杀骨肉，内心难免负罪作恶之感，因此必有通过奉佛消释罪业，从宗教中寻求解脱和安宁的心理。他自己在《妙法莲花经观世音普门品经序》中就讲："人性本善，所为恶者，特气质之偏，苟能改心易虑，修省避畏，转移之间，恶可为善矣。为善即善人，昔之所积之咎，如太空点尘，红炉片雪，消涤殆尽。虽有果报，将安施乎？"② 所以奉佛为善，以保自己生不遭重谴，死不堕地狱。

从以上诸方面来看，明成祖弘宣和崇奉佛教是特定的政治背景使然，是有其特殊的政治用意的，但"深信浮屠胜于萧梁"之说表明成祖已给人们留下了溺事佛教的不良印象，自然妨害在臣民中树立"明君"的形象，是成祖本人所并不愿意看到的后果。所以成祖又往往以极为正统的儒家口吻来表明自己对"溺事"佛教持有反对态度。《明太宗实录》卷二〇上，永乐元年五月庚辰条：

> （礼部尚书李至刚）复言："宋制，凡忌日于各佛殿庯经，设帝后位，百官行香。今后宜依宋制于天禧等五寺并朝天宫，令僧道诵经三昼夜。"上曰："子于父母固当无所不用其心，但人君之孝与庶人不同，为人君者奉天命为天下主，社稷所寄，生灵所依，但当谨身修德，深体天收心，恪循成宪为经国远谟，使内无奸邪，外无盗贼，宗社奠安，万民乐业，斯孝矣。如不能此而惟务修斋诵经，抑末矣。"

《明太宗实录》卷三一，永乐二年五月戊午条：

---

① （清）张维新、查志隆：《钦定清凉山志》卷12《历代崇建》。

② 《永乐北藏》第36册。

上御右顺门，永春侯王宁侍，从容论及皇考时事，上戚然动容，宁曰："世人竭诚诵经，饭僧奉佛，可以福利先亲。"上不答，既而谕之曰："为庶人能继承家业不失坠，或又能扩充增益于前，可以为孝；士居官食禄，能持身循理，建立功业，荣亲于当时，显名于后日，可以为孝；天子以四海为家，能思天位者亲之所传，大业者亲之所建，天下生民亲之所保，而敬以奉天，勤以守业，仁以监民，使万物得所，四夷咸宾，光昭祖宗，传之子孙，可以为孝，何必能事佛乃为孝乎？……宁惭而退。"

《明太宗实录》卷六五，永乐五年三月壬申条载：

守卫官有于皇城下口诵经不辍者，上闻之，召至，谕之曰："尔爵禄自诵经得之耶？身备宿卫，不于此时用心防奸，乃一志诵经可乎？若意欲修善，当存心忠孝，不越分违法，自然有福，如无是数者而望有福无祸，得乎？……今后若仍于宿卫之所诵经者必罪不宥。"

《明太宗实录》卷六七，永乐五年五月癸酉条载：

上问侍臣曰："闻近俗之弊，严于事佛而简于事其先，果有之乎？"对曰："间有之。"上叹曰："此盖教化不明之过，朕于奉先殿旦夕祗谒，未尝敢慢，或有微恙，亦力疾行礼，世人于佛老竭力崇奉，而于奉先之礼简略者，盖溺于祸福之说而昧其本也，率而正之，正当自朕始耳。"

王崇武先生曾认为此类史料是官书对成祖好佛的"故为回护之语"①，实际上倒不如看成是成祖本人对其崇佛行为的自我掩饰之词。崇佛并非"有德"之君之所为，成祖的上述做法，正是要在臣民面前将自己

① 《明成祖与佛教》，《明史研究论丛》第2辑，台湾大立出版社1984年版。

打扮成为遵循儒家“圣贤”之道的“明君”，而不是如萧衍一类溺事佛教、崇尚异端的庸碌之君。也正因为如此，永乐时期，成祖仍然遵循太祖时期严格统制佛教僧团的政策，并没有因为在思想层面上的推崇和宣扬而放松对佛教僧团的监控。没有出现中期诸帝那样滥度僧尼、滥建佛寺等现象。这一点，我们将在第三章中有所论述，兹处不赘。

第二节 明成祖与藏传佛教

一 延请藏僧

太祖时期，出于柔服藏人和治理藏区的政治需要，对藏传佛教取优崇政策，明成祖即位后，他与藏传佛教的关系更从“信向”的层面表现出来，关系因之更加密切；而伴随着哈立麻等教团领袖人物的入朝，藏传佛教在明宫廷的影响开始明显增长。

成祖与藏传佛教的结纳显然在燕王时期就已经开始了。元时，蒙古皇室崇奉藏传佛教，藏僧出入宫廷十分频繁，大都寺刹也多有藏僧驻锡弘法，这必然在宗教文化上对燕京地区产生深远影响，“且当时元亡未久，大都伽蓝，理宜有番僧踪迹”[①]，对成祖藩邸产生影响也是很自然的事。明陆容《菽园杂记》卷一中有一段记载，证实藏传佛教影响在成祖藩邸中确有存在：

> 予奉命犒师宁夏，内府乙字库关领军士冬衣，见内官手持数珠一串，色类象骨而红润过之。问其所制，云：“太宗皇帝白沟河大战，阵亡军士积骸遍野。上念之，命收其头骨，规成数珠，分赐内官念佛，冀其轮回。又有头骨深大者，则以盛净水供佛，名天灵碗。”皆胡僧之教也。

所谓“胡僧之教”者，即藏传佛教。以亡人头骨为供佛法器，亦正是

---

① 韩儒林：《明史乌斯藏大宝法王考》，《穹庐集》，上海人民出版社1982年版。

藏传佛教密宗的做法。①

延请藏僧入朝是永乐朝最为盛大的奉佛活动。第一位召请入朝的藏僧为噶玛噶举派的宗教领袖哈立麻活佛。哈立麻即噶哩麻，又作哈尔麻、哈立麻巴等，现通译为噶玛巴，为噶玛噶举派黑帽系活佛的通称。成祖朝所征召的哈立麻，系其第五世得银协巴。噶玛噶举派是藏传佛教中最早采用具有神秘色彩的活佛转世制度的教派，在藏区有着十分广泛的宗教影响，所以早在蒙元时期就受到蒙古宫廷的重视，其二、三、四世活佛都曾在元宫廷内活动。② 而成祖封藩于燕地，“自不难于元代故都，闻其声名。且当时元亡未久，大都伽蓝，理宜有番僧踪迹，明廷欲得乌斯·藏详情，殊非难事，故成祖即位后，即遣侯显及僧智光往征黑帽派领袖者，实非偶然也”③。实际上，元亡后，噶玛噶举派与内地的联系也并未中断。王森先生说：“一三六八年明太祖继位后，前后派人召藏族僧俗来京，黑帽系四世乳必多吉也是受召者之一，他没有再到内地来，而在一三七四年开始派贡使向南京朝贡。此后，到一三八三年，他死于工波北边的一座荒山之下。他在明初时，一直按期向明朝进贡。”④ 1374 年即洪武七年，关于此年噶玛噶举派向明皇室朝贡事，汉文史籍未见记载，王森先生所言当以藏史为据。不过现存档案资料证实洪武七年时哈立麻通过西安行都卫（治河州，今甘肃临夏）与明皇室之间建立了联系。西藏楚布寺（噶玛噶举派主寺）存有洪武八年正月太祖给四世哈立麻的一份诏书，内容如下：

皇帝圣旨：中书省官我根前题奏，西安行都卫文书里呈来说乌

---

① 藏密中的金刚、明王、护法神等神佛造像，大部分都有骷髅装饰品，有的戴骷髅冠，有的身戴骷髅璎珞。例如，怖畏金刚身佩 50 颗鲜人头，遍体挂人骨珠串。佩戴人骨、骷髅一方面象征世事无常，另一方面象征战胜恶魔和死亡。明代藏僧朝贡，仍常以人头骨为“法物”进之。《明宪宗实录》卷 273，成化二十一年十二月戊子条载：“京城外有军民叶玘、靳鸾等发人墓，取髑髅及顶骨以为葛巴剌碗并数珠，以为西番所产，乘时市利，愚民竞趋之，所发墓甚众。至是，缉事者闻于朝，番僧尝买以进者，皆遁去。”葛巴剌碗，即所谓“天灵碗”。

② 参见韩儒林《明史乌斯藏大宝法王考》；王森《西藏佛教发展史略》第六篇《噶举派》，中国社会科学出版社 1987 年版。

③ 韩儒林：《明史乌斯藏大宝法王考》。

④ 王森：《西藏佛教发展史略》，第 120 页。

思藏哈尔麻剌麻卒尔普寺那里住坐修行。我想修行是好的勾当，教他稳便在那里住坐，诸色人等休教骚扰，说与那地面里官人每知道者。[①]

哈尔麻即哈立麻，卒尔普寺即楚布寺。这一纸行文有很浓元代特色的诏书显然带有“护敕”的性质。则哈立麻这一系入明后显然也是得到了明皇室的保护，其对内地的宗教影响虽然因王朝更替而弱化，但遗风尚存，声气也未隔绝。五世哈立麻得银协巴生于1384年，即洪武十七年，成祖上台时，此人只有十九岁。史称其入朝之前已“声闻于中国”[②]，成祖“在藩邸时，素闻其道行卓异”[③]，相信早在藩邸时已掌握了有关哈立麻的大量信息了。而哈立麻神秘的“活佛”身份和种种卓异不凡的“神通”显然非常适合明成祖借以渲染营造种种吉祥太平之象。所以几乎就在成祖上台的同时，就着手迎请年轻活佛五世哈立麻的活动。

成祖登基的建文四年（洪武三十五年，1403），著名僧人智光奉旨前往西藏各处。《明太宗实录》卷十一，洪武三十五年八月戊午条下载：

遣僧智光赍诏谕馆觉、灵藏、乌思藏、必里工瓦、思达藏、朵思、尼八剌等处，并以白金、采币颁赐灌顶国师等，凡白银二千二百两，采币百一十表里。

此处并未言及智光出使中含有迎请哈立麻活佛的内容，而是在藏区和邻近的尼八剌进行广泛的宣化活动。但此次出使，智光遍历西藏各地，显然有为次年侯显正式的迎请活动预为宣传铺垫的意义。永乐元年（1403）二月，明成祖派司礼少监侯显往西藏征召哈立麻。成祖在征召哈立麻的诏书中称：

尚师卿通达如来深奥佛法，使西方一切有情均沾利益，一切生

① 西藏自治区文物管理委员会：《明朝皇帝赐给西藏楚布寺噶玛活佛的两件诏书》，《文物》1982年第11期。

② （明）明河：《补续高僧传》卷19《乌斯法王传》。

③ 《明太宗实录》卷17，永乐元年二月乙丑条。

灵均皈依敬奉，犹如世尊现身世间。若尚师未得方便智慧功德之殊胜成就，焉能为一切群生作如是广大利益？朕往日居北方时，即闻尚师令名，亟思一晤。今即大位，中土宇内，悉已绥定。久怀愿念，若涤去翳障，顿得朗悟，俾功德利益，溥及凡庶。昔我释迦牟尼佛以大慈悲心，利益一切有情。卿以修得佛法甚深成就故，与佛心无二，望秉此慈心，来此中土弘扬世尊教法；朕当轸念邦国利乐，依从往昔心愿，随奉尚师。尚师务必莅临。先帝安邦经国于中土，于世尊教法，先前即怀敬信。皇考太（祖）皇帝及笃信佛法，皇妣高皇后薨逝已久，朕思报恩，罔得其方，尚师卿于方便智慧功德等，修得无上之成就，即具佛之本性矣，切望速来为已薨逝者修成解脱仪轨，故此即遣司礼监少监侯显等赍信物来请，愿尚师以慈悯喜乐为怀，尽速前来为要。[①]

哈立麻对明帝召请给予了积极的回应，应召赴朝。永乐四年（1406）二月，哈立麻所遣使臣先期到京，“献佛像等物”[②]。十二月，侯显“遣人驰奏（哈立麻）已入境”，成祖即遣驸马都尉沐昕前往迎接。[③] 哈立麻抵达南京后，成祖“躬往视之，无跪拜礼，合掌而已”[④]。随后，成祖先是在奉天殿召见哈立麻，接着又在华盖殿赐宴，并“赐金百两、银千两、钞两万贯、采币四十五表里及法器、个褥、鞍马、香果、米、茶等物，并赐其徒众白金、采币等物有差”[⑤]。五年正月，成祖又“赐牙仗二、金瓜、骨朵二、幡幢二十四对，香盒二、拂子二、手炉三对、红纱灯笼二、鲤灯二、伞二、银校椅一、银脚踏一、银水罐一、银盆一、诞马二、鞍笼二、银杌一、青圆扇一、红圆扇一、帐房一、红纻拜褥一”[⑥]。

哈立麻入朝后，主要是在南京和山西五台山两地寺院中进行了一系

---

① 中国藏学研究中心等：《元以来西藏地方与中央政府关系档案史料汇编》（以下简称《档案史料汇编》）第1册，中国藏学出版社1994年版，第94页。

② 《明太宗实录》卷51，永乐四年二月丁卯。

③ 《明太宗实录》卷62，永乐四年十二月戊子。

④ （明）何良俊：《四友斋丛说》卷22《释道二》。

⑤ 《明太宗实录》卷62，永乐四年十二月乙酉、庚戌。

⑥ （明）王世贞：《弇山堂别集》卷77《释道之赏》，中华书局1985年版。

列法事活动。首先是永乐五年二月，“领天下僧众于灵谷寺修建普度大斋，荐扬皇考太祖高皇帝、皇妣孝慈高皇后，普度天下一切幽灵”①。为太祖和高皇后进行超荐法会，本身是太宗召哈立麻入朝的一个名义，因此也是哈立麻内地之行的主要任务。此外，靖难战事初平，灵谷寺斋会除为太祖夫妇“资福”之外，被“超荐”者亦包括那些死于“靖难”的军民将士，故为“普度大斋”。太宗在请哈立麻建斋会书中即称：

> 朕承皇考太祖高皇帝、皇妣孝慈高皇后深恩大德，未能上报，夙夜不宁。欲举荐扬之典，重念奉天靖难时，将士军民征战供给，死亡者众。其时天下将士军民为奸恶驱迫，战斗供给，死者尤甚众多。又念普天之下一切幽魂及胎卵湿化、禽兽草木，种种生灵，未得超度。诸如此类，欲与普遍济拔。今特迎请法尊大乘尚师哈立麻巴，领天下僧众，以永乐五年二月初五日为始，于灵谷寺修建普度大斋二七昼夜。以此良因，特申诚孝。惟愿皇考、皇妣超遥佛界，一切幽爽咸脱沉沦，永固皇图，恩沾万有。②

灵谷寺普度斋会二月初五日起，持续至十八日，前后十四日，“终日吁请高皇帝、高皇后之灵降临，尚师各予灌顶，他人则作解脱仪轨”③。成祖亦亲临法会，“躬自行香”④，并为哈立麻及主事僧人赐赠礼品僧服等。斋会结束时，哈立麻又为太宗祈福。⑤ 太宗则大行赏赐。“赐哈立麻金百两、银千两、钞两千锭、彩币表里百二十、马九匹。灌顶圆通善慧大国师哈师巴啰噶罗思等各银二百两、钞二百锭、彩币十、马三匹。余徒众赐赉有差。”⑥

永乐五年三月，太宗敕封哈立麻为“万行具足十方最胜圆觉妙智慧善普应佑国演教如来大宝法王西天大善自在佛、领天下释教，赐印、诰

① 罗文华：《明大宝法王建普度大斋长卷》附画卷题记文字，载《中国藏学》1995年第1期。

② 明成祖：《请于灵谷寺举办道场事致哈立麻书》，《档案史料汇编》，第97页。

③ 邓锐龄：《〈贤者喜宴〉明永乐时尚师哈立麻晋京纪事笺证》。

④ 《明史》卷331《西域三》。

⑤ 邓锐龄：《〈贤者喜宴〉明永乐时尚师哈立麻晋京纪事笺证》。

⑥ 《明太宗实录》卷64，永乐五年二月庚寅。

及金、银、钞、彩币、织金珠袈裟、金银器皿、鞍马”。其徒孛隆逋瓦桑儿加领真，高日瓦领禅伯及果栾罗思葛监藏巴里藏卜三人也同时受封为灌顶大国师，“皆赐印、诰、银、钞、彩币等物”[①]。太宗还亲至灵谷寺设斋供。[②] 不久，哈立麻一行赴五台山“夏日安居”[③]。太宗特“以旌幢华盖之仪遣使卫送至五台山大显通寺。命太监杨升重修寺宇并葺育王所置佛舍利塔以饰法王所居”[④]。七月，哈立麻应太宗之命，在五台山为刚刚去世的仁孝徐皇后举行了“七七荐扬之典”。“建大斋，资荐大行皇后。”[⑤] 驸马沐昕奉旨赍书前往致征仪，以伸皇帝谢意。[⑥] 仁孝皇后百日忌期，哈立麻又于返京途中“特为举荐扬之典”[⑦]。

永乐五年十一月，哈立麻一行返回南京，皇太子朱高炽、汉王朱高煦及赵王朱高燧等又请其在灵谷寺为仁孝皇后做超度佛事，“宣扬法教，以遂其孝诚之心”[⑧]。

据藏史记载，除了上述法事之外，哈立麻在京期间，还多次入宫为太宗讲经传法，而且在宫中建立坛城，“为皇帝授无量灌顶”[⑨]。

哈立麻入朝，受礼是极为隆重的。史籍中谓太宗待以亲王之礼。[⑩] 而“大宝法王”之封，更体现出太宗对哈立麻宗教地位之崇重。“大宝法王”本是元世祖赐封西藏萨迦派僧人八思巴的名号，而明太宗又以此赐封哈立麻，对哈立麻尊崇的程度不言自明。“法王”也自此成为明皇室授予藏僧最为崇高的宗教名号。“领天下释教”的提法也是仿效蒙古宫廷做法，宪宗蒙哥时，伽叶弥尔僧那摩被尊为国师，“授玉印，总天

---

① 《明太宗实录》卷65，永乐五年三月丁巳。

② 罗文华：《明大宝法王建普度大斋长卷》附画卷题记文字。

③ 邓锐龄：《〈贤者喜宴〉明永乐时尚师哈立麻晋京纪事笺证》。

④ 喻谦：《新续高僧传》卷52《明五台山显通寺沙门释葛里麻传》。

⑤ 《明太宗实录》卷69，永乐五年七月癸酉。

⑥ 中国藏学研究中心等：《档案史料汇编》第1册，第102页，明成祖：《申谢为皇后逝世举办五台山道场事致如来大宝法王书》。

⑦ 同上书，第103页，明成祖：《申谢举办仁孝皇后超度道场事致孛隆逋瓦桑儿加领真等敕书》。

⑧ 同上书，第104页，明成祖：《请于灵谷寺宣扬法教事致大宝法王书》。

⑨ 邓锐龄：《〈贤者喜宴〉明永乐时尚师哈立麻晋京纪事笺证》。

⑩ （明）王世贞：《弇山堂别集》卷77《释道之赏》。

下释教”[1]。尽管对哈立麻而言，“领天下释教”并无实质内容，但成为名义上明帝国的佛教领袖，地位是极为尊崇的。

永乐六年四月，哈立麻一行离京西返。太宗赐其白金、彩币、佛像等物，“仍遣中官护送”[2]。

在南京和五台山两地进行佛事活动是哈立麻内地之行的主要内容，成祖赞称“弘布潮音，利益开明，功德无量”[3]。不过，这些佛事活动本身对明成祖而言，并没有什么特别的意义，重要的是借哈立麻的活动来营造他所需要“神明协应”的氛围。所以哈立麻入朝的全部过程几乎都伴随着种种“祥异”、“灵瑞”之类的“应验”和“显现”。例如哈立麻在灵谷寺设坛作法十四日，日日都有“祯祥”应现：

> 自蒇事之始至于竣事，卿云天花、甘雨甘露、设利祥光、青鸾白鹤，连日毕集。一夕桧柏生金色花，遍于都城，金仙罗汉，变显云表，白象青狮，庄严妙相，天灯导引，旛盖旋绕，亦既下来。又闻梵呗空乐，自天而降。群臣上表称贺。[4]

这些在斋会过程中逐日“应现”的诸多灵异瑞相在当时就以图画形式被一一记录下来，并附以汉、藏等五种文字的题记。此即现仍存于西藏的《明大宝法王建普度大斋长卷》。[5] 据此《长卷》，永乐五年三月内，自初三日到十八日，灵谷寺中又不断有种种“祥瑞”显现。如初三日，成祖敕封哈立麻，“有慧光五色自西贯于东，焕如虹梁，其长竟天。复见祥云，光华焕烂，变化流动，天花屡见，复有霞光，覆荫塔殿及如来宝楼，楼上见五色毫光三道，既而复见白光一道，金光三道”；初五日，“驾幸灵谷寺设斋供。是日，现五色毫光，复有卿云五色及金光辉映日下，如来宝楼见五色毫光，已而复见金色毫光。其夜复有红毫光起于南

---

① 《元史》卷125《铁哥》。

② 《明太宗实录》卷78，永乐六年四月庚子。

③ 中国藏学研究中心等：《档案史料汇编》第1册，第99页，明成祖：《祝如来大宝法王寿辰颂词之敕书》。

④ （明）胡广：《胡文穆公文集》卷9《圣孝瑞应歌序》，四库全书存目丛书影印本。

⑤ 参见罗文华《明大宝法王建普度大斋长卷》，《中国藏学》1995年第1期。

方，洞焕坛殿”。又如十五日，“命僧阅颂大藏经，祝赞如来。五色云天，天花弥布，二鹤翔舞，宝光交映。是夜，空中有声如法乐宣奏，良久乃已”。十六日，“西庑见塔影二大一小。大影五级，自塔座至宝瓶高一丈一尺；小影五级，自塔座至宝瓶高五尺余。光彩绚烂，金色流动，甘露降于娑罗香，毫光遍见”。

又永乐五年四月，哈立麻由五台山遣其徒灌顶通悟弘济大国师高日瓦领禅伯，以佛舍利及阿罗汉骨进，“赞以祝吉祥”，“将至之先日，时雨洒道，和风清尘。十三日早导迎入城，朗然晴爽，庆云捧月，如苍龙喷珠，张吻拿爪，尾鬣飞动，正当殿中；少焉，如彩凤环抱；须臾，结成楼扉，双门洞开，象纬毕呈，有五色毫光，由门闪出，绵亘宫城，直至灵谷；至旦，澄天一碧，纤云不兴，天花纷坠，交错飞扬，弥漫空中，直至日暮。明日，天花复弥空而下。又明日，天花复遍下”[①]。

永乐五年四月，成祖“御撰”《灵谷寺塔影记》，宣称自己在灵谷寺亲见上述“塔影”再现：

> 四月十五日，朕偕灌顶通悟弘济大国师（高）日瓦领禅伯往灵谷观向日所见塔影，朕至诚默祷曰：愿祝如来大宝法王西天大善自在佛吉祥如意，若果鉴朕诚心，则示塔影一。已而，塔影随见，朕又默祝愿天下太平，五谷丰登，家给人足，民不夭阏，物无疵疠，若果随朕心，更示塔影一，已而，复见塔影二，一时之间，三塔毕见……十六日，复于灌顶通悟弘济大国师往塔影之所，朕又默祝曰：明日朕初度之辰，吉庆福祥则塔影更见。已而又见塔影二，一照于壁，一映于地，与前塔影连而为七……十八日，朕复往观塔影，光彩大胜于前……

《塔影记》中还称十九日高日瓦领禅伯见塔影中还先后显现出大宝法王、罗汉及观音菩萨等佛像。[②]

---

① 中国藏学研究中心等：《档案史料汇编》第 1 册，第 98—99 页，明成祖：《答谢遣国师进佛舍利祝贺诞辰事致大宝法王书》。

② （明）葛寅亮：《金陵梵刹志》卷 3《灵谷寺》。

明成祖征召哈立麻入朝，是以为太祖夫妇作超荐法会为名义，这是他“践行”孝道的一种体现。哈立麻入朝后，明成祖又不遗余力地渲染无数“祥异”和“灵瑞”。依传统政治文化“以德配天”的理念，天降“祥瑞”，正是贤明之君治世的一种象征，是神明对明君的一种嘉勉。由此，成祖大造“祥瑞”的用意就十分清楚了：他是受到神明肯定和佛菩萨庇佑呵护的贤明之君，因此，他的皇位也是无可置疑的。

哈立麻入朝，是永乐时期明皇室与藏传佛教关系的重大事件。无论成祖召请哈立麻的动机是什么，哈立麻的内地之行在客观上已成为元亡后藏传佛教在内地最大的一次弘传活动，当时宫廷内外形成了崇信哈立麻的热潮。王世贞《弇山堂别集》载：

> 为高皇后资福报恩寺（应为灵谷寺），又为文皇后荐福五台山，俱有佛光、庆云、金莲花、狮子瑞像之异，以故上犹信之，后宫国戚俱膜拜致敬，檀施山积，威仪文物极一时之盛。①

朝鲜史籍中也记载说：

> 时有胡僧曷尼摩（即哈立麻），号生佛，帝迎至京师，舍诸灵谷寺，甚加敬信。朝士官人，皆奔趋摩顶授记也。②

藏传佛教在内地的宗教影响因元亡而落寂，哈立麻的内地之行则成为促动其影响回升的重要契机。特别是在宫廷中这种影响的增长更为明显。这一点我们在后面有关宦官与佛教关系的论述中还会有所涉及。

哈立麻返藏后，成祖仍然与之保持有密切的联系。永乐十一年，太监侯显入藏时，成祖又特地将一座铸金佛像赍赐哈立麻。成祖在给哈立麻的敕书中声称，此佛像是根据他自己所见夜空中释迦牟尼“应现”之相范铸而成的：

---

① （明）王世贞：《弇山堂别集》卷77《释道之赏》，中华书局1985年版。

② 吴晗：《朝鲜李朝实录中的中国史料》上编卷3《太宗恭定大王实录二》。

朕尝静夜端坐宫庭，见圆光数枚，如虚空月，如大明镜，朗然洞彻，内一大圆光，现菩萨宝树，种种妙花，枝柯交映，中见释迦牟尼像，具三十种相，八十种好，瞪视逾时，愈加显耀，心生欢喜。自惟德之谅薄弗足以致此。惟佛法隆兴，阴翊皇度，贶此异灵，亦如来摄授功致，有是嘉征。乃命工用黄金范为所见之像，命灌顶大国师班丹藏卜等颂祝庆赞。①

敕书中还详细叙述了郑和等出使锡兰山及礼请佛牙诸事，称郑和等礼请佛牙之日，正是其所见圆光佛像之日，所以特将金佛赐送哈立麻。此中，成祖又大加造作和渲染了一番所谓“灵异”、“瑞相”之应验。

至永乐二十一年（1423），成祖以“朕心怀仰，夙夜不忘”，又遣宦官戴兴入藏，“赍敕谕意，并赐以彩币等物”②。

永乐之后，哈立麻一系与明皇室一直保持着联系，正德时，武宗又有“迎佛”之举（详后）。直到万历时，明神宗还遣太监杨英入藏，“赍敕封楚布寺、业郎寺之红帽、黑帽呼图克图噶玛巴、沙吗纳二人为西天大善自在如来大宝法王、灌顶国师，赐予印、册；封甲楞布气、褒玉楞布气二人为灌顶禅师”③。

继哈立麻之后，成祖还先后召请萨迦派僧人昆泽思巴和格鲁派僧人释迦也失入朝，藏传佛教对明宫廷的影响也得以持续和强化。

萨迦一系在元代备受蒙古皇室的尊崇，在西藏佛教诸派中居最为优越的地位。元末，萨迦一系逐渐衰颓，无论是政治权势，还是宗教影响均大幅度萎缩。明朝建立后，这一系响应明太祖诏谕，很快和明皇室建立了联系。昆泽思巴系元帝师公哥儿监藏班藏卜（衮噶坚赞）之孙，系萨迦派嫡系拉康方丈的僧人。《明史》卷三三一《西域三》称：“成祖既封哈立麻，又闻昆泽思巴有道术，命中官赍玺书银币征之。”永乐

① 西藏自治区文物管理委员会：《明朝皇帝赐给西藏楚布寺噶玛活佛的两件诏书》，《文物》1981年第11期。

② 中国藏学研究中心等：《档案史料汇编》第1册，第156页，明成祖：《赏赐尚师哈立麻敕谕》。

③ （清）佚名：《西藏志》，《事迹》，西藏人民出版社1982年版。

八年，内官关僧奉旨“赍诏书及白金、彩币，往西土征尚师昆泽思巴”[①]。十一年二月，昆泽思巴奉诏入京，“帝即延见，赐藏经、银钞、彩币、鞍马、茶果诸物，封为‘万行圆融妙法最胜真如慧智弘慈广济护国宣教正觉大乘法王西天上善金刚普应大光明佛’，领天下释教，赐印诰、袈裟、幡幢、鞍马、伞器诸物，礼之亚于大宝法王”[②]。关于昆泽思巴在内地的活动，汉文方面几乎没有什么记载。根据藏文史料，昆泽思巴曾为成祖讲经传法，传授了种种灌顶以及经咒、护持等教法。除了南京之外，昆泽思巴又曾去北京等地参礼佛寺，讲经传法。[③] 十二年正月，昆泽思巴辞行，“赐图书及佛像、佛经、法器、衣服、文绮、仪仗、鞍马，金银器皿等物，命中官护送”[④]。此后，昆泽思巴时遣贡使入朝，成祖也于永乐十五年特地遣宦官乔来喜等“赍佛像、佛经、金银法器、彩币等物往乌思藏，赐正觉大乘法王昆泽思巴”[⑤]。

格鲁派是藏传佛教中明初才崛起的新兴教派，释迦也失为格鲁派领袖宗喀巴之弟子。据藏史方面的记载，成祖曾两度遣使迎请宗喀巴入朝，但宗喀巴都因故未能成行，[⑥] 其弟子释迦也失则于十二年奉师命入朝。[⑦] 据明释镇澄撰《清凉山志》，释迦也失于“永乐十二年春始达此土（按即内地），栖止台山显通寺。冬十一月，闻于上，遣太监侯显诏至京。入内预敕，免拜赐座。（于）大善殿应对称旨，上大嘉叹，敕安能仁方丈，制书慰劳，所赐甚厚”[⑧]。永乐十三年，明成祖封释迦也失为“妙觉圆通慧慈普应辅国显教灌顶弘善西天佛子大国师”[⑨]。“西天佛子”同样曾是元世祖赐封八思巴的名号之一，明成祖亦以此号加封西藏上层僧人，以示荣宠。永乐十一年，成祖封乌思藏僧日托巴罗葛啰监粲

---

① 《明太祖实录》卷108，永乐八年九月壬辰。

② 《明史》卷331《西域三》。

③ 参见陈庆英《论明朝对藏传佛教的管理》，《中国藏学》2000年第3期。

④ 《明太宗实录》卷147，永乐十二年正月壬午。

⑤ 《明太宗实录》卷185，永乐十五年二月戊午。

⑥ 参见王森《西藏佛教发展史》第十篇《明代卫藏地方政教情况》及附录二《宗喀巴年谱》，中国社会科学出版社1987年版。

⑦ 《明太宗实录》卷159，永乐十二年十二月癸巳。

⑧ （明）释镇澄原纂，释印光重修：《清凉山志》卷3《高僧懿行·释迦也失传》，台湾文海出版有限公司中国名山胜迹志丛刊本。

⑨ 《明太宗实录》卷163，永乐十三年四月庚午。

为“西天佛子灌顶净慈弘智广慧大国师”之号，[①] 罗葛啰监粲成为明代首获“西天佛子”名号的藏僧，但此人事迹不详，《明太宗实录》关于此人只有永乐十一年受封和永乐十五年遣使进贡两条记录，[②] 看来他与明廷的关系并不十分密切。据藏文史籍，在南京期间，释迦也失在宫廷内外进行了大量佛事活动，并给成祖本人传授了长寿灌顶。[③] 永乐十三年，释迦也失等又至五台山活动，成祖遣使致书并瓜果礼品表示慰问和眷念。[④] 十四年释迦也失辞归，成祖“御制赞赐之，并赐佛像、佛经、法器、衣服、文绮、金银器皿”[⑤]。此后，明成祖与释迦也失一直保持着相当紧密的联系。永乐十七年春，成祖曾致书释迦也失称：“自师西行，忽见新岁使者还，乃知履况安和，适慰朕怀。兹以镀金莲座用表远贶，并系之赞。”表达了成祖对释迦也失的眷念关切之意。永乐十九年，释迦也失也遣使入朝“祝赞”。成祖复遣使致慰：“朕惟大师觉行圆融，慈悲利济，朕心瞻企，夙夜不忘。兹以岁序维新，特遣禅师板竹等祝赞于朕，并以佛像等物来。鉴兹勤诚，良深嘉悦，今遣内官戴兴等赉佛像等物并致偈赞，用表朕怀。”[⑥]

二 对藏僧的广泛敕封与宣赐

（一）名号的敕封。藏传佛教作为在藏区这一特定区域内所盛行的宗教，不仅具有鲜明的民族性特征，而且与政治紧密结合，形成政教合一的社会体制，因此，明皇室与藏传佛教的关系也是民族关系和政治关系的一种体现。从明初开始，明皇室就把尊崇藏传佛教，优抚藏僧，作为怀柔藏人，使其“归诚向化”的一项基本政策。

封赐藏僧是明皇室尊崇藏传佛教、优抚藏僧的主要形式。给藏僧封赐宗教名号的做法，源自西夏宫廷。蒙元统治者与西藏佛教的关系更为密切，许多受到宫廷宠信或器重的藏僧便得赐“国师”一类名号。明

① 《明太宗实录》卷140，永乐十一年五月丙戌。

② 《明太宗实录》卷195，永乐十五年十二月甲辰。

③ 参见陈楠《释迦也失在南京、五台山及其与明成祖关系考述》，《西藏研究》2004年第3期。

④ （明）释镇澄原纂，释印光重修：《清凉山志》卷3《高僧懿行·释迦也失》。

⑤ 《明太宗实录》卷176，永乐十四年五月辛丑。

⑥ （明）释镇澄原纂，释印光重修：《清凉山志》卷5《帝王崇建》。

代自太祖时期开始，也继承、沿用蒙元这一传统，将“国师”、“大国师”等名号赐封给藏传佛教僧人，以示优礼。成祖时期，以藏区政治、宗教分散和多元化的现实格局为依据，对藏僧进行了更为广泛的敕封，即敕封的对象并不仅仅局限于那些重要教派和僧团的领袖，而是扩及更多中小僧团的上层僧人，国师、大国师之外，又有法王、王、西天佛子、禅师、都纲、剌麻等名号加封于不同层次的藏僧，形成了“众建多封”的局面。[①]《明史》称：“初，太祖招徕番僧，本藉以化愚俗，弭边患，授国师、大国师者不过四五人。至成祖兼崇其教，自阐化等五王及二法王外，授西天佛子者二，灌顶大国师者九，灌顶国师者十三有八，其他禅师、僧官不可悉数。”[②] 这其中，“法王”是明代皇室赐封藏僧最为尊崇的名号，永乐时二法王即大宝法王哈立麻和大乘法王昆泽思巴。五王即帕木竹巴阐化王、馆觉护教王、灵藏赞善王、必力工瓦阐教王和思达藏辅教王；[③] 他们是明代乌思藏和朵甘地区最有影响的家族性政教合一势力，各有自己的统治区域，即所谓“各有分地”[④]，故“王”的封号，虽不及法王尊崇，但更具行政上的重要性，实际上都是接受皇室册封的藏区地方统治者。也正因如此，“法王卒，其徒自相继承，不由朝命”[⑤]，而诸王的承袭则必经朝廷认定与册封，方为合法。[⑥] 诸王中地位最重要的是属于噶玛噶举派帕木竹巴系的阐化王。

洪武五年，明太祖仍元旧例，敕封章阳沙加为“灌顶国师”，成为藏僧中第一个受到明皇室敕封的人。章阳沙加之后，其后继者扎思巴噫监藏卜和吉剌思巴监藏巴藏卜先后袭封灌顶国师号，至永乐四年，成祖遣使诏封吉剌思巴监藏巴藏卜为灌顶国师阐化王，赐螭纽玉印、诰命。[⑦]

永乐时所封“西天佛子”两人，即前述释迦也失和日托巴罗葛啰监粲。

另外，成祖时期，还向藏传佛教僧人颁发度牒，如永乐十三年，

---

① 参见王森《西藏佛教发展史略》第十篇《明代卫藏地方政教情况》。

② 《明史》卷 331《西域三》。

③ 关于各王具体情况参见王森《西藏佛教发展史略》一书有关论述。

④ 《明史》卷 331《西域三》。

⑤ 同上。

⑥ 杜常顺：《略论明朝对西藏的施政》，《青海社会科学》1992 年第 5 期。

⑦ 《明史》卷 331《西域三》。

“给西宁等处僧着失监藏等度牒”[①]；永乐十六年，“给赐西宁僧领占朵儿只等九十三人度牒”[②]。所谓“给赐”，表明颁发度牒也是皇帝给予藏僧的一种优待。

成祖时期对藏僧的“众建多封”，使得明皇室与藏区佛教僧团之间建立了更为广泛和直接的联系。对藏僧而言，得到皇帝敕封自然是一种莫大的荣耀，是对其宗教乃至社会政治地位的认可和提升；与此同时，受到皇帝敕封，还可以通过朝贡获取经济上的实惠，因此，争取皇帝的敕封成为藏僧热衷和追逐的目标，藏区僧俗的“向化”内聚之力因此也得到进一步的强化。这是成祖时期藏传佛教与明皇室关系的一个显著特点。

（二）遣使宣赐。明皇室自太祖时期开始，就不断派遣使臣入藏，对各地藏僧进行招谕和宣抚。到永乐时期，明成祖进一步加强了与藏区政治宗教关系的拓展，其中一个重要的方面就是频频派遣使臣到藏区各地进行宣赐活动。成祖上台之初，就有智光奉旨西使，遍历藏区各地进行宣抚赏赐。智光之后，在对藏僧进行征召与敕封的同时，成祖的遣使宣慰和赏赐更加频繁。以大宝法王哈立麻为例，除了在入朝时受到崇高的礼遇之外，回到西藏后，成祖仍多次遣使对他进行宣抚和颁赐：

永乐六年五月，哈立麻西归途中，成祖就曾遣使致书问候，并颁赐了十分丰厚的礼品。[③]

永乐十一年，成祖遣太监侯显入藏，向哈立麻及其属下大国师果栾罗葛罗监藏巴里藏卜赐佛像及衣帽等物。[④]

永乐二十一年，成祖又遣宦官戴兴等往赐哈立麻彩币等物。[⑤]

大乘法王昆泽思巴返藏后，“帝亦先后命中官乔来喜、杨三保赍赐

① 《明太宗实录》卷99，永乐十三年十二月甲申。

② 《明太宗实录》卷109，永乐十六年三月丙辰。

③ 中国藏学研究中心等：《档案史料汇编》第1册，第106页，明成祖：《遣使赐礼事致大宝法王书》。

④ 中国藏学研究中心等：《档案史料汇编》第1册，第150页，明成祖：《回赐大国师果栾罗各罗监藏巴里藏卜敕谕》，第151页，明成祖：《赐噶玛噶举教派楚布寺如来大宝法王诏书》。

⑤ 中国藏学研究中心等：《档案史料汇编》第1册，第156页，明成祖：《赏赐尚师哈立麻敕谕》。

佛像、法器、袈裟、禅衣、绒锦、彩币诸物”[1]。

阐化等五王也同样如此。永乐十一年，阐化王遣使朝贡，成祖“命礼部复遣中官赍敕赐之锦、币，并赐其下头目剌麻有差”[2]。

永乐十六年，宦官邓诚奉旨往赐尼八剌国王，“凡所经罕东、灵藏、必力工瓦、乌思藏、野兰可般卜纳等处头目皆有赐赉”[3]。

永乐十七年，中官杨三保奉旨入藏，赍敕往赐大乘法王、阐化等五王及西天佛子释迦也失等佛像、法器、袈裟、禅衣及绒锦、彩币表里有差。“盖答其遣使朝贡之诚也。”[4]

永乐二十一年，阐化王贡使辞还，遣中官戴兴等赍敕与俱往，回赐阐化王锦绮等物。[5]

为了保障使臣往来的便利和道路通畅，成祖还对元代以来的入藏驿站系统进行了修复。永乐五年，他敕谕阐化、护教、赞善诸王及沿交通线的各地僧俗首领“复置驿站，以通西域之使”[6]，并遣陕西都司指挥同知刘昭、何铭等前往藏区各地“设立站赤，抚安军民”[7]。永乐十二年，又遣内官杨三保赍敕往谕阐化等五王以及川卜、川藏、陇答、邛部、陇卜诸地头领，“令所辖地方驿站有未复旧者，悉如旧设置，以通使命”[8]。驿站系统的修复为朝使和贡使的往来提供了莫大的便利，“自是道路毕通，使臣往还数万里，无虞寇盗矣”[9]。

遣使宣赐活动一直持续到了宣德时期。宣德二年，宣宗遣太监侯显赍敕往乌思藏等处抚谕阐化王、阐教教王、赞善王辅教王等，“各赐绒绵、纻丝有差”[10]。宣德九年，又遣中官宋成等赍敕往乌思藏等处给赐。[11]

---

① 《明史》卷331《西域三》。
② 《明太宗实录》卷137，永乐十一年二月己未。
③ 《明太宗实录》卷203，永乐十六年八月戊寅。
④ 《明太宗实录》卷217，永乐十七年十月癸未。
⑤ 《明太宗实录》卷258，永乐二十一年四月己巳。
⑥ 《明太宗实录》卷65，永乐五年三月丁卯。
⑦ 《明太宗实录》卷65，永乐五年三月辛未。
⑧ 《明太宗实录》卷147，永乐十二年正月己卯。
⑨ 《明史》卷331《西域三》。
⑩ 《明宣宗实录》卷27，宣德二年四月甲子。
⑪ 《明宣宗实录》卷109，宣德九年三月戊寅。

第三章

明中期皇室与佛教

第一节 兴寺设斋

按一般明史研究者的划分，“明中期”是指明英宗到明世宗时期，拙著为叙述方便起见，将仁、宣两朝也划入明中期的时间范畴。明中期在明代佛教史上是一个极为沉寂的时期，但明皇室倡导佛教的政策仍一如既往，而且奉事佛教已成为帝后生活的一个重要部分。以仁宗而论，虽然在位时间只有短短一年，但他在佛事上却表现出相当的热衷。朝鲜《李朝实录》云：“中国自太祖皇帝以来，皆好佛事。洪熙最好，亲设水陆。”[①] 这显然是当时朝鲜入明使臣耳闻目睹之印象。稽诸《明仁宗实录》，此说可得印证。从永乐二十二年（1424）九月到洪熙元年正月的五个月中，仁宗竟先后六次在北京庆寿、海印及能仁诸寺修设“荐扬大斋”，为先皇母后超度祈福：

永乐二十二年九月，“上命礼部以十月朔集僧道于庆寿寺、灵济宫建荐扬大斋七昼夜，上资皇考、皇妣之福”[②]。

永乐二十二年十月，“命僧道二百四十人于天寿山建荐扬大斋三昼夜”[③]。

永乐二十二年月，“以冬至节近，命礼部集僧道于庆寿、海印、能

① 吴晗：《朝鲜李朝实录中的中国史料》上编卷5《世宗庄显大王实录二》。

② 《明仁宗实录》卷2下，永乐二十二年九月丁酉。

③ 《明仁宗实录》卷3下，永乐二十二年十月甲寅。

仁三寺及灵济宫各建荐扬大斋七昼夜，资皇考妣之德”[①]。

永乐二十二年月，“命礼部集僧道于庆寿、海印二十（寺）及灵济宫各建荐扬大斋七昼夜”[②]。

洪熙元年（1425）正月，命礼部集僧道于庆寿寺、灵济宫并建大斋七昼夜，上资皇考妣冥福。[③]

是月，又“以上元节命僧录司于庆寿寺建大斋七昼夜，资皇考妣冥福”[④]。

斋会之外，仁宗还敕修北京能仁寺和大圆通寺。能仁寺本为元刹，仁宗命“增广故宇而新之，特加赐大能仁之额”。重修后寺之殿堂楼阁高明宏壮，像设庄严，彩绘鲜丽，“禅诵有堂，钟鼓有楼，庖库庾，幡幢法具，靡不完美”[⑤]。圆通寺又名平坡寺，位于北京西山，为唐代古刹，仁宗“命工鼎新重建，赐额曰大圆通”。只是仁宗去世时寺院尚未建成，宣宗嗣位后，遣宦官督修完工。[⑥]

宣宗继位后，自称“于释氏亦靡怠忽”，虽未举行频繁的佛事活动，但“凡故招提兰若之敝者亦尝命修葺之”[⑦]。除了继续完成仁宗时遗留的大圆通寺工程外，宣宗又诏令太监郑和等督董完成了南京大报恩寺的未竣工程。大报恩寺虽然从永乐十一年就开始重建，但由于监工官员“将军夫人匠役使占用”，导致工程迁延，直到宣德初仍未全部竣工，因此，宣德三年宣宗诏郑和等提督工程。[⑧] 同年，又敕重建北京阳台山灵泉寺，更赐寺额为“大觉寺”。据宣宗《御制大觉寺碑》，大觉寺是宣宗秉母后诚孝皇后（即张太后）之意而建，“惟圣母茂斯功德，盖上以集隆福于宗庙，中以延鸿祚于国家，下以普慈济于幽显，至仁之施愈远且大”[⑨]。

---

① 《明仁宗实录》卷4下，永乐二十二年十一月丁亥。

② 《明仁宗实录》卷5下，永乐二十二年十二月癸丑。

③ 《明仁宗实录》卷6上，洪熙元年正月乙亥。

④ 《明仁宗实录》卷6上，洪熙元年正月壬午。

⑤ （清）于敏中等：《日下旧闻考》卷50《胡濙大能仁寺记略》。

⑥ （明）沈榜：《宛署杂记》卷18《恩泽》，明宪宗：《御制大圆通寺碑》。

⑦ 《大明宣宗皇帝御制集》卷3《大功德寺记》，四库全书存目丛书本。

⑧ （明）葛寅亮：《金陵梵刹志》卷2《钦录集》。

⑨ 北京图书馆金石组：《北京图书馆藏中国历代石刻拓本汇编》（以下简称《石刻拓本汇编》）第51册，中州古籍出版社1991年版，第58页。

寺成后，延著名密教僧人灌顶大国师智光住寺。[1] 而此前一年，孝诚张太后已经施财对北京著名的古刹潭柘寺进行了修葺，“赐帑建造殿宇”[2]。宣德四年（1429），由皇后孙氏发愿施资在北京西北玉泉山麓建佛寺一处，宣宗赐额“大功德寺”。宣宗御撰《大功德寺记》志建寺缘起云：

> 皇后孙氏笃志于善，心之所存惟孝为切，旦夕宗社生民之念，未尝暂忘，尝谓于朕欲辍已之服用，创建梵寺一区奉佛菩萨，上以资宗庙圣灵在天之福，以益□□皇太后齐天之寿，又以隆佑祚于朕躬，保康和于家□；下以被及子孙臣民咸承庆泽。朕嘉其善志，既俞允之，命有司相土所宜，于北京西北隅距城一舍许玉泉山之麓得胜地焉……遂命创佛寺……寺成，命礼部简僧之诚实有戒行者主之熏修。而别建僧居于寺之右。

看来，大功德寺的建造系皇后孙氏修持功德之举，所以建寺“一切之费悉出于中宫，盖其一念之诚以谓由乎己，不烦于人，庶几神明鉴，福祥来臻，而宗社国家子孙臣民均蒙利益”[3]。寺院落成后，宣宗赐田四百顷赡僧养寺。[4] 又赐金书《华严经》百卷“作镇山门”[5]。

宣宗时还重修了元代旧寺崇国寺，更赐寺额为“隆善寺”。[6]

另外，宣宗时还礼重江南名僧道孚，继位之初便召其入京，馆于庆寿寺，令其时时出入禁中，“设施食于内庭，利济天人，开法场于秘殿，为民请福，敷演瑜伽华梵，阐扬三乘真诠”。宣宗也躬临法事，“坐听击节，以为灵山胜会，今古一时”[7]。

宣宗之后，明英宗、明代宗及宪宗都是热衷奉佛的皇帝。英宗在位

---

① （明）焦竑：《国朝献征录》卷118，杨荣：《灌顶广善西天佛子智光大国师事实》。

② （清）神穆德撰，释义庵续撰：《潭柘山岫云寺志》卷1《梵刹原宗》，台湾明文书局印行中国佛寺志本。

③ 《大明宣宗皇帝御制集》卷3《大功德寺记》。

④ （明）明河：《补续高僧传》卷18《天泉渊公传》。

⑤ （明）卢维祯：《醒后集》卷4《游西山前记》，四库全书存目丛书影印本。

⑥ （明）沈榜：《宛署杂记》卷18《恩泽》，明宪宗：《御制大隆善护国寺碑》。

⑦ （明）胡濙：《敕建马鞍山万寿大戒坛第一代开山大坛主僧录司左讲经孚公大师行实碑》，北京图书馆金石组：《石刻拓本汇编》第52册，第98页。

期间，下诏重建京师庆寿寺。庆寿寺为金、元名刹，姚广孝曾长期驻锡于该寺。成祖在藩时，该寺曾得修葺。正统十三年，司礼太监王振奏寺院残破朽敝，请英宗敕修。由太监尚义、内官黎贤、工部侍郎王永和及主事蒯祥等奉命督修，征调修寺军民达万人之多，所费物料巨万。"既成，壮丽甲于京都内外数百寺。"英宗钦赐寺名"大兴隆"，并树"第一丛林"牌楼于寺前。"命僧作佛事。上躬临幸焉。"[1] 正统十四年，英宗又令工部右侍郎王佑同太监尚义对大功德寺进行了重修。[2] 到天顺时，英宗还令大规模重建受到火灾的凤阳大龙兴寺，令"拆都督府等衙门二百余间改造"，并征调附近卫所、州县的军夫民丁助役。[3]

景帝时期，虽务反英宗之政，但在奉佛方面与英宗没有二致。"廷臣谏事佛者甚众，帝卒不能从。"[4] 首先，他在兴安的奏请下，下令新建大隆福寺。由陈循代拟的《御制新建大隆福寺之碑》中称，建立这座宏壮的佛寺并非是为"燕闲游适之用"，而是"将以祝厘于国家，祈保于生民，而集列圣在天无穷之福，幽显有情将来莫大之惠而已，因命之曰'大隆福寺'"[5]。大隆福寺由太监尚义、陈谨、陈祥及工部左侍郎赵荣等奉旨督修，"凡役军夫数万人，费用数十万"。寺院"壮丽甲于在京诸寺"[6]。景帝还赐给寺院"金书大藏之经"[7]，成为镇寺之宝。大隆福寺的敕建，显然有取代英宗大兴隆寺"第一丛林"地位的动因，为此，他还下令禁止大兴隆寺僧开正门鸣钟鼓，并拆毁了该寺"第一丛林"牌楼及其香炉燔竿。[8] 不过，随着英宗复辟，大兴隆寺又很快"兴隆"起来，寺内供奉"释迦牟尼文佛"，后来一度列入朝廷祀典，定期遣官祭告。[9] 说明此寺仍然处于"第一丛林"的地位。其次，景帝时期斋醮频兴，耗费甚巨。景泰五年（1454），六科给事中林聪等就上言指

---

① 《明英宗实录》卷163，正统十三年二月己未。

② 《明英宗实录》卷128，正统十四年四月乙卯。

③ 《明英宗实录》卷312，天顺四年二月戊午。

④ 《明史》卷164《单宇》。

⑤ （明）陈循：《芳洲文集续编》卷1"代言"，续修四库全书影印本。

⑥ 《明英宗实录》卷217，景泰三年六月癸亥；卷227，景泰四年三月癸未。

⑦ （明）陈循：《芳洲集》卷2《御制大兴隆寺碑》。

⑧ 《明英宗实录》卷187，景泰元年正月壬午。

⑨ 《明史》卷50《礼四》。

出："近者在京各寺观既有斋粮以饭僧，复有灯油以供佛，一月之间修斋几度，旬日之内设醮数坛，至于内府亦且修设。赏赐金帛动逾数千，耗费钱粮不可胜计。虽曰给自内帑，其实出于民间，本以为民祈福，为国禳灾，而天之灾变屡见，何尝有补国家之分寸乎！"[①] 佛事之繁于此概见。景泰六年，因"灾异"，景帝又敕取"海内僧众"在大隆福寺启建"保国护民金光明忏"道场一百日。[②]《实录》中载当时内供用库奉旨为大隆福寺佛会所造蜡烛竟有五万七千四百支，共用蜡一万七百八十余斤。[③] 而斋僧所费更是惊人。景泰六年六月，监察御史倪敬等称因为斋僧而累出内藏之金易米供给，以至于造成京师米价腾贵，妨害到百姓的生计。[④]

此外，英宗、景帝时期，给佛寺赐经、赐额也很多。英宗"崇尚内典"[⑤]，他继位之初，就遣宦官宋文毅等"施佛经于诸寺"[⑥]。后来，《永乐北藏》刊刻完备，又多次"颁行大藏，安置天下名山"[⑦]，是明代颁赐大藏数量最多的皇帝之一。景帝也多有大藏颁赐。万历时冯梦桢在《刻藏缘起》中就讲当时江南地区佛寺所藏大藏，"皆景泰间赐物也"[⑧]。英宗给佛寺赐额极多。《明英宗实录》载天顺元年一年中，英宗就先后两次给京师内外总共 80 所寺院赐额，[⑨] 以致各地僧道"请赐寺院庵观名额者，源源不绝"[⑩]。

宪宗"于释道两教俱极崇信"[⑪]，他是明中期诸帝中最热衷修建佛寺的一位。他自称当皇帝后，"凡一切神祠及孔子庙庭罔不一新"[⑫]。孔

① 《明英宗实录》卷 239，景泰五年三月乙丑。

② （明）周永年：《邓尉圣恩寺志》卷 6《圣制》；卷 7《奏请寺额疏》，四库全书存目丛书影印本。

③ 《明英宗实录》卷 259，景泰六年十月壬子。

④ 《明英宗实录》卷 256，景泰六年六月戊寅。

⑤ 喻谦：《新续高僧传》四集卷 28《明燕都西山戒台寺沙门释道孚传》。

⑥ （明）陈赞：《重建崇福禅寺碑记》，北京图书馆金石组：《石刻拓本汇编》第 51 册，第 106 页。

⑦ （清）纪荫：《宗统编年》卷 29。

⑧ （明）宋奎光：《径山志》卷 5"序文"，四库存目丛书影印本。

⑨ 《明英宗实录》卷 283，天顺元年十月戊午；卷 284，天顺元年十一月庚寅。

⑩ 《明英宗实录》卷 285，天顺元年十二月甲辰。

⑪ （明）沈德符：《万历野获编》卷 27《释道》。

⑫ 明宪宗：《御制重修灵光寺碑》，北京图书馆金石组：《石刻拓本汇编》第 52 册，第 148 页。

子庙庭未见得修了多少，但施赐敕建的佛寺的确很多，并自称此为绍述列祖之举："朕缵鸿业，凡祖宗道德之懿，政教之详，昭我后人者，一惟继述之，恒恐少坠，至于事佛祝釐之地，可不仰思前烈，用图复新乎？"[①] 所以继位几年间，"浮屠不时之赏，寺塔无益之修，所费不赀"[②]。慈仁寺、大觉寺、隆善寺、圆通寺、真觉寺、永昌寺、灵光寺、大慈恩寺等都是成化间大兴土木营建、整修过的寺院。

慈仁寺为辽金时报国寺。成化二年（1466），宪宗将旧寺拆除后重新修建，更赐寺额为"大慈仁寺"。[③] 孙承泽《天府广记》载此寺"盖宪宗为皇太后祝厘处"[④]。宪宗在《御制大慈仁寺碑》中也称，寺"乃原圣母之志名曰大慈仁寺，广度僧众俾居其中祝厘迎贶，上资福于圣母益寿且康，以及于家邦而海宇生灵咸获济利，庶表朕之仁孝诚敬尔"[⑤]。不过，更确切地讲，大慈仁寺是宪宗为孝肃太后弟周吉祥而建的。归有光《赠大慈仁寺左方丈住持宇上人序》载此事颇详：

> 大慈仁寺在京城宣武门外西，寺盖孝肃皇后以其弟为僧，故为太后时建此寺。宪宗皇帝两制碑记，顺奉母后之志也……吉祥姓周氏，为儿时好出游，尝出不复归家，家亦不知其所在，太后自未入宫，师已与家不相闻。久之去祝发于大觉寺，然常游行市中，夜即来报国寺伽蓝殿中宿。太后意亦若忘之。忽夜梦伽蓝神来言后弟今在某所，英宗亦同梦，梦觉相与言皆同，即日遣诸小黄门以梦中所见神言求之。至则见师伽蓝殿中，遂拥以行。小黄门白以见，帝后皆喜，问所以出游及为僧时为泣下，因曰何如今日为皇亲耶？吉祥不愿也。复还寺，后不能强，厚赐之。英宗晏驾，太子即位，后为太后，出内藏物建大慈仁寺。[⑥]

---

① （明）沈榜：《宛署杂记》卷18《恩泽》，明宪宗：《御制大圆通寺重修碑》。
② 《明宪宗实录》卷57，成化四年八月戊戌。
③ 明宪宗：《御制大慈仁寺碑》，北京图书馆金石组：《石刻拓本汇编》第52册，第54页。
④ 《天府广记》卷38《寺庙》。
⑤ 明宪宗：《御制大慈仁寺碑》，北京图书馆金石组：《石刻拓本汇编》第52册，第54页。
⑥ （明）归有光：《震川先生文集》卷11。

慈仁寺既为“皇舅”寺院，自然受到格外优待，“孝肃皇后在慈宫，二圣（宪、孝两帝）隆孝养，恩赐无所不至”①。弘治十年，孝宗一次就赐给寺田一百二十顷，②“孝宗时，太后为太皇太后，为立护敕碑，碑所载庄田无虑数百顷”，寺僧也有数百人之众。吉祥本人得授僧录司左善世，去世后，孝宗遣官致祭。③

大隆善寺为宣宗所敕修的寺院，成化七年，宪宗以寺“历岁滋久，新者复敝”，乃敕出内帑重修，次年竣工。增其额曰：“‘大隆善护国寺’。”④“皇太后、中官、妃主，下至女官、宫人助修。”⑤其中，施财助缘的宦官多达399人。⑥

真觉寺初建于永乐时期，“永乐中国师五明班迪达召见于武英殿，帝与语悦之，为造寺”⑦。“五明班迪达”即实哩沙卜得啰，永乐十二年入华，受到成祖召见，甚见眷礼。实哩沙入华时贡有“金身诸佛之像，金刚宝座之式”，均供奉于寺内。⑧成化九年，宪宗“诏寺准中印度式”⑨，“命工督修殿宇，创金刚宝座，以石为之，基高数丈，上有五佛，分为五塔，其丈尺规矩与中印土之宝座无以异也”⑩。寺院建筑的印度风格十分突出。

大觉寺于成化十四年由周太后施资重修：“追思曾祖妣之仁，又世居其山之麓，乃矢心重造。特出宫中所贮金帛市材僦工，凡殿宇廊庑楼阁僧舍山门靡不毕备。”⑪

大圆通寺，成化十四年，宪宗以寺院年久失修，“不有以葺之，而祖宗崇奉之意，将至或替”，因“出内帑金帛，就在官役工，市材诹

---

① （明）归有光：《震川先生文集》卷11《赠大慈仁寺左方丈住持宇上人序》。

② 《明孝宗实录》卷129，弘治十年九月庚申。

③ （明）归有光：《震川先生文集》卷11《赠大慈仁寺左方丈住持宇上人序》。

④ （明）沈榜：《宛署杂记》卷18《恩泽》，明宪宗：《御制大隆善护国寺碑》。

⑤ （明）沈榜：《宛署杂记》卷19《僧道》。

⑥ 《护国寺题名碑》，北京图书馆金石组：《石刻拓本汇编》第52册，第96页。

⑦ （清）于敏中等：《日下旧闻考》卷77《国朝苑囿》。

⑧ 同上。

⑨ （明）刘侗、于奕正：《帝京景物略》卷5《西城外》。

⑩ （清）于敏中等：《日下旧闻考》卷77《国朝苑囿》。

⑪ 明宪宗：《御制重修大觉寺碑》，北京图书馆金石组：《石刻拓本汇编》第52册，第140页。

日，鼎新缔构，不逾年告成”①。

护国大永昌寺在内宫西华门西，系宪宗为佞僧继晓而建。继晓为湖广江夏僧人，“以星命之术因太监梁芳以进，大见亲幸，赏赉甚厚。请给护敕，旌其门曰孝行。复请太监蔡忠第以居，后以其隘又移居都督马俊宅，请赐额于门曰辅教寺。屡进邪说，有人所不得闻者”②。所谓“人所不得闻者”，大概就是一些房中秘术之类的东西。由于得到宪宗的信任，继晓先后得授僧录司左觉义、右善世等，并敕封“通元翊教广善国师”之号，“日诱帝为佛事，建大永昌寺于西市，逼徙居民数百家，费国帑数十万”③。寺成后，“上亲临幸之”④。成化二十一年，继晓因“星变”被遣，寺亦随废。二十二年，梁芳又请易地重建。工部侍郎杜谦等“相度地基”，选中故广平侯袁瑄宅地，瑄遗孀以重获侯位为条件，让出宅地，梁芳等又购袁宅周邻民居数十户，大兴工役，“视旧寺益加广矣”⑤。当时参加建寺的官军多达四万之众，⑥但此寺到万历时已弃废，“无寸椽片瓦矣”⑦。

灵光寺，本为金代龙泉旧寺，宣德时曾敕重修。成化十四年宪宗以寺为“皇祖所修，岁久蠹挠，倾废不治”而令重修，“宏广旧规”，寺成更赐额为“灵光”。⑧

大慈恩寺，旧名海印寺，宣德四年重建。⑨成化十九年，宪宗敕总兵官李瑾督军大规模重修，营寺军夫多达万人。⑩

明孝宗继位后，在政治上颇欲有一番作为，朝政稍有起色，致有“弘治中兴”之誉。然而，宫中的奉佛氛围，使他难免受到熏习。史

---

① （明）沈榜：《宛署杂记》卷18《恩泽》，明宪宗：《御制大圆通寺重修碑》。

② 《明孝宗实录》卷20，弘治元年十一月甲申。

③ 《明史》卷307《佞幸》。

④ （明）沈德符：《万历野获编》卷27《释道》。

⑤ 《明宪宗实录》卷283，成化二十二年十月丁酉。

⑥ 《明宪宗实录》卷285，成化二十二年十二月丙戌。

⑦ （明）沈德符：《万历野获编》卷27《释道》。

⑧ 明宪宗：《御制重修灵光寺碑》，北京图书馆金石组：《石刻拓本汇编》第52册，第148页。

⑨ （清）于敏中等：《日下旧闻考》卷54《城市》。

⑩ 《明宪宗实录》卷237，成化十九年二月甲戌。

载，孝宗为太子时，就有近侍宦官教他习读佛经了。[①] “帝孝事两宫太后甚谨，而两宫皆好佛、老。”[②] 所以“佛氏为中宫及大珰所信向，孝宗亦不能自异也”[③]。弘治之初，鉴于前朝诸帝溺好佛教而政废财耗的局面，朝臣中就有人提醒他“有以修寺、饭僧、建斋之说进者，惟断自圣心”，孝宗虽口承“决不为所惑”[④]，但实际上却在宫内外经厂及佛寺广设斋醮。[⑤] 弘治一朝，灾异频生，孝宗便以兴佛事为禳灾祈福之途，频命僧道修设斋醮，甚至于“御制”疏文，遣内使到五台山“祭告”文殊菩萨，祈求菩萨“慧鉴衷诚，祚我邦家，永膺多福”[⑥]。弘治十三年（1500），又因四方灾异，“简命中贵赍内帑金散诸名山为民祈福”[⑦]。但此类活动既少应验，却又耗费巨大，故朝中屡有上言规谏者。弘治六年，礼部尚书耿裕陈言八事，其一即“减斋醮”，内云：“皇上御极之初，禁止斋醮，雨雪未见衍期，比因雨雪不降，启建斋醮，动经旬月，所费不赀，茫无应验。以初时禁止较之，建斋祈福诚为无益，宜仍禁绝，以除奸蠹。”[⑧] 八年，礼部尚书倪岳等条陈三十二事，“停减斋醮，凡宫观寺院非时斋醮请悉停止”，即其中之一。[⑨] 弘治十三年，南京吏科给事中郎兹上言请“罢斋醮”，称：“近来僧道所叨内帑之费，或滥玉带之赐，或光禄寺日用食卓数百，南京成造器皿十余万，取香数十万斤，皆以斋醮而设，乞移僧道之费以给军士，减斋醮之设以正边储。”同年，户部也上奏称由于斋醮赏赉太多，致使光禄寺借支的太仓银两高达一百五十万之多。[⑩]

明武宗崇信藏传佛教的有关情况将在本章第三部分讨论，此处从略。

---

① 《明史》卷304《宦官一》。

② 《明史》卷181《刘健》。

③ （明）沈德符：《万历野获编》卷27《释道》。

④ 《明孝宗实录》卷41，弘治三年十二月乙巳。

⑤ 《明孝宗实录》卷46，弘治三年十二月壬戌。

⑥ （明）释镇澄原纂，释印光重修：《清凉山志》卷5《帝王崇建》。

⑦ （明）释大壑：《南屏净慈寺志》卷6《檀护》，四库全书存目丛书影印本。

⑧ 《明孝宗实录》卷75，弘治六年五月癸酉。

⑨ 《明孝宗实录》卷106，弘治八年十一月戊申。

⑩ 《明孝宗实录》卷164，弘治十三年七月丁巳。

明中期皇室的奉佛活动，后妃在其中起着十分重要的作用。例如宣宗时，大觉寺和功德寺都是应后妃发愿而敕建。成化和弘治时期，周太后的奉佛引人注目，她不仅为自己的弟弟修了大慈仁寺，还施资修葺大觉寺，大隆善寺敕修时她也施资助缘。成化二十三年，太后遣宦官挟资到杭州，重建上天竺讲寺之大慈灵感观世音后殿。[①] 弘治时，又施财在五台山重建元刹护国寺。[②] 周太后还给不少名刹檀施佛供。如成化十七年，“敕造藏经佛像并幡幢金帛若干”，遣官至五台山“修敬”供奉。[③] 二十三年，赐杭州上天竺讲寺渗金观音像一尊，铜塔一座。[④]

明中期皇室奉佛，同样强调佛教“阴翊皇度”的功用，也一再申述佛教与儒家的共同之处。明宪宗《御制重修灵光寺碑》云：

> 佛即西方圣人，其道与儒道往往多同，佛谓为善生天，为恶入渊，作善得福，为恶受殃，其与儒之“积善之家必有余庆，积不善之家必有余殃”之言同也。佛谓心为万法之本，儒谓心为万事之本，佛为见性，儒谓知性，佛道与儒道同者多类此，匪直此也。

然而，我们可以明显地看到，明中期帝后建寺设斋等活动具有浓厚的宗教功利色彩，奉佛活动更多是与皇家福祉紧密地联系在一起，即更加凸显了以福祉为期待或者以现实功利为诉求的宗教意向。明宣宗在《大功德寺记》中就明确指出，他奉佛建寺“无非以凝祥殄沴而为国家迓福者也”。明宪宗认为：“佛之为道，能福祈于有德有道，如此则侈其宫与象，以崇奖光大其教也。”[⑤] 他声称明朝开国以来“百年治平，其纲维正体，虽一于尧舜禹汤文武大中至正之道，而阴佑默化，实于佛法有资焉。由是薄海内外，民康物阜，蔼然雍熙太和之盛，有非汉唐以下治功所可及矣”[⑥]。所以宪宗奉佛建寺，无不以资福为其主旨。其重修大

---

① （明）释广宾：《上天竺讲寺志》卷 7《建置》。

② 《清凉山志》卷 2《伽蓝胜概》。

③ 《清凉山志》卷 5《帝王崇建》。

④ （明）释广宾：《杭州上天竺讲寺志》卷 11《帝王檀品》。

⑤ （明）沈榜：《宛署杂记》卷 18《恩泽》，明宪宗：《御制大兴隆寺碑》。

⑥ （明）沈榜：《宛署杂记》卷 18《恩泽》，明宪宗：《御制大隆善护国寺碑》。

隆善护国寺，“令僧顾名思义，朝夕祝厘其中，用资祖宗在天之福，绵圣母齐天之寿，保宫闱协吉，而嗣续蕃衍，华夷顺服，而海宇奠安，无间幽显，均沾利济”①。重修灵光寺，云“非但凭借其教以化吾民向善背恶而已，上为列圣荐福冥冥，为慈闱祝厘昭昭；次以诞卫朕躬，锡祥宫壶；下以保我子孙既寿而昌，与佛同一住世，有永无斁也”②。重修大圆通寺，“仰祈佛力，资祖宗在天冥福，圣母齐天眉寿，以及眇躬福履聿成，宫闱协吉，储嗣昌炽，永承宗祧，下至黎庶，无不得所，鸟兽草木，无不咸若，蛮夷宾服，海宇清宁，曰显曰幽，均沾利益，斯称朕君主天下之责，与其治意也”③。如果说教化臣民是皇室奉佛的客观需求的话，邀福于佛，则已成为皇室奉事佛教的内在心理动因了。而对皇家而言，所谓“福”者，就是帝后“圣躬”康寿、政通人和、宗社安固和国脉绵永。因此，从宪宗时期开始，在敕建诸佛寺名额中多冠以“护国”的字眼，由此，佛教更被赋予了“护国”宗教的意义。由太祖时期主要把佛教作为教化之具，到中期诸帝弘教祈福并视佛法为护国之器，这是一个很明显的变化，佛教的地位和价值显然被大大抬高了。

然而，明中期诸帝的奉佛和抬高佛教的地位与政治上庸碌怠惰和朝纲不振形成反差，引起朝野上下许多人的不满。首先，皇帝热衷奉佛，显然是偏离了正统的儒家“圣贤”之道，朝臣们视崇佛为造成皇帝荒怠政事的一个重要因由，佛教也被指为惑世诬民的异端邪说。景泰初，国子监生姚显就上言批评英宗事佛是“从夷狄”、“尚异端”之举：“居中国者，不可从夷狄，行王道者，不可尚异端。盖王道乃治国之本，异端为害道之由。王道行于上，则君臣有义，父子有亲，天下享其治矣；异端行于上，则惑世诬民，充塞仁义，而祸之所由生焉。”他认为：“佛本夷狄之人，不知君臣之义，父子之亲，三代未有佛法，皆享国长久，三代而下，始有佛法，事佛愈至，得祸尤惨，若梁之武帝、唐之宪宗是也。”英宗奉佛，结果却是身陷瓦剌，所以他奏请景帝“今后再不

① （明）沈榜：《宛署杂记》卷18《恩泽》，明宪宗：《御制大隆善护国寺碑》。

② 明宪宗：《御制重修灵光寺碑》，北京图书馆金石组：《石刻拓本汇编》第52册，第148页。

③ （明）沈榜：《宛署杂记》卷18《恩泽》，明宪宗：《御制大圆通寺重修碑》。

许崇尚佛教”[①]。后来，杨浩、章纶等针对景帝“临幸”佛寺的计划，也批评其“弃儒术而崇佛教，非所以垂范后世也”。称：“佛者，夷狄之法，非圣人之道。以万乘之尊，临非圣之地，史官书之，传之万世，实累圣德。”[②] 其次，频兴佛寺和斋醮，耗费了大量的国资民财，“说者谓天下之财聚于内帑，内帑之财归于寺观、耗于斋醮”[③]。早在正统初年，行在礼部主事李贤就指出：“我国家建都北京以来，有废弛而不举者，有创新而不措者，所废弛者莫过于太学，所创新者莫多于佛寺，举措如是，臣以为舛也。然成事不说，废者当举。若重修太学，虽极壮丽，亦不过佛寺一所之费，况佛寺不下百余，无益于朝廷，太学虽止一处，有益于国家。”[④] 大兴隆寺和大隆福寺之敕建，更引发了朝野上下的“辟佛”情绪。英宗建大兴隆寺，京师即有民谣以“竭民之膏，劳民之髓，不得遮风，不得避雨”斥之。[⑤] 景泰初，单宇、姚显诸人上言斥佛都与当时皇室及宦官大兴土木的营寺活动有直接关系。但朝臣之规谏少有奏效者。“景泰时，廷臣谏事佛者甚众，帝卒不能从。”[⑥] 成化时，进谏者也不少，但多不为所纳。成化七年，左春坊左谕德王一夔上言指出：“臣惟京师连年创建寺宇不绝，报国寺（即大慈仁寺）之工甫毕，崇国寺（即大隆善寺）之役又兴，所费动以数十万计，谓可以奉佛邀福，则往辙可鉴，何必竭府库有限之财为此无益之事”，希望宪宗能够“谨亡费以足国用”，结果被宪宗斥为“皆陈腐之言而妄自张大”。[⑦] 为了避免朝臣们对奉佛糜财的诟病，皇室在营寺活动中，也多打出内廷即皇家的旗号，而不是朝廷即国家的名义，并声称营寺之财力取自“内帑”，而不由所司调拨征用。如宣宗敕建大觉寺，称“木石一切之费悉自内帑，不烦外朝，工匠杂用之人计日给庸，不以役下”[⑧]；

---

① 《明英宗实录》卷183，正统十四年九月戊子。

② 《明史》卷164《杨浩》、卷162《章纶》。

③ （明）刘瑞：《五清集》卷19《奏草·端治本以光继述奏》，北京出版社四库未收书辑刊本。

④ 《明英宗实录》卷23，正统元年十月癸亥。

⑤ 《明英宗实录》卷183，正统十四年九月戊子。

⑥ 《明史》卷164《单宇》。

⑦ 《明宪宗实录》卷99，成化七年十二月庚寅。

⑧ （明）宣宗：《御制大觉寺碑》。

成化时宪宗敕修大隆善寺，也称“自出金帛僦工市材”[①]；敕修大圆通寺，“费出于内帑之资，与素蓄之材，工借于助役之卒，俱不以烦民”[②]。但无论是“内帑之资”，还是“素蓄之材”，无一不取之于民，明中叶民生凋敝，府库拮据，而诸帝建寺却无所顾惜，此即明末高僧袾宏所说的“殃民建寺”之属，“即广逾千顷，高凌九霄，梅檀为材，珠玉为饰，佛所悲怜而不喜者也。有过无功”[③]。看来，明中叶诸帝虽崇佛护法，但于佛教的发展并没有产生什么真正的助益，反而给佛教带来了十分消极的影响，无形中败坏了佛教的名声。另外，在频繁的营寺活动中，多以官军应役出工，少则千数百人，多则上万乃至数万人，严重影响了军队的操习与防务。景泰时，杨善就把土木堡明军之溃败归咎于平日因征之营寺而疏于操习：“太平日久，将卒相安。况此行只是扈从随驾，初无号令对敌，因四方无虞，只营修寺院而已，何曾操习？被尔虏兵陡然冲突，如何不走！”[④] 成化时，宪宗动辄调拨官军建寺，使之不堪应付。英国公张懋上疏建言：“京营军马所以威服天下，安危所系。迩来有所营造，须工程有不可已者，然后拨用，盖一时权宜也。今大圆通等寺，乃当此天热连雨之日，动拨官军修造，下情不堪。”希望宪宗暂止寺役。但宪宗以“寺乃朕皇祖考所建，年久倾圮，已命内官修理，物料具备，惟假人力一用”而拒绝停工。[⑤]

第二节　度僧的窳滥

依太祖时期定制，明皇室对度僧是有严格控制的。太祖以后，明成祖、明宣宗等也都能遵守太祖定制，坚持依例度僧，打击私度者，防止社会僧团规模的扩大与膨胀。成祖认为，“国家之民，服田力穑，养父母，出租赋以供国用。僧坐食于民，何补国家！”所以他不愿意大量百

---

① 《护国寺题名碑》，《石刻拓本汇编》第52册，第96页。

② （明）沈榜：《宛署杂记》卷18《恩泽》，明宪宗：《御制大圆通寺碑》。

③ （明）袾宏：《莲池大师全集》第7册，《窗竹三笔·护法》，台湾华宇出版社金陵刻经处影印本。

④ （明）李贤：《古穰杂录摘抄》，丛书集成初编本。

⑤ 《明宪宗实录》卷220，成化十四年六月甲辰。

姓流入寺院。永乐五年，直隶及浙江诸郡军民子弟私自披剃为僧者一千八百余人赴京冒请度牒，礼部奏闻，成祖极为恼怒，称“皇考之制，民年四十发上始听出家，今犯禁若此，是不知有朝廷矣。悉付兵部编军籍，发戍辽东、甘肃”[①]。同年，苏州府嘉定县僧会司以该县“旧有僧六百余人，今仅存其半”，奏请“以民之愿为僧者，令披剃给度牒”，也遭成祖申斥。[②] 永乐六年，成祖下诏礼部榜示全国，“令军民子弟、僮奴自削发冒为僧者，并其父兄送京师、五台山作工，毕日就北京为民种田及卢龙牧马。寺主僧擅容留者亦发北京为民种田”[③]。十六年，成祖又以“天下僧道多不通经典而私自簪剃，败辱教门”，因此令礼部定制并榜谕天下：“今后愿为僧道者，府不过四十人，州不过三十人，县不过二十人。限年十四以上、二十以下，父母皆允，方许陈告有司，邻里勘保无碍，然后得投寺观，从师受业。五年后，诸经习熟，然后赴僧道录司考试，果谙经典，始立法名给予度牒。不通者罢还为民。若童子与父母不愿，及有祖父母、父母无他子孙侍养者，皆不许出家。有年三、四十以上先曾出家而还俗及亡命、黥刺亦不许出家。若寺观住持不检察而容留者，罪之。”[④] 这基本上还是洪武时有关僧人额数、出家年龄、经业考核等方面旧制的重申。宣宗继位后，一方面注意清查潜隐于僧道中的“有罪之人”，另一方面则进一步严格经业考试，以限制日趋增多的出家者数量。宣德元年（1426），宣宗令礼部行文僧录司官员对申请度牒的行童进行清查，核对身份，之后再由礼部会同翰林院官、礼科给事中及僧司官员对行童进行考试，能通经典者方准给牒。[⑤] 考试后，“不通梵典”的僧童陈达高等451人被发归为民。宣德二年，礼部又奏请宣宗将赴京僧童中属额外滥收且不通经典者，遣归为民。同时，已在额内者亦需习经五年后，考试合格发给度牒。[⑥]

由于成祖和宣宗两朝能遵循祖制，严格控制了度牒出给，所以永乐

① 《明太宗实录》卷63，永乐五年正月辛未。
② 《明太宗实录》卷71，永乐五年九月庚午。
③ （明）李东阳等敕撰，申时行等奉敕重修：《大明会典》卷104《僧道》。
④ 《明太宗实录》卷205，永乐十六年冬十月癸卯。
⑤ 《明宣宗实录》卷19，宣德元年七月辛酉。
⑥ 《明宣宗实录》卷34，宣德二年十二月庚午。

到宣德时期，尽管民间私度现象并未能有效遏制，但社会僧团未曾过度发展。然而，宣德之后，虽然历代皇帝也都从政策角度不断申明太祖定制，但在实际上，皇室本身从崇佛和解决朝廷财政困难的立场出发，自坏章程，不断有随机度僧的事例，形成滥度倾向，再加上民间大量私度，从而造成僧人队伍的严重伪滥与膨胀。

首先是皇室因崇尚佛教而大量度僧。在定制年例之外度僧给牒，是皇室的特权。早在洪武十五年，灵谷寺迁建完工后，就“命度僧一千名，悉给度牒”，虽然当时尚无度僧名额和年例方面的定制，但一次敕度千僧，与太祖限制僧人数量的精神是相抵牾的。又如宣德时敕建大觉寺，宣宗特为住持僧智光“敕礼部度僧百余人为其徒”。则显然是违制度僧。而这种现象到正统、景泰、天顺及成化诸朝时就更加常见了。正统时，奉佛的专权宦官王振“请帝岁一度僧”[1]，由此将度僧年例由三年一次改为一年一次。于是，“掌邦礼者屈于王振之势，今年曰度僧，明年曰度僧，百千万亿，日炽月盛”[2]。正统五年（1440），“度僧道两万余人”[3]；正统六年，根据太皇太后懿旨，度僧一千名；[4] 正统八年，一次就度汉藏僧行 14300 人。[5] 其他一些宦官也违例奏请度僧。正统元年，都知监太监洪保就请度家人为僧，英宗诏许之，凡度僧 24 人。[6]

景帝即位后，有鉴于正统时度僧道过滥，曾“有旨不度僧道，既而以中旨度三万二千八百余人”[7]。所谓“中旨”即皇后之旨。《明英宗实录》卷二〇〇，景泰二年正月壬戌条载：“皇后懿旨，度僧三万。”但实际上司礼太监兴安在其中起着鼓动作用：“景泰二年正月，度天下僧道。先是僧道三年一度，帝特诏停之。至是太监兴安以皇后旨度僧道五万余人。于谦谏，不省。”[8] 兴安又请景帝“三年一度僧，至数万人”[9]。

---

① 《明史》卷 164《单宇》。

② 《明史》卷 164《尚褫》。

③ （清）龙文彬：《明会要》卷 39《职官十一僧道录司》，中华书局 1956 年版。

④ 《明英宗实录》卷 86，正统六年闰十一月丙寅。

⑤ 《明英宗实录》卷 101，正统八年二月戊申。

⑥ 《明英宗实录》卷 22，正统元年九月己未。

⑦ 《明英宗实录》卷 210，景泰二年十一月壬子。

⑧ （清）龙文彬：《明会要》卷 39《职官十一僧录司》。

⑨ （明）王圻：《续文献通考》卷 247《仙释考》，台湾新兴书局影印本。

普度僧徒，对僧行身份的勘验和经典的考核也必然放松或者流于形式，于是各地僧行风闻而至，以请牒为名聚集京师者动以万计，甚至多达数万。[①] 然而，当礼部议定“须申勘明白及通晓佛书者”，也即查验身份并考试经典合格者才能出给时，数以万计的僧行却“无一人赴（僧录）司者，盖畏避查考而然”，“各行童多有来历不明及不通经典之人，希求给度，则云集京师，闻知考勘则星散逃躲”，所以礼部于景泰五年六月奏请“移文各府州县依永乐中所定名额，内有缺者，依数起送给度，其来历不明及不通经释典者，宜勿度”。但景帝却“诏总计天下府州县原额之数悉度之，不须审勘，以致稽留”[②]。诏令中“总计天下府州县原额之数悉度之”，显然不是礼部所讲的原额内有缺者补度，而是不论原额有无空缺，都一律重新按原额出度。也就是说，按当时全国府州县总数计，又有大约四万人将会得到度牒。其中，北南两京实际上还得到了优待，各给度一千名。[③] 诏令“不须审勘”，则僧人须经审核考试后方能受牒的定制也被废弃了。但即使这样，仍不能完全满足需求。僧录司就采取“抓阄定数”的办法出给度牒，僧录司官员乘机营私舞弊，纳贿给牒，“过取银数万两”[④]。如此度僧，僧人队伍的冗滥就不可避免，也必然助长民间私度之风。景泰六年正月湖广巡按御史叶峦在上言中就指出：“今天下僧徒冗滥，败俗伤化。其间有因户内丁多求避差役者，有因为盗事发更名换姓者，有系灶丁、灶户负盐课而偷身苟免者，有系逃军逃匠惧捕而私自削发者。”[⑤]

景泰时，又开了纳粮出牒的先例。景泰二年，刑部侍郎罗绮由四川督运粮饷于贵州，除征用民力之外，他又奏准僧道纳粮出牒，凡“僧道赴彼纳米五石者，给予度牒”[⑥]。景泰四年，官军用兵播州，户部侍郎徐敬复以“四川之民财殚力乏”，难以赴运，奏准“拟数出榜，召人上纳便”[⑦]。于是便有僧人应召。七年，景帝即敕准给“遵例输米播州边

---

① 《明英宗实录》卷210，景泰二年十一月壬子；卷239，景泰五年三月乙丑。

② 《明英宗实录》卷242，景泰五年六月丁酉。

③ 《明英宗实录》卷243，景泰五年七月辛亥。

④ 同上。

⑤ 《明英宗实录》卷250，景泰六年正月戊戌。

⑥ 《明英宗实录》卷206，景泰二年七月辛亥。

⑦ 《明英宗实录》卷230，景泰四年六月己丑。

仓，以足军饷”的四川重庆等府僧胡德心等248人度牒。[①] 景泰五年，据户部奏请，景帝又敕令礼部“凡僧道请给度牒者，于通州运米二十石赴口外万全等处官仓交收，以备军用”[②]。僧人纳粮支牒，与明代商人纳粮边地支取盐引或茶引是相同的，是着眼于民力的纾缓而采取的权宜之计，部分满足了当时大量僧道对度牒的需求，但这无疑进一步冲击了官府对僧团的管理。第一，僧人取牒不再完全是免费，改变了太祖僧人普给度牒的定制；第二，僧人只需纳粮于官仓就可获度牒，则免去了身份勘验特别是经业考试，进一步加剧了僧人队伍的冗滥，特别是“其间有亡命军囚并作秏应戮之人，乘机混报，莫能辨正，适以辟奸顽之路”[③]。

英宗复辟后，务反景泰之政，对景泰时滥度僧人的做法也稍示厘正。天顺二年（1458），在大学士李贤的建议下，英宗诏此后度僧以十年为期。[④] 这一规定基本上为此后各朝所遵循。然而，实际上崇佛如故的英宗对度僧的控制并未从严。成化九年，礼部奏称从天顺元年至成化二年，总共度僧道132200多人，[⑤] 尽管其中主要系成化二年所度，但天顺时期随机度僧的现象显然是存在的。成化时期，一方面是宪宗主观上因崇信佛、道二教，而疏于对僧道行童给度的限制；另一方面，各地此起彼伏的灾荒和财力匮乏的窘境又在客观上迫使宪宗将鬻售度牒作为救荒之策，因而又形成度僧冗滥的局面。

成化二年，江淮地区灾荒严重，朝廷财力短绌，赈济无策，于是监察御史焦显等提出由僧道纳粮出牒，筹粮助赈：“各处僧道例该成化二年关领度牒，前此亦有奏请令纳米者。今乞申敕所司，查其见在曾经保勘起送者，填写度牒，遣官赍赴巡视淮扬都御史林聪处，定与地方。每度一人，令其纳米十石。未有勘结者，许赴都御史处告投完纳，俱与度牒。”根据焦显的奏请，宪宗敕令礼部“给度牒鬻僧，以赈饥民。巡抚淮扬都御史林聪处一万，每名纳米一十石；南京礼部五千，每名纳米十

① 《明英宗实录》卷271，景泰七年十月辛亥。

② 《明英宗实录》卷204，景泰五年四月癸巳。

③ 《明英宗实录》卷216，景泰三年五月己未。

④ （明）李贤：《古穰集》卷25《天顺日录》，文渊阁四库全书本。

⑤ 《明宪宗实录》卷120，成化九年九月癸巳。

五石；其各处僧现在京师者，每名纳银五两”。既然是让僧道掏腰包取牒，年龄上的限制也取消了。根据僧录司右阐教道坚的奏请，宪宗又准“额外给度僧道十五岁以上者五万名”[①]。到成化八年，总督漕运巡抚淮扬左佥都御史张鹏再次奏请出牒一万鬻僧道济荒，遭到礼部尚书邹干的反对，他认为“成化二年已度僧道一十三万有奇，今未及十年，不宜更启其端”。宪宗亦称：“僧道给度，不宜太滥。其鬻米之数所得几何，而所损于国家者多矣。其在官吏、监生尚不可以为常，况此辈乎！其勿许。”[②] 次年，山东被灾，巡抚左佥都御史牟俸又奏请发放空名度牒十万，“度僧道取银以助赈济”。宪宗初诏从其请，户部也“请令礼部出给空名度牒数万，令赴山东告给，每牒纳米二十石或银二十五两”[③]。但礼部以“僧道例必十年一度，自天顺元年至成化二年已度一十三万二千二百余人，今若先期特度于山东，则僧行道童必群聚于其地，反为骚扰”，宪宗“诏不必行”。[④] 此后，由于灾情缓解，成化十二年十年一度之期，所度僧道就明显有所控制，总计出给度牒一万三千三百余道。[⑤]然而，到成化二十年，山西、陕西大饥，灾情极为严峻，宪宗不得不敕令提前“预度”僧道六万人，允许浙江等地愿为僧道者，输粟赈济给以度牒。度牒出给一万时，户部又以陕西灾情更重，请再度六万人，各输银十二两取牒。礼部议后，奏“僧道十年一度，宜以前后所度七万准后二十二年该度之数，仍令天下有司照数类送”。宪宗从礼部所奏。[⑥]二十一年，礼部奏准分配“给度僧道七万定数于天下。大率僧不过五万人，道不过二万人，如道数不足，即补以僧。僧道录司官无得纷扰。两京神乐观并僧道录司及天下名山共七千八百人，十三布政司共五万二千人”[⑦]。但此次鬻牒度僧道却远远超出七万的限额，成化二十一年底，

---

① 《明宪宗实录》卷28，成化二年闰三月癸巳。

② 《明宪宗实录》卷104，成化八年五月戊戌。

③ 《明宪宗实录》卷119，成化九年八月丁丑。

④ 《明宪宗实录》卷120，成化九年九月癸巳。

⑤ 《明孝宗实录》卷112，弘治九年四月丙申；（清）谈迁：《国榷》卷37，成化十二年十月庚寅。

⑥ 《明宪宗实录》卷259，成化二十年十二月乙卯。

⑦ 《明宪宗实录》卷269，成化二十一年八月戊戌。

礼部又请度僧道行童 29960 名。[①] 到二十二年四月，礼部上奏已度僧道十一万人，“乞停止，从之”[②]。

此外，成化中宪宗眷待藏僧，也曾出牒度之。《明宪宗实录》卷二七三，成化二十一年十二月癸卯条载：

> 剌麻国师扎思巴宗奈奏乞度番僧。礼部欲遵成化二年例，以三千四百名数度之。上命礼部遣官督僧录司验其果系番人者给度，毋容冒滥。

“遵成化二年例”之句说明出牒度藏僧在成化初时就已行之。

成化时期三次度僧道，其总数在二十万以上，[③] 大大扩充了社会僧团的规模，特别是鬻牒度僧，抛开了对僧人身份、年龄及经业等各方面的勘验考核，进一步加剧了僧人队伍的冗滥。混迹于僧侣中的各种奸盗诈伪之徒也越来越多。成化十年，监察御史聂友就称“京城内外，多僧道聚集，日犯奸盗等罪，不可胜计”[④]。成化十二年，锦衣卫奏“京城内外盗贼生发，前后已捕获七百余人，其中强盗多系僧人”[⑤]。成化十五年，监察御史陈鼎奏苏州等地“累获强盗，多系僧人”[⑥]。而数以万计的度牒向社会兜售，也为有关官员从中谋利提供了可乘之机。成化四年，言官就弹劾时任礼部尚书的姚夔“用私灭公，贪财黩货”，借鬻牒之机收取巨额贿赂。[⑦] 成化十二年，又有人告发僧录司右善世道坚纵容其徒戒澄盗卖度牒。[⑧] 得皇帝宠信的僧录司左善世继晓，成化二十年还乡时，还曾乞宪宗敕给空名度牒五百。[⑨] 朝廷官度既已冗滥，民间私度就更会得以助长而难以遏制。“军壮丁私自披剃而隐于寺观者又不知其

---

① 《明宪宗实录》卷 273，成化二十一年十二月乙酉。

② 《明宪宗实录》卷 277，成化二十二年四月辛巳。

③ 参见白文固、赵春娥《中国古代僧尼名籍制度》有关明代部分。

④ 《明宪宗实录》卷 130，成化十年闰六月丙戌。

⑤ 《明宪宗实录》卷 150，成化十二年二月戊子。

⑥ 《明宪宗实录》卷 195，成化十五年十月庚子。

⑦ 《明宪宗实录》卷 58，成化四年九月庚午。

⑧ 《明宪宗实录》卷 156，成化十二年八月癸酉。

⑨ 《明宪宗实录》卷 258，成化二十年十一月庚寅。

几何。”①

明孝宗继位后，颇有振肃朝纲之志。在僧道出度方面，也鉴于宪宗朝度僧过多，听从左都御史马文升奏请罢行十年一度之例。弘治元年马文升在上奏中建议“将十年一度之例停止，待额数不足之日，所在官司照额起送给度。内外衙门不得指以救荒纳粟为由，奏请给度，违者科道官纠之”②。至弘治七年，又因礼部之奏，发布诏令，禁约各地僧道不许至京请给度牒。③ 然而，到弘治九年，却仍有僧人按照十年一度的旧例要求开度。当时，南京大龙兴寺左觉义发直等就奏请起送行童给度。礼部以“起开端，故违成命”对其进行弹劾。崇信佛教的孝宗却又改变了主意决定开度。他认为，虽然僧道额数过多，但自弘治以来却未尝开度，所以决定按十年一度之旧惯开度，要礼部“议处停当以闻”。时有言官极力谏阻，但均无济于事。六月，礼部奏上开度方案，其中建议“自后二十年、二十五年一次开度，当度之年照例施行。庶僧、道可渐复额内之制，而百姓不胥为缁黄之归矣”。孝宗达到了当年开度的目的，也就不在乎日后二十年还是二十五年一次给度。所以同意了礼部的建议。此次开度，孝宗诏北京准度八千名，南京五千名，而直隶及各布政司府州县则额内有缺者，需补充者保送至京。“仍令礼部会官审验考试，非赍有明文及实能背诵本教经典，不准收度。有扶同作弊致冒滥者，必罪不宥。”④ 此次开度，截至弘治十一年有13060名僧道行童取得度牒，⑤ 所度略多于派给两京名额的总和。这一方面说明成化朝度僧道早已溢额，各布政司府州县实在是没有多少缺额可补；另一方面也说明出度过程中勘验考试是比较严格的。所以，弘治朝虽然最终没有罢停十年一度僧道的旧例，但停止了鬻牒之举，开度时，又强调对僧行道童的身份勘验与经业考试，所以并没有重蹈前朝滥度的覆辙。

明武宗不但好佛，而且行事荒诞，率性而为，各种“祖制”对他都

① （清）高宗敕编：《明臣奏议》卷6，马文升：《陈治道疏》（弘治元年），丛书集成初编本。

② 《明孝宗实录》卷10，弘治元年四月庚戌。

③ 《明孝宗实录》卷112，弘治九年四月丙申。

④ 《明武宗实录》卷37，正德三年四月乙亥。

⑤ 《明孝宗实录》卷145，弘治十一年十二月丁巳。

失去了约束力，在度僧方面同样也不循守旧例。正德二年（1507），僧录司左善世定等奏请按照十年一度的旧例开度僧道。时礼部侍郎张潆等认为“前此度僧道视额数已逾十倍，今止照缺度补，不可滥度，以蠹耗民财，阴损户口”，但武宗不听，仍诏令度僧三万名，道一万名。[①] 次年，又依兵部建议，开僧道给度牒纳银事例。“发僧牒二万、道牒二千于在京及直隶、山东、山西、河南、陕西、辽东、宣府、大同地方，每僧纳银十两或八两，无力者勒令还俗。”[②] 由于崇好藏传佛教，“欲广度习其教者”，武宗还曾敕令开度藏僧行童。一次是正德五年，“准给番僧度牒三万，汉僧、道士各五千”。但度牒印毕后，却贮于宫中文华殿，并没有出给。[③] 到正德八年，武宗又“赐给”大庆法王番行童度牒三千，“听自收度”[④]。

嘉靖初年，鉴于前期对度僧控制不力，形成“僧道太盛”的局面，经霍韬等人奏请，世宗曾下“今后永不许开度”之诏，[⑤] 但世宗崇道，所以嘉靖时期仍大量开度道士，僧牒则很少出给。

第三节　对藏僧的供养与眷待

一　大批藏僧留住京师

明中期皇室与藏传佛教仍然保持着十分密切的关系，特别是大批藏传佛教僧人留住于京师寺院，与皇家暨宫廷过从极密，可以说是明中期皇室与藏传佛教关系的一个缩影。如前所述，明代藏僧留住京师寺院始于洪武时期。永乐时期，一方面，明朝廷与藏传佛教各派及其僧团之间建立了更为广泛和密切的联系，交往也更加频繁；另一方面，成祖本人又“兼崇其教”，对藏僧在宗教、政治以及经济等各方面所给予的优待也越来越多，以故“其徒争欲见天子邀恩宠，于是来者趾相接”[⑥]。一

① 《明武宗实录》卷26，正德二年五月癸卯。

② 《明武宗实录》卷37，正德三年四月乙亥。

③ 《明武宗实录》卷68，正德五年十月庚寅。

④ 《明武宗实录》卷106，正德八年十一月辛未。

⑤ 《明世宗实录》卷83，嘉靖六年十二月戊申。

⑥ 《明史》卷331《西域三》。

些藏僧还奉诏至京师讲经传法。清《甘肃新通志》卷九八《志余·仙释》载：“失利藏卜，住武威菩提寺，有戒行，永乐七年召至南京鸡鸣寺讲经，名动一时。”[①] 藏僧中也有人与成祖的关系十分亲近。如西宁藏僧张答里麻“以通译书得进，而机警善应对，久之得补僧官，上信任之。恩宠日厚，遂骄蹇放恣。凡番僧朝贡者，必先至答里麻所，然后达于上。或有除授赍予，皆谓由己致之。又冒请护敕、度牒，拘留国师等诰、印、图书，招纳逋逃。为僧交通西番，侵夺各寺院山园田地。其父显凭借势焰，擅作威福。西宁之人倾意张氏，如不知有朝廷者”[②]。宣宗执政时期，延续了成祖崇好藏传佛教的政策，对藏僧“礼之益厚”[③]。宣德二年和九年，他先后派太监侯显和中官宋成等赍敕往西藏各地进行宣赐活动，[④] 继续加强与藏地僧团之间的关系。宣德九年，西天佛子释迦也失再次入朝，宣宗遣成国公朱勇和礼部尚书胡濙持节册封为“万行妙明真如上胜清净般若弘照普应辅国显教至善大慈法王西天正觉如来自在大圆通佛”[⑤]。宣宗本人对藏密也很感兴趣。据藏史记载，他曾命来自岷州的藏僧班丹札释在京师大隆善寺编撰和翻译许多藏密方面的著述和仪轨。同时还召班丹札释入宫，接受其密宗灌顶。[⑥] 由于皇帝的喜好和荣宠，永乐及宣德两朝，特别是迁都之后，进京驻锡的藏僧越来越多。至“宣宗末年，入居京师各寺者最盛”[⑦]。宣德十年（1435），英宗继位，礼部议减留京各寺藏僧691人；正统元年（1436），礼部议再减450人。[⑧] 这两项相加就有1141人之多。由于京寺藏僧人数不断增加，朝廷相应的开支也越来越大。宣德以来，“番僧数等，曰大慈法王、曰西天佛子、曰大国师、曰国师、曰禅师、曰都刚（纲）、曰剌麻，俱系光禄寺

---

① （清）升允等修，安维峻等纂：《甘肃新通志》，清宣统元年刻本。

② 《明太宗实录》卷113，永乐十七年三月辛酉。

③ 《明史》卷331《西域三》。

④ 《明宣宗实录》卷27，宣德二年四月辛酉；卷109，宣德九年三月戊寅。其中侯显更远涉尼八剌国。

⑤ 《明宣宗实录》卷111，宣德九年六月庚申。

⑥ 《安多政教史》第642页。

⑦ （明）沈德符：《万历野获编》卷27《释道》，中华书局1959年版。

⑧ 《明英宗实录》卷2，宣德十年二月戊辰；卷17，正统元年五月丁丑。

支待。有日支酒馔一次、三次，又支廪饩者，有但支廪饩者”[①]。英宗初政，诏“凡事俱从减省”[②]，故礼部以此为据，议减京寺藏僧。但英宗本人对藏传佛教颇为崇信，对裁减藏僧并不持坚决态度。所以正统元年礼部第二次议减留京藏僧时，英宗“命大慈法王、西天佛子二等不动，其余愿回者听，不愿回者，其酒馔饩廪令光禄寺定数与之”[③]。这实际上是让藏僧本人决定去留，朝廷并不进行干预。大慈法王即释迦也失，在宣德九年入朝后，便一直留在了京师。西天佛子系指驻锡能仁寺的汉僧智光。[④]

英宗之后，明代宗、明宪宗、明孝宗及明武宗都是崇佛的皇帝，对藏传佛教又都有浓厚的兴趣，特别是明宪宗和明武宗更是沉溺其中。“成化初，宪宗复好番僧，至者日众。札巴坚参、札实巴、领占竹等，以秘密教得幸，并封法王。其次为西天佛子，他授大国师、国师、禅师者不可胜纪。四方奸民投为弟子，辄得食大官，每岁耗费巨万。廷臣屡以为言，悉拒不听。”[⑤] 据成化二十一年礼部尚书周洪谟所奏，当时仅大慈恩、大能仁及大隆善三处寺庙就有藏僧千余人之多，[⑥] 其中不少人还收授汉人子弟为徒。汉人充为藏僧，或是由于“百姓逃避差役，多令子弟从学番教”，或是由于藏僧“多诱中国军民子弟收以为徒”[⑦]，而皇室对藏僧隆厚的优待，也吸引一些汉人“习为番教，以图宠贵”[⑧]，所谓“帝信番僧，有封法王、佛子者，服用僭拟无度。奸人慕之，竞为其徒”[⑨]。为削减开支，在礼部尚书姚夔等人的奏请下，宪宗在成化初年对此进行了清理：“中国人先习番经有度牒者已之，无度牒者清出。今后中国人不许习番教。”[⑩] 但汉人“冒滥”的现象并未杜绝，所以到成化二十一年，礼部尚书周洪谟又奏请“令给事中、御史核其本出西番簇

---

① 《明英宗实录》卷17，正统元年五月丁丑。

② 《明英宗实录》卷2，宣德十年二月戊辰。

③ 《明英宗实录》卷17，正统元年五月丁丑。

④ 《明史》卷331《西域三》。

⑤ 同上。

⑥ 《明宪宗实录》卷260，成化二十一年正月己丑。

⑦ 《明孝宗实录》卷2，成化二十三年九月丁未。

⑧ 《明宪宗实录》卷58，成化四年九月己巳。

⑨ 《明史》卷177《姚夔》。

⑩ 《明宪宗实录》卷59，成化四年十一月庚辰。

者，听其去留，冒滥者悉令还俗”。但宪宗只表示“今后汉人冒为之者必罪不宥”[①]，对已“冒滥”者是否清理则未置一词。

孝宗初政时，京师寺院中受朝廷供养的藏僧人数仍在千人以上，“番僧入中国多至千余人”[②]。在朝中言官的强烈要求下，孝宗以“法王、佛子、国师、禅师，番僧冒滥，升赏糜费数多，命礼部即审处以闻”。随后，礼部上疏请求“命法王、佛子降国师、国师降禅师，禅师降都纲，自讲经以下革职为僧，各遣本土、本寺或边境居住。仍追夺诰敕、印信、仪仗，并应还官物件。内降职留为大慈恩等寺住持者五人，革职留随住者十人。集汉人习学番教者，不拘有无官职度牒，俱发回原卫有司当差。如隐冒乡贯自首改正者，许换与度牒”[③]。但不少藏僧却并不愿意离开京师，如大能仁寺藏僧锁南坚参“自法王降为国师，勒还本土，久而未发”，弘治二年，“其徒为之请留京师大能仁寺。许之”[④]。至弘治四年，被允许留下来的藏僧人数增加到了 128 人。《明孝宗实录》卷四八，弘治四年二月丁巳条载：

> 初，番僧既逐去，止留乳奴班丹等十五人。后多潜住京师，转相招引，斋醮复兴，糜费渐广，六科十三道再劾。下礼部会议，请如前旨逐之。得旨：“斋醮此后俱减省，番僧留一百八十二人，余悉遣之。”

尽管如此，由千余人减至不足二百人，京师藏僧的人数在弘治初还是大幅萎缩了。但孝宗“初政渐不克终”[⑤]，初上台时实行的各项政策大都不能持久，留京藏僧的人数肯定也会有所递增。

武宗上台，掀起了明朝历史上宫廷中崇奉藏传佛教的一个高潮，以故“番僧复盛”[⑥]。尽管史籍中有关正德朝京寺藏僧的人数缺乏记载，

---

① 《明宪宗实录》卷 260，成化二十一年正月己丑。

② 《明孝宗实录》卷 2，成化二十三年九月丁未。

③ 《明宪宗实录》卷 4，成化二十三年十月丁卯。

④ 《明孝宗实录》卷 22，弘治二年正月丙寅。

⑤ 《明史》卷 180《张弘至》。

⑥ 《明史》卷 331《西域三》。

但以武宗对藏传佛教沉溺和对藏僧眷顾的程度，其人数应有相当规模。

明世宗执政后，倡导“革故鼎新”，以图“兴道致治”，武宗所崇信藏传佛教和藏僧亦成为其革除的对象。第一，召回武宗差使“取佛”的内官，令其“诏书到日，即便回京”；第二，令工部、锦衣卫及言官查勘拆毁武宗于内禁所建佛寺、神庙，并刮销内宫及保安寺诸处佛像金屑；第三，凡“正德元年以来传升、乞升法王、佛子、国师、禅师等项，礼部尽行查革，各牢固枷钉，押发两广烟瘴地面卫分充军，遇赦不宥。近日奏讨葬祭，一切停革。其中有出入内府、住坐新寺、诱引蛊惑，罪恶显著、见在京者，礼部通查明白，锦衣卫还拿送法司问拟罪名，奏请定夺”[①]。其后，世宗“崇道教，益黜浮屠，自是番僧鲜至中国者”[②]。因此，嘉靖时期，京寺藏僧人数锐减。但尽管如此，大慈恩、大隆善诸寺仍为不少藏僧驻锡。嘉靖二十二年，世宗以大慈恩寺靠近内禁，下令拆毁寺院，“驱置番僧于他所”[③]。说明直到大慈恩寺被毁之前，寺内藏僧不少。而寺院拆毁后，这些藏僧也并未被遣返，只是被“驱置”其他寺院而已。大隆善寺则始终是在京藏僧的大本营。近人陈宗藩《燕都丛考》载大隆善寺有嘉靖二十二年时《敕建大隆善护国寺藏卜坚参承继祖传住持碑记》，碑阴额曰“续焰联芳”，下皆藏僧名，表明嘉靖中寺院住持僧仍有藏僧，则藏僧在寺院中必有相当势力。因此，隆善寺也带有相当明显的藏传佛教色彩。明人蒋一葵记载：“寺内有番僧舍。其曼殊诸大士像蓝面猪首，遍身带人头，有十六足骈生者，所执皆兵刃，形状可骇。僧言乌斯藏所供多此像云。”[④]

嘉靖之后，宫廷中佛教力量强力反弹，藏传佛教的影响也有所恢复。隆庆时，穆宗下令重新修葺长期遭冷落而敝败的番经厂，神宗嗣位后，续修之使竣工。而藏僧在京师的活动也逐渐增多。诸多藏僧还奉旨前往塞外为蒙古各部“传经”讲法，在明蒙之间起了不可忽视的联结作用。

明代留京藏僧的挂锡之处，南京时期如前所述主要是鸡鸣寺。迁都

① 《明世宗实录》卷1；（明）范守正：《皇明肃皇外史》，四库全书存目丛书影印本。

② 《明史》卷331《西域三》。

③ 《明世宗实录》卷272，嘉靖二十二年三月癸条。

④ （明）蒋一葵：《长安客话》卷1《皇都杂记》。

后，藏僧最为集中的寺院为北京大能仁寺、大隆善寺和大慈恩寺。

除上述三寺外，兴教寺、保安寺、兴隆寺、宝庆寺等都有藏僧驻锡。

兴教寺，位于北京西直门外，此寺原为司设太监王助施营，王助故后，宪宗于成化二十一年赐为大兴法王结斡领占“焚修之所”，以国师札巴藏布为寺提督，讲经索诺木巴勒丹兼主持，都纲章台阳扎巴为主持，朝夕领众焚修。并令有司除豁寺属土地应征粮草，颁护敕。[①]

保安寺为正德间藏僧大德法王绰吉斡些儿所居寺院。[②]

大兴隆寺、宝庆寺两寺有藏僧的记录分见于《明英宗实录》卷一六八，正统十四年十二月己未条和卷十七，正统元年五月丁丑条。

二 诸帝耽溺藏密

出于笼络和利用藏传佛教僧团的政治需要，明朝廷对藏僧采取了种种优礼政策。大批藏僧之留住京寺本身也是皇家优礼的一种体现。但自成祖以来，特别是以宪宗和武宗为代表的明中期诸帝或崇奉藏传佛教，或者迷信其中带有神秘色彩的种种“道术”、“秘法”之类，因此，皇帝对藏僧的眷注也自然带有个人崇信的因素。明中期诸帝又大多荒怠政事，修佛事、兴斋醮成为皇帝宫廷生活的内容之一，而酬应皇帝个人宗教生活的需求便成为京寺藏僧活动的一个重要内容。

明中期诸帝中，对藏传佛教最感兴趣的是宪宗和武宗二人。明宪宗于佛、道两教“俱极崇信”，佛教方面则是汉、藏并重。宪宗初即位，就召藏僧入宫诵经。“番僧入内诵经，至晚乃出。”[③] 随后不少藏僧就以所谓“秘法”进身，如札巴坚参、札实巴及领占竹等都“以秘密教得幸，并封法王”[④]。这些僧人“献顶骨数珠，进枯髅法碗，以污秽之物，冒升赏之荣”；“斫枯髅以为法碗，行净至宫，穿朽骨而作念珠，登坛授戒”[⑤]。以顶骨为数珠、骷髅为法碗，均属藏传密宗做法；而所谓

---

① （清）于敏中等：《日下旧闻考》卷97《明宪宗兴教寺成化敕旨碑》。

② （清）吴长元：《宸垣识略》卷7《内城三》，北京出版社1964年版。

③ （明）沈德符：《万历野获编》卷27《释道》。

④ 《明史》卷331《西域三》。

⑤ 《明孝宗实录》卷2，成化二十三年九月丁未。

“秘法”，沈德符《万历野获编》之《补遗》卷四认为即“胡元演揲儿法也”。《元史》谓：“演揲儿，华言大喜乐也。”“其法亦名双修法。曰演揲儿，曰秘密，皆房中术也。”[①] 由此可见，明代诸帝对藏传佛教的主要兴趣之一便是此类房中秘术。因此，在内宫中也多供有所谓具“夷鬼淫邪之状”即充满藏密色彩的佛画、佛像。

弘治时期，尽管对留京藏僧进行了大幅度减裁遣返，但崇信佛教的明孝宗对藏传秘法似乎也有很大的兴趣。召藏僧领占竹回京颇能反映这一信息。领占竹系川边藏僧，成化中“进贡入京，钦留大慈恩寺住坐”[②]。《明孝宗实录》卷八十，弘治六年九月戊午条载礼科给事中夏昂等奏中称其“先因献顶骨数珠、骷髅法碗叨冒升赏”，显然也是一个利用密法而得到宪宗皇帝信任的人。成化十年领占竹由觉义升授灌顶大国师，并赐金印。[③] 不久，又封为西天佛子，赐给印信，[④] 十八年，封为“万行清修真如自在广善普慧弘度妙应掌教翊国正觉大济法王西天圆智大慈悲佛”[⑤]，封号长达三十四字，其内“掌教”两字，更反映宪宗对此人之尊崇程度。明孝宗继位后，领占竹被遣回四川，寄住于峨眉山光相寺，但他对宫中的影响却依然存在。弘治六年，孝宗即传旨“行取”领占竹回京师大慈恩寺，礼部和诸言官担心“倖门一开，夤缘效尤，不可杜塞”[⑥]，因之“交章力谏，事乃寝”[⑦]。但孝宗对领占竹却始终注念不已。弘治十四年，领占竹“奏乞赴京祭扫其师坟塔，礼部以其意图复用，请究治之。有旨不听，其来亦宥不治”[⑧]。次年，在朝臣的一片反对声中，孝宗最终还是将领占竹召回了京师。[⑨] 弘治中后期，孝宗对藏传佛教的兴趣似乎越来越浓，一些藏僧也被召入宫中作佛事。弘治十二

---

① 《明武宗实录》卷95，正德七年十二月壬寅。

② （明）张萱：《西园闻见录》卷105《二氏后·佛》，全国图书馆文献缩微复制中心中国文献珍本丛书本。

③ 《明宪宗实录》卷125，成化十年二月癸未；卷127，成化十年四月癸未。

④ 《明宪宗实录》卷172，成化十三年十一月辛卯。

⑤ 《明宪宗实录》卷222，成化十七年十二月壬戌。

⑥ 《明孝宗实录》卷80，弘治六年九月癸卯。

⑦ 《明史》卷331《西域三》。

⑧ 《明孝宗实录》卷172，弘治十四年三月己巳。

⑨ 《明孝宗实录》卷186，弘治十五年四月丁卯；卷188，弘治十五年六月甲申。

年，清宁宫成，孝宗即召大能仁寺藏僧那卜坚参等“设坛作庆赞事三日”。大学士刘建称“未闻于宫闱之内建立坛场，聚集僧道，有如此者”，请“速颁严诏，将所建番坛即时撤去，各寺胡僧尽行斥出，使宫闱清静，政教休明”。但孝宗认为“宫殿新成，庆赞亦先朝旧典，其置之”。既而，府部科道诸臣又极言谏之，孝宗则以“庆赞之事，乃因旧典举行。此后事朝廷自有处置”之语相搪塞。[①] 另外，藏僧札巴坚参、著乩领占、朵儿只巴及西天僧释迦哑塔诸人都颇得孝宗恩宠。

明武宗对藏传佛教极为沉溺，其于“佛经、梵语无不通晓”[②]，在位“十数年间，武宗或胡帽或紫衣或持咒或结印，往往传播民间”[③]。他“亲习西番梵呗，与番僧辈演唱于禁中”[④]；“诵习番经，心皈其教，尝被番僧服，演法内厂，绰吉斡些儿并左右侍作沙门弟子”[⑤]。武宗继位之初，藏僧那卜坚参、班丹罗竹等即“出入禁掖”，与道士陈应循等“各率其徒，假以祓除荐扬，数入乾清宫，几筵前肆无避忌。京师传闻，无不骇愕”[⑥]。武宗甚至于禁内建寺塑佛，召藏僧于内，“群聚诵经，日与之狎昵”[⑦]，后来又“于西华门内豹房之地，建护国禅寺，延住番僧日与亲处”[⑧]。被封为“法王”的藏僧乳奴班丹、绰吉斡些儿等人都甚得武宗宠信，出入豹房。[⑨] 绰吉斡些儿本是大乘法王所遣贡使，“上留之得幸”，居于保安寺，并封为大德法王。正德十年，武宗命其徒领占绰吉儿、绰供札失为正副使，“还居乌思藏，比大乘法王例入贡，且为两人请国师诰命及入番熬设广茶”，“熬设广茶”，即是广行布施之谓。礼部尚书刘春以此举“沮坏茶法，骚扰道路”相谏，武宗“诏仍与诰命，而罢设茶敕”。结果两人乘传而归，“辎重相属于道，所过烦费，

---

① 《明孝宗实录》卷155，弘治十二年十月戊申。

② 《明武宗实录》卷64，正德五年六月壬辰。

③ （明）张萱：《西园闻见录》卷105《二氏后·佛》。

④ （明）沈德符：《万历野获编》卷27《释道》。

⑤ （清）毛奇龄：《明武宗外纪》，上海书店1982年版，第15页。

⑥ 《明武宗实录》卷192，正德十五年十月甲寅；卷1，弘治十八年五月壬子。

⑦ 《明武宗实录》卷24，正德二年三月癸亥。

⑧ 《明武宗实录》卷117，正德九年十月甲午。

⑨ 《明武宗实录》卷99，正德八年四月己酉；卷121，正德十年二月戊戌。

行道避之，无贵贱皆称两人国师云”①。武宗召藏僧于宫中讲法，还令宫女受听。王世贞《正德宫词二十首》中“西师入座讲莲经，敕取姪娥取次听”之句即指此。②《武宗外纪》又载武宗还在宫中举办剃度仪式，亲自为宫女们剃发授戒。“西宫大答应宫人有愿祝发为尼者，上作剃度师亲为说法置番经厂中”③，形同闹剧。武宗出行，也常常令藏僧随从。如正德十五年，武宗驾幸已故学士靳贵家，“时柩在堂上，上抚临嗟叹之，命所从番僧为诵经荐福”④。

武宗又自号“大庆法王”。正德五年，令“铸大庆法王西天觉道圆明自在大定慧佛印，兼给诰命”，“及铸成，定为天字一号云”。⑤武宗尝以“大庆法王”名义给藏区佛寺赍送供施。《明武宗实录》正德八年二月辛亥条载：

> 大隆善寺大庆法王领占班丹等谋往陕西临洮、临、巩、岷等处设熬广茶而还，因献驼马求赏。礼部执奏无例，诏特给之。

西藏布达拉宫尚保存有“大庆法王”于正德十四年“发心绣施”之普贤菩萨像。其落款为“大明正德十四年九月二十四日大护国保安寺秉秘密教掌西方坛大庆法王领占班丹发心绣施”⑥。从这一落款来看，武宗显然是以密教教主自命的。

另外，明蒋一葵《尧山堂外纪》卷九十四则载武宗又自号为“大宝法王”：

> 武庙乐以异域事为戏，又更名以从其习……学西番剌麻僧教，则自名为“大宝法王领占班丹”。尝命工人作盈尺小画，上数层，画喜佛及供养物。所画佛如番僧披衣而坐者，盖即上自状。轴下横

① 《明武宗实录》卷121，正德十年二月戊戌。

② （明）朱权等：《明宫词》，王世贞：《正德宫词二十首》，北京古籍出版社1987年版。

③ （清）毛奇龄：《明武宗外纪》，第15页。

④ （明）幻轮：《释氏稽古略续集》卷3。

⑤ 《明武宗实录》卷64，正德五年六月庚子。

⑥ 欧朝贵：《大庆法王领占班丹绣施普贤菩萨像考释》，《西藏研究》1987年第2期。

书正德十四年九月二十四日，大护国崇圣寺大宝法王领占班丹。字用金书。以此画施于近侍诸阉。

所谓“喜佛”，正是密宗中佛双修之相，则武宗对藏传佛教的兴趣也仍在“演揲儿法”之类。“大宝法王”为噶玛噶举派领袖之封号，有“领天下释教”之名义，武宗以此自号，大概也是要给自己一个“领天下释教”的“法王”名义。

正德十年（1515）派太监刘允往乌思藏迎佛的举动，更是武宗崇佛行为的极致，朝野为之轰动。是年，大宝法王（此为噶玛巴第八世弥觉多吉）遣使锁南巴坚参藏卜等进贡。武宗即在一些亲信宦官的鼓动下，效法永乐时成祖遣中官迎哈立麻故事，派司设太监刘允往迎。《明武宗实录》正德十年十一月己酉条载：

命司设监太监刘允往乌思藏送番供等物。时左右近幸言西域胡僧有能知三生者，土人谓之活佛。遂传旨查永乐、宣德间邓诚、侯显奉使例，遣允乘传往迎之。以珠琲为幡幢，黄金为七供，赐法王金印、袈裟及其徒馈赐以巨万计，内库黄金为之一匮。敕允往返以十年为期，得便宜行事。又，所经路带盐、茶之利，亦数十万计。允未发，导行相续，已至临清，运船为之阻截。入峡江，舟大难进，易以艕艒，相连二百余里。至成都，有司先期除新馆，督造旬日而成。日支官廪百石，蔬菜银一百两。锦官驿不足，傍取近城数十驿供之。又治入番物料，估值银二十万。镇巡争之，减为十三万。取百工杂造，遍于公署，日夜不休。居岁余始行。率四川指挥、千户十人，甲士千人俱西，逾二月至其地。番僧号佛子者，恐中国诱害之，不肯出。允部下人皆怒，欲胁以威。番人夜袭之，夺其宝货、器械以去。军职死者两人，士卒数百人，伤者半之。允乘良马疾走，仅免。复至成都，仍戒其部下讳言丧败事，空函驰奏乞归。时上已登遐矣。

武宗遣使迎佛之举，是明中期藏传佛教在宫廷中影响力的一种体现，也是武宗耽溺藏密的率性之举，所以一开始就遭到朝臣们的激烈反对。包括大学士梁储、监察御史徐文华、礼部尚书毛纪等在内的一大批官员都曾上书谏阻，指出“迎佛”之举“劳费重大”，于国计民生有害无益。要求武宗收回成命，罢止遣使。为了应付众多朝臣们的反对，武宗不言“迎佛”，而只是宣称“赍送番供”，但当礼部尚书毛纪建议“以将赐番诸物，付其使锁南坚参巴藏卜等顺赍以回”时，武宗则谓之“已有成命，锁南坚参巴藏卜等十名仍俟刘允同行”[①]。可见其“赍送番供”实为掩人耳目而已，正如徐文华所说“本欲迎佛复讳之耳”[②]。刘允出使前后历时五年多，耗费的人财物力和对地方官民的种种扰害不可胜计，其结果却是“丧败”而归，迎佛活动竟至演变成为一场冲突。在明中期社会矛盾日趋激化，特别是帑藏匮乏，民力疲困的状况下，武宗却兴师动众送供迎佛，这本身就是宫廷生活颓唐委靡的一种反映，影响是十分消极的。

三　眷待藏僧

衣食供养。明中叶，藏僧留居京师寺院者数以千计，明诸帝对这部分僧人给予了各种优待和殊荣。首先，“番僧在京者，安之以居室，给之以服食”[③]，即他们是受朝廷衣食供养的一个特殊群体。如前所述，明英宗即位之初，减裁在京诸寺藏僧的数量，就是由于供养费用太多。但由于在京诸寺藏僧的人数并没有真正减少，供养之费始终是朝廷一笔不小的开支。所以代宗初继，工科给事中陈宜又奏请减省对在京诸藏的供养。他指出，“在京大兴隆寺等处国师、剌麻、番僧，逐日光禄寺酒肉供给，所费颇繁”，“乞今后国师、剌麻人等止给食米、柴薪，暂止酒肉供亿”[④]，然而，景泰二年代宗不仅令光禄寺“照旧日支国师、禅师、僧官、剌麻五百八人下程酒肉等件”，而且还要求对国师的供应要加倍。[⑤]

除衣食供养之外，京寺藏僧还被允许占用和役使大量会同馆馆夫、

① 《明武宗实录》卷136，正德十一年四月丁丑。

② 《明武宗实录》卷132，正德十年十二月丙辰。

③ 《明武宗实录》卷132，正德十年十二月庚申。

④ 《明英宗实录》卷186，正统十四年十二月己未。

⑤ 《明英宗实录》卷207，景泰二年八月甲申。

乃至军校。正统六年，会同馆大使姬坚等奏称“大慈恩等寺分住国师、禅师、剌麻阿木葛等三百四十四人，占用馆夫二百一十三人，有放回办纳月钱、牧放马匹及供给马草（者）。及至外国四夷使臣到馆，乏人供应，不得已而雇觅市人代之”。他建议“取回在寺馆夫，议定多寡之数而与之。国师、禅师每员二人；觉义、都纲每员一人，务令恒在寺供应，不许疏放”。英宗命“大国师班丹札释、阿木葛每员与十人，剌麻十人与二人，其著为令”①。到成化时，宪宗对藏僧眷待有加，供藏僧役用的侍从人数也十分庞大。成化二十三年礼部奏称：“大慈恩等寺法王、佛子、国师等职四百三十七人，及剌麻人等共七百八十九人，光禄寺日供应下程并月米及随从馆夫、军校动以千计。”②

封赐名号。名号之封既是朝廷对藏僧宗教地位的一种肯定，又是给予藏僧的一种社会荣誉。洪武时期，明太祖仅给故元摄帝师喃迦巴藏卜及西藏帕木竹巴首领章阳沙加等极少数人授予国师或大国师名号。永乐时期，“自阐化五王及二法王外，授西天佛子者二，灌顶大国师者九，灌顶国师者十有八，其它禅师、僧官不可悉数”③。尽管封授渐广，但获封者都是藏区各地宗教和政治上具有不同程度影响的上层藏僧，尚无滥封之举。宣德九年，格鲁派僧人释迦也失入朝，明宣宗“留之京师”，并命成国公朱勇和礼部尚书胡濙“持节”封其为“大慈法王”。此后，明代宗于景泰三年封班丹札释为“大智法王”④，景泰七年又封大隆善寺藏僧沙加为“广通精修妙慧阐教弘慈大善法王”⑤。至成化朝，更以太监传奉圣旨的形式使数以千计的京寺藏僧得到封授。“番僧留京闲住者，往往自都纲、禅师升至国师、佛子、法王等职，给与金银印信、图书。其有病故，徒弟承袭。”⑥ 受封的法王、佛子、国师、禅师之类又往往受赐金银印信、诰敕及仪仗等以示庄重和荣耀。成化中，大学士商辂曾“奏准番僧授职不系本土管事者不与信印”，即不再给京寺

① 《明英宗实录》卷79，正统六年五月甲申。

② 《明孝宗实录》卷4，成化二十三年十月丁卯。

③ 《明史》卷331《西域三》。

④ 《明英宗实录》卷222，景泰三年十月壬子。

⑤ 《明英宗实录》卷268，景泰七年七月辛巳。

⑥ 《明宪宗实录》卷155，成化十二年七月癸亥。

藏僧颁授印信，但此一禁例很快就被宪宗废弃了。[①]

孝宗初政，对宪宗朝滥封留京藏僧的弊政加以厘革，“命法王、佛子降国师，国师降禅师，自讲经以下革职为僧，各遣回本土、本寺或边境居住。仍追夺诰敕、印信、仪仗，并应还官物件”[②]。但弘治中后期，孝宗又以传奉形式升授原由法王降为国师的札巴坚参、著乩领占、朵儿只巴等人为西天佛子。[③] 其他通过传奉升授为大国师、国师及都纲、觉义者也为数甚多。

至武宗朝，京寺藏僧封授之滥又堪与宪宗朝相比。获法王之封者就有八人之多。

除了宗教名号之外，诸帝还把僧录司善世、阐教、讲经及觉义等僧职作为额外缺授予藏僧。如前述鸡鸣寺藏僧星吉监藏为右觉义；永乐时，藏僧张答里麻因受太宗宠信而授左觉义；景泰时被封为“大智法王”的班丹札释曾为右阐教；[④] 成化时被追封为“大敏法王”的端竹也失则先后为右阐教、左阐世。[⑤] 成化与正德两朝因传奉而得僧职的留京藏僧就更多了。

修寺、营葬、造塔。明代敕建的藏传佛教寺院以西宁瞿昙寺、河州弘化寺和岷州大崇教寺最具影响。瞿昙寺如前所述为西宁藏僧三剌所建而由太祖赐名。永乐时成祖敕令三剌之侄班丹藏卜和端约藏卜住持寺院，并于永乐十六年诏令扩建寺院，“钦建中殿并两廊、山门、禅阁。宣德二年二月内，钦建隆国殿，赐予宝器极多”[⑥]。景泰时，景帝差内臣往瞿昙寺施赏金银等物并修葺殿宇，动用的工匠及军夫有数千人之多。[⑦] 天顺间，应瞿昙寺大国师领占藏卜之请，英宗又敕为该寺修建了防护性的墙垣和壕沟。[⑧] 瞿昙寺僧人则先后获封大国师、国师、禅师及

① 《明宪宗实录》卷172，成化十三年十一月壬午；卷179，成化十四年六月丁未。

② 《明孝宗实录》卷4，成化二十三年十月丁卯。

③ 《明孝宗实录》卷108，弘治九年正月壬午；卷151，弘治十二年六月丙辰；卷182，弘治十四年十二月丁巳。

④ 《明宣宗实录》卷12，洪熙元年十二月丁丑。

⑤ （清）呼延华国：《狄道州志》卷16《人物上》。

⑥ （清）苏铣：《西宁志》第1册，第28页，1959年据顺治刻本油印本。

⑦ 《明英宗实录》卷274，天顺元年正月丙戌。

⑧ 《明英宗实录》卷338，天顺六年三月乙丑。

剌麻、都纲等名号，成化二十二年，该寺灌顶大国师班卓儿藏卜经传奉受封为西天佛子，并获赐镀金银印。[①]

弘化寺为大慈法王释迦也失之"塔院"。正统四年，大慈法王释迦也失去世后，明英宗在陕西河州卫为其"建渗金铜塔，藏其佛骨"，七年，又敕于其地建寺，赐名弘化寺。[②] 造塔建寺动用了大量的人财物力。成化时，宪宗为大应法王札实巴修造灵塔，称"大应法王造塔，比之大慈法王，工料已减三之二"[③]，而为大应法王造塔应役的官军达四千人之多，由此可推断英宗敕修大慈法王塔院动用的人财物力是十分庞大的，工程规模必是十分浩大。弘化寺建成后，"设官僧五十五名"[④]，即由朝廷供养寺僧。据《明宪宗实录》载，弘化寺"天顺间寺僧五十五人，月给廪米人六斗，军民夫六十人守护"[⑤]。至成化中，大慈恩寺法王札实巴又奏请宪宗为弘化寺修筑了城堡。[⑥] 由于皇室的支持，这座寺院后来发展成为河州地区最大的藏传佛教寺院。

岷州大崇教寺的敕建显然与大智法王班丹札释直接相关。班丹札释为岷州卫大崇教寺藏僧，汉姓后氏，[⑦] 其家族在蒙元时即为当地政教望族。"元有都元帅曰阿波赤者，大国师曾祖也，都元帅生五子，长札释巴袭职，与诸弟共建僧寺凡百有八。札释巴生十有八子，而为僧者三人，一为元国师，有高行；一住持五台山祥符寺；一临洮吉祥寺。而有为院判曰藏卜巴者，与其夫人包氏生子四人，其季大国师也。"[⑧] 正是这种显赫的家族背景，班丹札释于永乐时被"征之赴阙，馆留京寺"，并奉旨"偕近臣陪送大宝法王远抵其国，道里所致，神物护持，涉历山川，略无险□"，以此得成祖嘉勉，授予僧录司阐教之职，"赐予甚

① 《明宪宗实录》卷283，成化二十二年十月戊戌；卷284，成化二十二年十一月丁卯。

② （清）龚景瀚：《循化志》卷6。

③ 《明宪宗实录》卷126，成化十年三月庚戌；卷269，景泰七年八月戊申。

④ （清）龚景瀚：《循化志》卷6。

⑤ 《明宪宗实录》卷118，成化九年七月癸巳。

⑥ 同上。

⑦ （清）汪元䌹：《岷州志》卷16《仙释》。

⑧ （明）陈循：《芳洲文集续编》卷2《西天佛子源流录序》，续修四库全书影印本。

隆”，此后屡奉命往还于汉藏两地之间。[①] 洪熙元年十二月，宣宗诏封班丹札释为“净觉慈济大国师”[②]，宣德二年，内臣王锦等人奉旨“起调（陕西）都、布二司军民人夫”对其在岷州的寺院进行大规模扩建，“给与护敕二道，赐额大崇教寺”。岷州卫还派拨军匠五十人“专一在寺看守”[③]。英宗继位后，对班丹札释“眷礼弥厚”，晋封为西天佛子。英宗在敕封之文中称班丹札释“夙究三乘，慧性圆融，用阐如来之教，聿宏利济之功，事我祖考，始终一诚。朕嗣统以来，命修荐扬大斋，上资皇考宣宗章皇帝在天之福，益笃精虔，眷慈功能，是宜褒奖，今特颁诰印，加封为宏通妙戒普慧善应慈济辅国阐教灌顶净觉西天佛子大国师”[④]。除了班丹札释之外，大崇教寺的许多僧人都蒙皇室厚待。前述“大善法王”沙加也出自岷州大崇教寺，正统四年，他以国师身份赴京朝贡，[⑤] 正统十年，加封为灌顶净觉佑善大国师，[⑥] 景泰四年又由大国师封为西天佛子，[⑦] 至景泰七年再封为法王，可见极得景帝宠信。另外，绰竹藏卜、锁南领占等人也都得到明帝的宠遇。绰竹藏卜于正统元年受封净觉慈济大国师之号，英宗还特遣太监阮至至大崇教寺，赐给其金印与诰命。[⑧] 锁南领占大致在景泰六年时袭封净觉慈济大国师之职，《明英宗实录》卷二五七，景泰六年八月庚申条下有绰竹藏卜遣剌麻锁南领占进贡的记载，紧接着同卷景泰六年八月乙丑条下则有“赐大国师锁南领占金印、僧衣、诰命”的记载。天顺六年，英宗召请锁南领占至京师，“馆之大隆善寺”[⑨]。成化七年，锁南领占在京师去世，宪宗“遣官谕祭”，并“命工部建塔葬之”[⑩]。另外，陈宗藩《燕都丛考》载北京

---

① （明）佚名：《西天佛子大国师班丹札释寿像记》，北京图书馆金石组：《石刻拓本汇编》第51册，第77页。

② 《明宣宗实录》卷12，洪熙元年十二月戊寅。

③ （明）欧阳铎：《陕西番僧乞拨军匠护持寺院疏》，（明）陈子龙、徐孚远等：《明经世文编》卷212，中华书局1962年版。

④ （清）汪元炯：《岷州志》卷17《艺文上》。

⑤ 《明英宗实录》卷98，正统七年十一月戊午。

⑥ 《明英宗实录》卷126，正统十年二月乙巳。

⑦ 《明英宗实录》卷228，景泰四年四月庚戌。

⑧ 《明英宗实录》卷15，正统元年三月癸巳；卷20，正统元年七月甲寅。

⑨ 《明英宗实录》卷347，天顺六年十二月戊寅。

⑩ 《明宪宗实录》卷90，成化七年四月甲辰。

大隆寺内有铁钟一口，钟身有“大隆善护国寺国师后着乩领占铸，重一千五百斤，大明弘治七年四月吉日”等铸字，[①] 后氏为班丹札释汉式姓氏，后著乩领占即为来自于岷州大崇教寺的僧人。此人《明实录》作“著乩领占”，天顺三年，他以喇嘛身份作为大崇教寺大国师锁南领占的贡使赴京朝贡，[②] 此后便留住隆善寺内，成化时先后由国师晋封灌顶国师、大国师、西天佛子，成化二十二年封法王。[③] 弘治初当贬为国师，但至弘治十二年又复封西天佛子。[④] 弘治十三年故后，孝宗特令为其造塔安葬。[⑤] 可见很得皇室宠遇。

除上述三寺外，明中期特别是成化与正德两朝京师地区不少寺院的营建修葺实际上也都与藏僧有关。如成化之初，宪宗就曾在京师西山为藏僧阿吒哩修造塔院。[⑥] 大隆善和大慈恩两寺的修葺，显然也与两寺中聚居着大量藏僧有直接关系。正德时期，武宗又应住寺藏僧的奏请对大慈恩和大隆善两寺大事修葺。正德七年，大慈恩寺法王“乞修造僧房”，武宗许之；[⑦] 八年，应法王乳奴领占之请，武宗又令工部修大慈恩寺方丈，应役官军三千人、锦衣卫军士三百人。[⑧] 同年，武宗敕大庆法王领占班丹和大觉法王着肖藏卜居大隆善寺，“寺则大作”[⑨]。武宗还把寺院修到了禁内，在豹房之地建护国禅寺，“延住番僧，日与亲处”[⑩]。另外，明中期诸帝在五台山营造寺院，也往往延藏僧驻寺焚修。如天顺中英宗令藏僧班麻孤啰代忙葛罗不辣加为都纲，住持圆照寺，与僧录司右觉义同铃、澄存，“同率所在番汉僧徒自在修行”[⑪]。成化中，

---

① 陈宗藩：《燕都丛考》第五章《内四区各街市》，第 331 页。

② 《明英宗实录》卷 303，天顺三年五月庚寅。

③ 《明宪宗实录》卷 196，成化十五年闰十月丙子；卷 258，成化二十年十一月丙戌；卷 283，成化二十二年十月庚辰。

④ 《明孝宗实录》卷 151，弘治十二年六月丙辰。

⑤ 《明孝宗实录》卷 160，弘治十三年三月甲子。

⑥ 《明宪宗实录》卷 53，成化四年四月甲辰。

⑦ 《明武宗实录》卷 94，正德七年十一月戊戌。

⑧ 《明武宗实录》卷 99，正德八年四月己酉。

⑨ （明）刘侗、于奕正：《帝京景物略》卷 1《城北内外》。

⑩ 《明武宗实录》卷 117，正德九年十月甲午。

⑪ 《皇帝敕谕护敕山西五台山圆照寺碑》，张正明：《明代山西碑刻选刊》，王春瑜主编：《明史论丛》第二辑，兰州大学出版社 2003 年版，第 369 页。

宪宗令禅师短竹斑丹在大文殊寺“焚修”[①]。正德间，武宗崇信藏僧，作为皇家“供奉道场”、“资福之所”的五台山，自然少不了请藏僧驻锡焚修。“五台山僧寺，系我圣朝供奉道场，俾番汉僧徒居住，以为祈祝之所。”[②] 据《清凉山志》，正德中圆照寺仍由藏僧住持：“正德间封张坚参为法王锡银印兼有都纲印。”该《志》又载五台山有法王寺，即“明张法王建”[③]。张坚参，《明实录》无载。但张坚参的姓氏却令我们把他和河州弘化寺联系起来。因为弘化寺建成后，就由释迦也失的弟子星吉藏卜及其家族世代控制。星吉藏卜汉姓即为张氏，[④] 此其一。其二，弘化寺与五台山关系极为密切。明人臧懋循《清凉山显通寺募缘疏》就载五台山罗睺寺中，“西域比丘多于此披览番字贝叶，尚方岁出金钱为设伊蒲供焉”[⑤]。所谓“西域比丘”，即来自于河州弘化寺的藏僧。万历时李维桢《五台游记》载：

> 已，过罗睺寺，初有西域法王，至今奉香火者多番僧，去来不常，悉能为汉语，问之则河州弘化寺僧也。

所谓“西域法王”，此处指的可能就是正德间封为法王的张坚参。此外，正德七年，武宗敕“梵僧朵儿只坚于中台顶建寺一区，铸铁为瓦，赐额曰演教，并敕旨护持”[⑥]。十年，授汉僧慧寿和藏僧领占端竹为僧录司右觉义，同为广宗寺住持，“领众修祝”[⑦]。

为亡故藏僧治葬，特别是营建坟塔大概以明英宗为大慈法王释迦也失在河州建坟塔开其先河。此后，宪宗、孝宗及武宗诸朝以此为例，凡在京法王、西天佛子甚至大国师等殁，均为其治葬，甚至建造坟塔。如

---

① （明）释镇澄原纂，释印光重修：《清凉山志》卷5《帝王崇建》。

② 明武宗：《广宗寺碑》，张正明：《明代山西碑刻选刊》，王春瑜主编：《明史论丛》第二辑，兰州大学出版社2003年版，第376页。

③ （明）释镇澄原纂，释印光重修：《清凉山志》卷2《伽蓝胜概》。

④ （清）龚景瀚：《循化志》卷6。

⑤ （明）臧懋循：《负抱堂文选》卷4，四库全书存目丛书影印本。

⑥ （明）释镇澄原纂，释印光重修：《清凉山志》卷5《帝王崇建》。

⑦ 明武宗：《广宗寺碑》，张正明：《明代山西碑刻选刊》，王春瑜主编：《明史论丛》第二辑，兰州大学出版社2003年版，第376页。

宪宗朝前述大崇教寺大国师锁南领占去世后，遣官谕祭并令工部建塔以葬。成化七年，大慈恩寺大应法王札实巴去世，宪宗令“如大慈法王释迦也失例葬之”[①]。成化十七年，大隆善寺西天佛子班卓藏卜去世，“命摘官军一千五百为建塔治葬”[②]。弘治十三年，大隆善寺西天佛子著肐领占去世，孝宗令建塔安葬。正德六年，大慈恩寺法王舍剌扎死，武宗令工部为之营葬。[③] 七年，给赐西天佛子舍剌星吉祭葬。[④] 八年，大慈恩寺大国师也舍窝死，武宗命工部造塔葬之。当时工部给事中及工部均以为国师营葬没有先例，上言谏阻，但不为武宗所纳，“且令遂著为例”[⑤]。为亡故藏僧治葬建塔，不仅动用了大量的人财物力，而且也违制逾礼：“其死也，如例祭葬，亦云足矣。而所司祭祀之品乃逾于王者，造塔之费将几于山陵。而亲王之薨，大臣之卒，顾不及焉。”[⑥]

此外，明中期诸帝对藏僧的各种乞请都尽量给予满足。如成化四年，大慈恩寺西天佛子札实巴奏请以宛平县民十户为佃户、静海县树深庄地一段为常住田，宪宗“诏许之”[⑦]。成化十二年，大能仁寺大悟法王札巴坚参奏自货茶、彩、绢布等往陕西临洮、河州及西宁等处“熬茶施僧”，“乞命沿途军卫有司供应转递”，宪宗也“许之”。[⑧] 甚至奏请之事有违禁例，也可网开一面。如正统五年，京寺藏僧葛藏奉使乌思藏，“私易茶、彩数万以往，乞官为运送至乌思藏。礼部言茶、彩出境有禁。上以远人特许之，但令其自僦舟车”[⑨]。又，正德十三年大隆善寺藏僧领占札巴等奉使乌思藏，“札巴乞给马快船三十只，贩载食盐，为入番买路之资。户科驳其沮坏国课……户部亦执奏。上不听，命特给之”[⑩]。

---

① 《明宪宗实录》卷126，成化十年三月庚子。

② 《明宪宗实录》卷220，成化十七年十月戊辰。

③ 《明武宗实录》卷76，正德六年六月己卯。

④ 《明武宗实录》卷85，正德七年三月己未。

⑤ 《明武宗实录》卷105，正德八年十月丁酉。

⑥ 《明宪宗实录》卷126，成化十年三月庚戌。

⑦ 《明宪宗实录》卷50，成化四年正月庚寅。

⑧ 《明宪宗实录》卷150，成化十二年二月乙未。

⑨ 《明英宗实录》卷66，正统五年四月壬午。

⑩ 《明武宗实录》卷164，正德十三年七月丙午。

明中期诸帝的恩宠和眷待，使京寺藏僧成为一个具有尊贵地位和显赫声势的特殊群体。史载英宗时，将崇国寺藏僧杨禅师尊为“上师”①，“仪从同于王者，坐食膏粱之美，身披锦绣之华，视君上如弟子，轻公侯如行童”②。宪宗时期，藏僧声势因得皇帝的尊崇而更加显赫。《明宪宗实录》卷五十三，成化四年四月庚戌条载：

> 西僧以秘密教得幸，服食器用僭拟王者，出入乘棕舆，卫卒执金吾杖前导，达官贵人莫敢不避路。每入大内诵经咒，撒花米赞吉祥，赐予骈蕃，日给大官酒馔牲饩至再，锦衣玉食者几千人。中贵人见辄跪拜，坐而受之。法王封号有至累数十字者。

《明孝宗实录》卷二，成化二十三年九月丁未条也载：

> 法王领占竹、扎巴坚赞等、佛子释迦哑儿答、国师舍剌星吉等，俱以西番腥膻之徒，污我中华礼仪之教。玉食锦衣，坐受尚方之赐。棕舆御仗，僭用王者之仪。献顶骨数珠，进枯髅法碗，以秽污之物，冒升赏之荣。

许多朝臣认为，尊崇藏僧既糜费了大量国赀民财，又违制越礼，而且助长了“异端”、“左道”，所以纷纷要求斥逐之。但诸帝却力予回护，这在宪宗、武宗两代最为突出。成化四年，六科给事中魏元等上言指出：“朝廷于僧徒过于信持。每遇生愍之辰，辄费无限之资财，建无益之斋醮。而西僧札实巴等又加以法王名号，赏赉隆厚，出乘棕轿，导用金仗，其所奉养过于亲王。乞革去法王名号，发回本国，追回赏赐，以赈饥民。”③ 十三道监察御史康永韶等亦上言：“今朝廷宠遇番僧，有佛子、国师、法王名号，仪卫过于王侯，服玩拟于供御，锦衣玉食，徒类数百，竭百姓之脂膏，中外莫不切齿，特朝廷未之知耳。又况其间有中

---

① 按明代“禅师”基本都是藏僧专用名号，而崇国寺又系藏僧集中的寺院之一，故“杨禅师”者当为藏僧无疑。

② （明）谭希思：《明大政纂要》卷23。

③ 《明宪宗实录》卷58，成化四年九月己巳。

国之人习为番教，以图宠贵。设真是番僧，尚无益于治道，况此欺诈之徒哉！宜令所司审查，果系番僧，资遣还国。若系中国者，追其成命，使供税役，庶不蚕食吾民而异端斥矣。"[①] 但宪宗以为"番僧在祖宗朝已有之，若一旦遣去，恐失远人之心"[②]。成化六年，翰林编修陈音认为京寺藏僧、道士等无功于国家而"名位尊隆，赏与滥谥"，建言"降其位号，杜其恩赏"，宪宗则称："佛子、真人名号，系祖宗旧制，如何辄更？"[③] 成化十年，礼科给事中王坦针对皇帝不顾民困，大兴土木为藏僧营葬造塔的情形，上奏指出："释氏之教无益于人之家国。今大应法王札实巴以夷狄之人，假释氏之名，徒以惑人，亦非真有得于释氏者也。陛下待以殊礼，封以显号，特假此以抚其种类，使不为边患尔，非以其有道德而尊崇之也。生既无补，其死也，如例祭葬，亦云足矣。而所司祭祀之品乃逾于王者，造塔之费将几于山陵。而亲王之薨，大臣之卒，顾不及焉。矧今畿甸饥馑连年，饿殍盈途，使以斋祭造塔之费拯流离垂死之民，岂不愈于厚一荒诞之胡僧哉！"但王坦所奏却被宪宗斥为"滥言"[④]。此后，朝臣中关于藏僧蠹财害政的奏议时有所见，但宪宗或置之不理，或敷衍搪塞，或予以斥责。到正德时，凡朝臣谏言，武宗或置若罔闻，或予以惩罚。如监察御史周广就因奏言"番僧害政"而被贬为广东怀远驿丞。[⑤] 刑部主事李中曾奏武宗"善治一无可举，盖陛下之心惑于异端也"，希望武宗"毁（禁中）佛寺，出番僧，以谨华夷大防"，结果也被贬为广东通衢驿丞。[⑥]

四　京寺藏僧对朝廷的贡献

应该说，明中期藏僧特别是京寺藏僧所得宠信与眷待是与皇帝的怠政、荒嬉行为密不可分的。在政务废弛、朝纲不举的背景下，京寺藏僧在朝廷治藏方面的政治和政策意义被淡化了，他们与朝廷的关系更多地

---

① 《明宪法实录》卷58，成化四年九月己巳。
② 《明宪宗实录》卷58，成化四年九月癸酉。
③ 《明宪宗实录》卷77，成化六年三月辛巳。
④ 《明宪宗实录》卷126，成化十年三月庚戌。
⑤ 《明武宗实录》卷91，正德七年八月丁未。
⑥ 《明武宗实录》卷117，正德九年十月甲午。

表现在与皇帝个人有关的宗教生活方面。于是，京寺藏僧被视为蠹政惑世的异端左道，其形象与明中期腐败的朝政联系在一起，藏传佛教也因此被斥为“鬼教”①。但是，我们仍然应该客观地看待明代京寺藏僧在朝廷治藏的政治与政策层面上所发挥的积极作用和影响。明人黄佐称：“凡胡僧有名法王若国师者一入中国，朝廷优礼供给甚厚，言官每及之，而朝廷多不从者，盖西番之俗有叛乱仇杀，一时未能遥制，彼以其法戒谕之惟谨，盖以取夷之机在此。故供给虽云过优，然不烦兵甲刍粮之贝而阴屈群丑，所得亦多矣。”② 这个评论是有见地的。明朝皇室看到了佛教僧人在藏族社会中特殊的地位和影响，因此优礼笼络藏僧是强化藏人内聚并借以抚治藏人的一种有效手段。在京师留住藏僧，显然可以更加直接、便利地使其服务于朝廷的这种政治和政策需要，尤其是可以以他们为纽带，把朝廷和藏区各个宗教和政治势力紧密地联系起来。

明洪武、永乐时期，京寺藏僧就作为朝廷使臣派赴藏区各地从事“宣布王化”以及“招谕”、“招抚”一类的政治活动。如成化末追封为“大敏法王”的端竹领占，“永乐四年以屡使绝域宣布王化，升苏州府僧纲司都纲。二十一年奉命招降迤北鞑靼王子也先土木率部属二千人归款，升僧录司右阐教”③。据《明太宗实录》，永乐初，有南京鸡鸣寺藏僧端竹领占与洮州卫千户赵诚奉命至川西北一带“招谕”当地藏族部落。④ 此端竹领占可能与上述端竹领占为同一人。又如前述幼时即到南京鸡鸣寺的狄道藏僧何领占朵儿只，“于永乐初召入乌思藏、竺乾诸国，迎请大宝法王演绎教法；复奉诏入长河西抚谕招来（徕）。再受命下朵甘思、乌思藏、泥巴剌等国迎请大国师班的；复随驾北征沙漠”⑤。据康熙《岷州志》卷十六，景泰时封为“大智法王”的岷州籍藏僧班丹札释也曾多次“奉使乌思藏”⑥。特别是他还参与了永乐初年迎请大宝

---

① 《明史》卷188《石天柱》。

② （明）张萱：《西园闻见录》卷105《二氏后·佛》。

③ （清）呼延华国：《狄道州志》卷10《人物下》，台湾成文出版有限公司《中国方志丛书》本。

④ 《明太宗实录》卷59，永乐四年九月壬戌。

⑤ （清）呼延华国：《狄道州志》卷10《人物下》。

⑥ （清）汪元絅修，田而穟纂：《岷州志》，康熙四十一年刻本。

法王哈立麻的活动。《清凉山志》记载明成祖“遣大智法王班丹札释于西土迎葛哩麻尊者入京”[①]，说明班丹札释在迎请哈立麻的活动中发挥了重要的作用。又据藏文史籍，班丹札释永乐初到南京，大宝法王哈立麻入朝时受命任其翻译。后又奉派为哈立麻的侍从随其入藏，永乐九年返京。永乐十一年他第二次奉使入藏，十三年返京；当年又第三次奉使入藏，据称其使命为审查哈立麻的转世灵童。[②]

由此可见，明前期京寺藏僧积极参与了朝廷经略藏区的政治与宗教活动，不仅如此，其活动的范围还及于与藏传佛教有密切联系的塞北蒙古地区。直到隆庆、万历时期，随着藏传佛教在蒙古地区的广泛传播，京寺藏僧又在沟通蒙古与明朝廷的关系中发挥了积极作用。隆万之际，明朝廷就应俺答汗之请派诸多藏僧数往漠南地区“传经”[③]。明陶望龄《歇庵集》卷五有《赠大觉禅师郁班麻序》一文，内叙万历时三玄庵主郁班麻“以选奉诏虏庭，宣中国威德、佛法大指”。云郁氏“所使自俺答而黄台吉至今酋十一往返”，故其名号也自都纲、觉义而大觉禅师凡三迁。其“大觉禅师”之号正是经俺答奏请神宗敕封的，[④] 可见郁班麻是颇受俺答汗尊信的。俺答之后，其孙扯力克等也“请讨番僧传习经典”，明朝廷又派领占班麻随带“番经”等前往。[⑤]

明中期，京寺藏僧的一个重要使命就是册封藏地诸王。明代乌思藏阐化、阐教、辅教和朵甘赞善、护教诸王每届袭替，须先向朝廷申请，然后由朝廷遣使给封。此为明朝廷治藏的一个重要体制。永乐、宣德时期，此类使命主要由内官担负。大致从正统时期开始，册封诸王的奉使任务就转由留京藏僧来承担。正统五年，朝廷以留京藏僧葛藏和昆令为

---

① （明）释镇澄原纂，释印光重修：《清凉山志》卷7《帝王崇建》，台湾文海出版社“中国名山胜迹志丛刊”本。

② （清）智观巴·贡却乎丹巴绕吉著，吴均等译：《安多政教史》，甘肃民族出版社1989年版，第642页。

③ 《明穆宗实录》卷65，隆庆六年正月丙子；《明神宗实录》卷19，万历元年十一月癸未；卷35，万历三年二月乙未；卷116，万历九年九月庚寅。

④ 《明神宗实录》卷107，万历八年十二月辛丑条载：“顺义王俺答纳款归化，因遣夷使请敕赐所盖造寺名，并加西番僧觉义为大觉禅师。从之。”

⑤ 《明神宗实录》卷256，万历二十一年正月戊辰。

正、副使，率其徒二十人赍诰敕往封阐化王。[①] 这大概是史籍中京寺藏僧作为册封使臣入藏最早的记录。正统十年朝廷又以京寺藏僧锁南藏卜和札失班丹为正、副使，往封灵藏赞善王；[②] 天顺元年前述葛藏又和桑加巴分别为正、副使往封辅教王，并宣赐所经各处阐化王等。[③]

由京寺藏僧出任册封使臣的定例一直到嘉靖末年才被取消。嘉靖四十二年（1563），“乌思藏诸王请封。上以故事，遣番僧远丹班麻等二十二人为正副使，以通事序班朱廷对监之。比之中途，班麻等肆为骚扰，不受廷对约束。廷对还白其状。礼部因请自后诸藏请封，即以诰敕付来人赍还，罢番僧勿遣。无已则下附近藩司，选近边番僧赍赐之。上以为然，令著为例。封诸藏之不遣在京寺番僧，自此始也”[④]。

明代由内地入藏，交通不便，路途险远。“山川险阻，人迹少通，溪谷丛篁之间多蝮蛇、猛兽，瘴疠山岚之气触之者无不死亡”[⑤]；“涉历数万里之程，动经数年”[⑥]。因此，奉使西藏无疑是一件极其艰辛的事情。尽管在藏僧奉使过程中出现了诸如携带私货、沿途骚扰等一些弊端，但他们能够完成朝命，本身就是对朝廷对藏区施行有效治理和维持与藏区政治、宗教正常关系的一种贡献。

明代京寺藏僧也有在四夷馆供职者。翰林院所属（弘治中转属太常寺）的四夷馆“教习译写番字，事虽轻而干系重。凡朝廷颁下抚谕四夷诰敕及各处番文，若译写不精，或名物不对，非惟于夷情有失，且于国体有损”[⑦]。所以一些藏僧被召入馆内从事“译写”诸事。《明英宗实录》卷一九一，景泰元年四月丙子条就载有明代宗于景泰元年升赏有关藏僧的内容：“升译写西番寺［字］番僧坚参列、都纲善师俱为左觉义，番僧参竹札失、答儿麻失里俱为都纲，仍于翰林院办事。”另外，明朝廷曾多次刊印或缮写藏文佛教经藏，其中多有京寺藏僧参与。如景

---

① 《明英宗实录》卷66，正统五年四月壬午；卷67，正统五年五月庚寅。
② 《明英宗实录》卷130，正统十年六月庚申。
③ 《明英宗实录》卷278，天顺元年五月癸未；卷282，天顺元年九月辛巳。
④ 《明世宗实录》卷526，嘉靖四十二年癸丑。
⑤ 《明武宗实录》卷132，正德十二年十二月丙辰。
⑥ 《明武宗实录》卷131，正德十年十一月辛亥。
⑦ 《明宪宗实录》卷56，成化四年七月丙戌。

泰时，朝廷就组织“译写番僧经忏”①，有七十多名在京藏僧“以写番经成”而获升赏。②据《明英宗实录》，天顺四年（1460）朝廷赐给陕西河州弘化寺的佛教图书中就有“大慈法王等写完金字经二藏、朱墨字语录经一藏”③。又据藏文史籍，正统六年（1441）明朝廷组织“兴修金汁《甘珠尔》大藏经”，大智法王班丹札释为之撰写了“总序”。④可见，明代京寺藏僧对于汉藏文化的交流建设方面也是有所作为的。

附　　　　明代京寺藏僧封法王表

法王姓名	法王名号	封授时间	出处	注
释迦也失	大慈法王	宣德九年	《明宣宗实录》卷 111	
班丹札释	大智法王	景泰三年	《明代宗实录》卷 222	
沙加	大善法王	景泰七年	《明代宗实录》卷 268	
扎巴坚参	大悟法王	成化三年	《明宪宗实录》卷 49	
札实巴	大应法王	成化四年	《明宪宗实录》卷 58、卷 118	
领占竹	大济法王	成化十七年？	《明宪宗实录》卷 222	传奉封授
札失藏卜	不详	成化二十一年	《明宪宗实录》卷 258	同上
札失坚剉	不详	同上	同上	同上
乳奴班丹	不详	同上	同上	同上
锁南坚参	不详	同上	同上	同上
结斡领占	大兴法王	同上	《明宪宗实录》卷 258、《日下旧闻考》卷 97	同上
舍剌星吉	不详	成化二十二年	《明宪宗实录》卷 283	同上
著肌领占	不详	同上	同上	同上
朵而只巴	不详	同上	同上	同上
卜剌加	不详	同上	《明宪宗实录》卷 284	同上
端竹领占	大敏法王	同上	《明宪宗实录》卷 284、《狄道州志》卷 10	传奉追封

① 《明英宗实录》卷 274，天顺元年正月戊子。

② 《明英宗实录》卷 272，景泰七年十一月戊辰。

③ 《明英宗实录》卷 315，天顺四年五月辛丑。

④ （清）智观巴·贡却乎丹巴绕吉著，吴均等译：《安多政教史》，第 643 页。

续表

法王姓名	法王名号	封授时间	出处	注
着肖藏卜	大觉法王	正德四年	《明武宗实录》卷 53、《帝京景物略》卷 1	传奉封授
那卜坚参	不详	正德五年	《明武宗实录》卷 62	
札巴藏播	不详	同上	同上	
乳奴领占	不详	正德五年	《明武宗实录》卷 64、卷 76	传奉封授
舍剌扎	大悟法王	同上	同上	同上
张坚参	不详	正德中	《清凉山志》卷 2	
星吉班丹	大善法王	正德中	《明武宗实录》卷 125	
绰吉斡些儿	大德法王	正德中	《明武宗实录》卷 121	

第四节　明中期的"西天教"僧团

一　师祖萨哈拶释哩

在明中期，与宫廷关系密切的僧人除藏僧外，还有一个值得注意的教团，这就是"西天僧"，这是明代与印度佛教有直接传承关系的密教教团，只是由于史籍中缺乏记载，关于这个教团人们知之甚少。

明代所谓"西天"，是一个含义很泛的地理概念。往往可泛指包括中国西藏和整个南亚次大陆在内的广大地域；有时则指古代"五天竺"的地理范畴。拙著所指即为后者。明代的西天僧，其祖师便是元末来华的迦湿弥罗（即克什米尔）僧人萨哈拶释哩，他在中国弘法传道十余年，法脉相承，灯续相继，形成了一个特殊的"西天教"教团。

萨哈拶释哩又译写为萨诃咱释哩、撒哈咱失哩等，意为"具生吉祥"。为表示敬重，人们往往又称其为"班的达"（意即大学者）。萨哈拶释哩的事迹主要见于其门人智光所撰《西天班的达禅师志略》和僧来复应智光之请而撰的《西天善世禅师班的达公塔铭》。[①] 而后者更为详细。据《塔铭》，萨哈拶释哩出身于刹帝利种姓，幼年出家于中天竺

① 《西天班的达禅师志略》载于明葛寅亮撰《金陵梵刹志》卷 37；《西天善世禅师班的达公塔铭》见北京图书馆金石组《石刻拓本汇编》第 51 册，第 17 页。另外，（明）明河《补续高僧传》卷 1 也有此人略传，即《具生吉祥大师传》。

迦湿弥罗国之苏啰萨寺，“礼速拶那释哩为师，习通五明经律论之学，辨析邪正，虽国之老宿莫或过焉。然自以言说非究竟法，乃复精修禅定不出山者十余季”。后来为瞻礼文殊菩萨道场五台山而东行中国。“发足从信度河至突厥，遍历屈支高昌诸国，其国王臣喜师至者无不禀受戒法。凡四阅寒暑始达甘肃，实元之至正甲辰岁也。”至正甲辰即至正二十四年（1364）。大概是萨哈拶释哩东行沿途传法授戒著有声望，所以他一到甘肃，元廷即召其入京，馆于大吉祥法云寺，并召入内廷设坛，为元帝授灌顶净戒。颇得元廷优待。洪武二年，萨哈拶释哩入礼五台山，驻锡寿安寺，前后五年，“恒山之民率从师化者甚众”。洪武七年，萨哈拶释哩离开五台至南京蒋山崇禧寺。“太祖皇帝嘉其远来，召见奉天，奏对称旨”，遂授其“善世禅师”之号，赐银印，“俾统制天下诸山”。太祖又诏令各地“民有从善者，许令至蒋山受菩萨戒法，所司无禁。自是南北缁白之流来集座下，日听演说，包□填委至无所容”。“人多绘像事之，以为活佛。”[①] 由于信众极多，“囊金匮帛之施充斥几席”，但萨哈拶释哩却“一无所取，或强之受则随以济贫乏”。其道行深得信众敬服。太祖也遣近臣“赐诗慰安之，尝御制善世歌褒美其德”。洪武九年至十一年，萨哈拶释哩奉诏游历江南各地，参礼名山寺刹。返京后，入见太祖于华盖殿，“问劳甚至，敕光禄设盛馔，赐以黄金耳环，盖从西竺本俗也”。太祖又作《善世禅师游方归朝》诗赐赠。诗云：“前年拜辞去，今春二月归，未闻湖海阔，但见禅眸辉。踏雪来朝觐，家风佛祖归，默坐各无语，方寸究徘徊。樱花才脸笑，柳眼正舒眉，独翁任清静，愚俗多险危。奸猾不善死，到处冢累累，尔心鉴此患，弃家永不回，年年尝作客，如蓬被风吹，哀悯自天佑，仁深久必为，切记无住相，与佛莫相违。”不久，萨哈拶释哩由崇禧寺迁居蒋山西麓，明太祖亦时常驾幸萨哈拶释哩居所，“咨问法要，且赋诗颂以赞以规”。萨哈拶释哩患病时，太祖也遣医官“往视之”。来复所撰《塔铭》中称萨哈拶释哩“笃实有行解，不矜名，不崇利，居无服玩，出不骑乘，以是见知于上”。因此，萨哈拶释哩不但得到太祖的眷待优崇，而且被树为沙门的楷模，“上每示僧必以师为式焉”。

---

① （明）邓球：《皇明泳化类编》卷131《仙释》。

萨哈拶释哩于洪武十四年去世，塔葬于南京聚宝门外，塔前别筑祠宇以祀其像。据智光《西天班的达禅师志略》，明太祖亲至其葬处，“车驾临视，赐名西天寺，盖表师之所自出也”。该《志略》又载萨哈拶释哩临终前嘱子弟智光“善护如来大法，勿少懈怠”，又命弟子孤麻啰室哩等将其部分遗骸分送五台山安葬，以遂其敬慕之志。

萨哈拶释哩殁后，其随行东来的弟子古麻辣室哩（即孤麻啰室哩）、山丹室哩等奏请还国，太祖准其请，并赐古麻辣室哩“孝净戒师”之号，嘱其“凡经历诸国及诸酋长或问僧何来、所历者几，僧必具言，使彼知之。且僧来时尝问询其所历之地，闻其景物多异，朕亦喜焉。况彼闻中国之大者乎！尔礼部备录朕谕，俾僧持归，令僧所至诸国及诸酋长遇僧至，宜善送之”。[①] 萨哈拶释哩另有弟子名底哇答思者则留居中国。据明程南云撰《故禅师底哇答思塔铭》[②]，底哇答思为西天东印土人，八岁即师事萨哈拶释哩，“学出世法，朝夕劳勤，栖心禅定，饥无半食，寒不重裘，甚为师所爱重”，后随师入华。洪武初与师同至南京受太祖召见，“赐度牒，随方演教，于是慈云法雨所沾被者甚众”。萨哈拶释哩殁后，底哇答思复至北方游历，宣德中一度居北京庆寿寺，后以西山潭柘寺为其旧游之地，且“幽胜廖绝”，便在寺右“建庵一区以居，自是足迹不入城市”，终老于此。

二　智光与“西天教”的发展及传承

萨哈拶释哩在中国近二十年，足迹遍及大江南北，所到之处讲经传法，影响甚著，而他殁后，其中国弟子智光则宗承师学，丕阐祖风，从而形成了一个具有印度佛教色彩的所谓“西天教”的特殊传承。

智光字无隐，姓王氏，山东武定州人，生于元至正八年。“幼而聪慧，阅读辄不忘，十五岁辞父母出家。”[③] 后于北京吉祥法云寺“礼西天迦湿弥罗国板的达萨诃咱释哩国师传天竺声明记论之旨”[④]，“得亲仪

---

① 《明太祖实录》卷139，洪武十四年九月癸未。

② 北京图书馆金石组：《石刻拓本汇编》第51册，第90页。另，（明）明河《补续高僧传》卷1《具生吉祥大师传》有此人附传，其内容当出自该《塔铭》。

③ （明）明河：《补续高僧传》卷1《西天国师》。

④ 同上。

范，昕夕请益，聆声通意，渐达梵音，遂为入室弟子”[①]。洪武初偕其师游五台诸山。七年师徒一行奉诏至京师，“召询便殿答问之际，见智光语通梵汉，命译班的达所携经典。筑庵钟山，给具供帐，颇示优崇，乃即其《四众弟子菩萨戒》译为汉文，词简理明，众所推服”[②]。两年后，即洪武九年，智光又奉诏“访（补）陀，于江南诸名山，踪迹殆遍”[③]。很显然，这个时期智光基本上都是跟随其师萨哈拶释哩活动的。萨哈拶释哩去世后，“精释典，负才辩”，又通梵语的智光被明室委以出使西藏及邻近尼泊尔等地的使命。从洪武十七年到永乐初年，智光三次西使，对明前期宫廷与西藏地方政治宗教关系的拓展及发展对外关系有卓越贡献。[④] 同时，智光于佛学“经藏之蕴旁达深探，所译显密经义及所传《心经》、《八支了义真实名经》、《仁王护国经》、《太白伞盖经》并行于世”，且“行性纯简”[⑤]，故深得太祖、太宗、仁宗、宣宗以及英宗诸帝的褒重与眷待，“历事六朝，宠锡冠群僧”[⑥]。据《补续高僧传》卷一智光本传，太宗时，智光先后为僧录司右阐教和右善世，居南京西天寺；永乐十五年，“召至北京，论义称旨，俾居崇国寺，赐国师冠”。仁宗继位后，赐封号为“圆融妙慧净觉弘济光范衍教灌顶广善大国师”，并赐金印以及冠服、伞盖、幡幢、供器、车马，等等。又扩建北京大能仁寺令其居住。这所寺院后来实际上成为智光门徒的大本营。至宣德三年，宣宗又奉太皇太后懿旨，出内帑在北京阳台山建大觉寺，“俾居之，以佚其老。并敕礼官度僧百余人为其徒”。不久，智光出资在京西玉河地方重建了唐代废刹开元寺。《日下旧闻考》卷一〇六《李纶重修开元寺碑略》载，宣德三年，智光奉旨兼住大觉寺，“往来憩息于此地，爱其土厚水甘，风气攸萃，意图兴创，出己资，命工市材建立，仍请额为开元禅寺”。英宗即位，加封智光为“西天佛子”，并赐

---

① 喻谦：《新续高僧传》卷1《明金陵钟山西天寺沙门释智光传》。

② （明）明河：《补续高僧传》卷1《西天国师》。

③ 同上。

④ 关于智光西使行迹，邓锐龄先生之《明西天佛子大国师智光事迹考》（《中国藏学》1994年第3期）有详述，此处不赘。

⑤ （明）明河：《补续高僧传》卷1《西天国师》。

⑥ 《明史》卷299《方伎》。

予诰印及冠服、舆马、幢盖、供器，等等[①]，赏赉重厚。宣德十年智光去世后，塔葬于大觉寺侧，英宗遣官赐祭，“仍敕有司具葬仪增广其塔，并创寺赐名西竺”[②]。天顺四年，追封为“大通法王”[③]。

智光虽为中国僧人，但其学业却直接资受于印僧萨哈拶释哩，并取梵语法名为“雅纳啰释密”（汉译即智光，清人改作“雅尔鼐罗密克”）[④]。正因为如此，明宫廷对智光及其门人也以“西天僧”、“西竺僧”或者“西域僧”相待。智光本人即获国师、大国师、西天佛子及法王等名号，而这些名号一般都是明宫廷给予来自西藏及所谓“西天”诸地佛教僧人的待遇。智光去世后，其塔葬处所建寺院也被赐名为“西竺”，其弟子于其荼毘处所建寺院则被赐名为“西域”[⑤]，都标明了智光在法脉上的印度渊源和特征。

作为萨哈拶释哩弟子，智光显然是其门中起了光大发扬和承上启下作用的关键人物。明李贤撰《大通法王碑铭》称智光“所度弟子中外无虑数千人，凡经藏之蕴必悬悬开说，各随其才器而诱掖之，以故上首及传衣钵者得人最众”。因此，智光法嗣实际上也就构成了明代所谓“西天教”僧的主体。杨荣撰《灌顶广善西天佛子智光大国师事实》载：

> 其中外弟子数千人，各随其器宇引掖之。上首则有僧录司右讲经月纳耶实哩、禅师吾巴帖耶实哩、左讲经帖纳实哩、左讲经吾答耶实哩、拶耶实哩、衣钵侍者左觉义纳耶实哩、左觉义禅牒实哩、右觉义三曼答实哩及高僧褒然为领袖者数十人，及以番字授诸生擢为美官者亦十数人。[⑥]

可惜智光这些门人中除少数在《明实录》等文献中偶见史迹之外，大

① （明）李贤：《大通法王碑铭》，北京图书馆金石组：《石刻拓本汇编》第52册，第75页。

② （明）明河：《补续高僧传》卷1《西天国师》。

③ （明）李贤：《大通法王碑铭》，北京图书馆金石组：《石刻拓本汇编》第52册，第75页。

④ （清）于敏中等：《日下旧闻考》卷96《曹义西域寺碑略》。

⑤ 同上。

⑥ （明）焦竑：《国朝献征录》卷118，上海书店1987年影印本。

多于史无征。其中吾巴帖耶实哩之名见于《明英宗实录》卷一〇二，此卷正统八年三月辛未条下有“封翊化禅师吾巴帖耶室里为灌顶广善大国师”的记载，则智光“灌顶广善大国师”之号由此徒袭之。另据《日下旧闻考》卷九六所录明曹义《西域寺碑》，智光坐化后，“其弟子分其舍利，建塔寺于各处。其大国师乌巴迪尼雅实哩等建造灰塔于荼毘所。告成之日，赐名西域，令其徒布达实哩为住持”。乌巴迪尼雅实哩即吾巴帖耶室哩，布达实哩原作勃塔室哩，此人为智光弟子桑渴巴辣之长徒（见后），于智光则为法孙。又《明英宗实录》卷二八一，天顺元年八月戊申条下载：“命大能仁寺左觉义乃耶室哩为灌顶国师。”乃耶室哩当即上述之“衣钵侍者左觉义纳耶实哩”。又《明宪宗实录》卷一一一，成化八年十二月辛未条下有“赐灌顶广善大国师乃耶室哩祭葬”的记载，则同样也是“灌顶广善大国师”的名号。三曼答室哩史迹不见于《明实录》，但据北京图书馆所藏道深所撰《圆修慈济国师塔铭》拓本，[①] 可知此人来自安南，“谱系交南国，其父陈姓，母曰黎氏”，永乐二十二年在智光座下“薙染受具”，并从其徒月纳耶实哩“习西天梵典，日记千言，尤喜书梵天字”。后又从“诰封五台静戒禅师班丹扎思巴授红色文殊菩萨大修习，而又参迦隆、结先二大上师传授四大本续，莫不贯彻一乘之旨”。此中班丹扎思巴、迦隆、结先都是藏语名式，应为藏僧。“四大本续”即藏传佛教密宗四大教法，或称“四大金刚法门”的事续、行续、瑜伽续和无上瑜伽续。按智光本人多次出使西藏，与西藏佛教僧团有广泛联系，智光去世后，“荼毘之日，大慈法王秉法炬”。智光及其门人所居之能仁寺也有大量藏僧，故西天僧与藏僧间关系密切。明皇室对这两部分僧人所给待遇也是相同的。正统时，三曼答室哩“钦升僧录觉义，为翰林试官翻译及教才士习西天梵字”；天顺时“奉敕于内府番经（厂）管教中贵官百有余员，习授西天各佛坛场，好事举，皆成就”，升职讲经。成化时，先后授“显教禅师”和“圆修慈济国师”名号。三曼答室哩还在京西阳台山西竺、西域两寺附近建寺一所，宪宗赐名“普照禅寺”。成化十三年，三曼答室哩去世，宪宗遣中官为其治葬。《塔铭》中称三曼答室哩有子弟百余人，三曼答室哩殁

① 北京图书馆金石组：《石刻拓本汇编》第 52 册，第 142 页。

后，长徒哑郎葛啰室哩“钦升”为僧录司讲经，还有数人升为觉义、都纲。

在智光门中，来自安南的僧人不止三曼答室哩一人。正统时安南籍官员、工部左侍郎黎澄所撰《敕赐秀峰寺碑》[①]，志其同胞、安南僧智深建秀峰寺缘起，其中称：

> 京都之西去城六十里有寺曰秀峰，乃太监高公让与住持僧智深之所创也。深交南名僧，姓吴氏，自幼出家，刻苦参学，以宣德戊申来至北京，偶遇大国师吾公亲、僧录司讲经月公律、帖公定、觉义乌公显、摻公腾、纳公理、禅公忍、三公普，有同乡之谊，得礼灌顶广善西天佛子大国师，遂授心印，驻锡于阳台山，日常遍阅大藏，久不下山，戒行精严，人多钦仰……

碑文中“灌顶广善西天佛子大国师”即为智光，而吾公亲、月公律、帖公定、乌公显、摻公腾、纳公理、禅公忍、三公普，显然与前引杨荣《灌顶广善西天佛子智光大国师事实》中所列智光门人月纳耶实哩、吾巴帖耶实哩、帖纳实哩、吾答耶实哩、摻耶实哩、纳耶实哩、禅牒实哩、三曼答实哩诸人名是相对应的，他们既与智深有“同乡之谊”，则均为交趾籍无疑。这就表明，在相当一个时期内，安南僧在明代西天僧中占有非常重要的地位。

智光门人中何以有如此之多的安南僧，目前还没有什么史料来加以说明。越南史料中记载洪武时明太祖曾谕令安南国王向明朝派遣僧人，[②] 这也许成为日后多有安南僧人入华的一个机缘。

除杨荣《灌顶广善西天佛子智光大国师事实》中提到的之外，智光子弟见于史者尚有下列诸人：

惠辨，又作慧便、惠便等，智光洪武十七年首次西使时，此徒随行。[③] 其余情况不详。

---

① 北京图书馆金石组：《石刻拓本汇编》第51册，第108页。

② 参见陈学霖《明代安南籍宦官史事考述》，《明代人物与史料》，香港中文大学出版社2001年版，第207页。

③ 见杨荣《灌顶广善西天佛子智光大国师事实》及《补续高僧传》卷1《西天国师》。

桑渴巴辣。据道深撰《敕赐崇恩寺西天大辣麻桑渴巴辣实行碑》[①]，巴辣为中天竺人，自幼出家，游方印度各地，参习密教，后抵西藏，遇正在西藏"宣化"的智光，入其门下。永乐三年随师入华，蒙太宗召见、赏赐，命居西天寺。成祖迁都后，诏桑渴巴辣至北京居崇恩寺，并奉敕于内廷番经厂"教授内臣千余员，习学梵语、《真实名经》诸品、梵音赞叹以及内外坛场"。又常常偕其师智光为皇家修设秘密斋筵，"或得掌坛，或辅弘宣"，累受赏赐。朝野僧俗见者"莫不皆敬重"，诸帝"亦皆奖慰隆厚"，"而有参授秘密，则礼之为金刚上师者多有，内外大臣投其座下削发为徒者，是亦不能尽举"。正统四年，往五台山参礼，并施资重修法藏寺，在寺中立其师智光之舍利灵塔。九年，英宗赐额为普恩寺，其徒答而麻啰乞塔领部札为住持。正统十一年，桑渴巴辣由五台返京途中坐化于定州上生寺。其长徒勃答室哩等迎其全身至京师西域寺荼毘，并分别于西域寺西北和房山小西天两地起建灵塔，藏其遗骨。道深在碑文中称，桑渴巴辣"生性刚直，独唯敬让无隐上师道学兼明，而诸教中泛泛者一无逊让之。盖彼所得秘密高广，而尝所谓密中之密，则诸人亦不能与之议论"。可见是一个在密教方面有很高造诣，又极孤傲自负的僧人。

释迦哑尔塔。《日下旧闻考》卷九六《明李纶西域寺重修碑略》载释迦哑尔塔"世家山西蔚州，姓翟氏。甫八岁，礼大通法王为衣钵侍者。师授灌顶广善大国师教，传密乘经典心印秘。上师历历谙练无遗"。可见同智光一样，释迦哑尔塔亦为中国僧人，因宗承印僧萨哈拶释哩所传而取梵语法名，大致智光门人均类此。释迦哑尔塔为智光门人中与内廷关系极密切的人物。此人在成化时即已得宪宗宠遇。弘治初，有人上书称宪宗时，"法王领占竹、扎巴坚赞等，佛子释迦哑儿答、国师舍剌星吉等，俱以西番腥膻之徒，污我中华礼仪之教。玉食锦衣，坐受尚方之赐，棕舆御仗，僭用王者之仪"[②]。疏内以释迦哑儿塔为"西番腥膻之徒"，显然是将西天僧和西番僧混为一谈了。"佛子"即西天佛子，据《明宪宗实录》卷二八三，成化二十二年十月癸酉条，释迦哑尔塔

---

① 北京图书馆金石组：《石刻拓本汇编》第52册，第10页。

② 《明孝宗实录》卷2，成化二十三年九月丁未。

于成化二十二年经太监韦泰"传奉圣旨"，由灌顶大国师升为西天佛子。孝宗继位后，降京寺藏僧及西天僧名号等次，释迦哑尔塔亦由佛子降为大国师。但不久又复为佛子。释迦哑尔塔一生中极蒙皇室优渥，所以弘治十四年临终前也不忘嘱其弟子"竭力焚修，以报皇上莫大之恩"①。去世后，孝宗追封为"静修妙悟灌顶大国师大智法王"②，又效永乐时成祖为释迦也失御制《像赞》的做法，诏内阁大学士刘健拟《御制释迦哑尔塔像赞》，但因刘健抵制而作罢。③ 明李纶《敕建西竺寺重修记》碑中称其为"大能仁寺西天国师"④，则其驻锡地为大能仁寺。弘治中释迦哑尔塔先后重修开元寺、西竺寺和西域寺。据上引《宛署杂记》卷十九《寺观》"开元寺"条下注："旧传唐开元年建。本朝弘治六年太监罗秀重修，中宪大夫李纶记。"而前引《李纶重修开元禅寺碑略》载开元寺"经岁久，殿宇摧颓。大能仁寺西天国师出恩赐金帛修理"。"大能仁寺西天国师"即释迦哑尔塔。则此寺弘治时释迦哑尔塔之重修应是与太监罗秀共襄而成。西竺寺之重修也是如此。李纶《敕建西竺寺重修记》载：

> 兹寺之建岁月弥久，殿堂廊庑不免乎霜雪之薄蚀，墙垣基址难免乎风雨之摧颓，于时内官监太监罗公秀、陈公庭出游之暇，睹其名山福地遂尔凋落，则前人之功不几废矣。乃与其徒大能仁寺西天大国师释迦哑尔塔、禅师津答室哩佥各出己资图维新之。具闻于上，特赐白金若干，中宫、东宫益加宠惠，中外善信咸助其工。

西域寺之重修是在弘治十一年，释迦哑尔塔"举兴修之念，罄己囊橐，兼募众缘，上闻，特赐银两，不期年而落成"⑤。

津塔室哩，据《敕建西竺寺重修记》，与释迦哑尔塔同为能仁寺僧，弘治中与释迦哑尔塔一起筹划重修西竺寺。津塔室哩又见于《明宪

---

① （清）于敏中等：《日下旧闻考》卷96《李纶西域寺重修碑略》。
② 同上。
③ 《明孝宗实录》卷188，弘治十五年六月庚午。
④ 北京图书馆金石组：《石刻拓本汇编》第53册，第20页。
⑤ （清）于敏中等：《日下旧闻考》卷96《李纶西域寺重修碑略》。

宗实录》卷二八三，成化二十二年癸酉条载，此人经太监“传奉圣旨”，由禅师升为国师。

道深，俗姓杨氏，明播州宣慰使司人，应系宣慰使杨氏族人。据他本人正统四年所撰《金山宝藏禅寺记》碑文[①]，他于永乐十九年随播州宣慰使司宣慰使杨升进贡至京，“蒙太宗文皇帝赏赉褒重，由是得从灌顶广善大国师智光受灌顶戒，学西天梵书字义”。仁宗时“柔远奖谕，特赐高僧，继从僧录左阐教法主大师讲华严、圆觉、楞严等经，大小宗乘等律，唯识百法等论”。“法主大师”即慧进，此人为永乐时最受明成祖器重的义学高僧之一。“究通华严宗旨，傍达唯识百法诸论，意解心融，众所钦服，遂得‘法主’之称。”[②] 曾奉诏在北京海印寺住持纂刻大藏经，宣德时宣宗“待以国老，赐毗卢冠、织金磨衲。诏于内翰因多官并僧众对写金字华严、般若、宝积、涅槃四大部经。尚膳供馔饮”。后又奉旨在隆善寺开讲楞严经。宣德初，道深“常侍大国师屡应宣宗章皇帝召，每与经筵。复从讲经独芳叟入室，参千百则公案”。此中独芳，即洪莲，此人永乐中奉旨笺注《大明三藏法数》及校勘大藏经等，先后为僧录司右讲经和左讲经。景泰中去世后，景帝赐赠“净梵翊教禅师”之号。由此可见，道深除资受“西天”法门之外，也与当时汉传佛教中的上层僧人过从甚密。此后，由镇守陕西太监王贵等檀助，道深在北京西山建苍雪庵，英宗赐名为“宝藏禅寺”（后又称月河梵苑、月河梵院、月河寺等）。程敏政《篁墩集》卷十三《月河梵苑记》载：“苑主道深，播州人，杨氏子，性疏秀，通儒书。宣德中住西山苍雪庵，赐号圆融显密宗师，而自称苍雪山人。后归老，乃营此以自娱。”史籍中因道深法脉上的印度传承，称其为“西域僧”。《光绪顺天府志·京师志十六·寺观二》：“宝藏寺，在金山口。宣德九年，掌御马监王贵修，为西域僧道深建。”《日下旧闻考》卷一〇〇引《山行杂记》载，宝藏寺“系正统四年为西域僧道深建”云云。

---

① 北京图书馆金石组：《石刻拓本汇编》第51册，第93页。

② （明）明河：《补续高僧传》卷4《慧进传》。

三　“西天教”僧与内廷的关系

由上述可以看到，明代以印僧萨哈拶释哩为始祖的“西天教”传承中，至少包含有来自中国、天竺和安南三地的僧人，中国僧人中又有少数民族成分。而这一系僧人的活动则以京师特别是北京地区为中心。其中北京能仁寺、大觉寺、开元寺、西竺寺、西域寺、普照寺、崇恩寺及秀峰寺等是西天僧最为集中的几所寺院。智光晚年虽以大觉寺为佚老之处，但能仁寺仍为其门人大本营。据明人王统《观贝叶经记》一文，能仁寺内还珍藏有明初由“胡僧”自天竺及“西域”携来之“番藏贝叶经”和桦皮经，也即梵文佛经。而寺内“西天僧”虽均由中国人充之，但仍有其印度法脉的特征：“寺僧皆中国人为之者，号曰喇嘛，胡名、胡服。服亦如僧衣，但色用红黄及用红黄为领缘，又领下直达于裾，其末前为一继续之四五寸微阙，其外如爪环下直，号为金刚脚者，异耳。问之胡语梵字，多不解也。问始来此者胡僧名，皆梵语叠五六言为一名，曰班的达者，其开山祖师也。再问之以天竺地理物宜，皆不能知。”[①] 所云“班的达”者，即为萨哈拶释哩。大觉寺、西竺寺、西域寺和普照寺都位于京西阳台山，其中大觉寺为皇家敕建，智光终老于此，西竺寺、西域寺和普照寺则均为智光门人所建。由于同属一个传承系统，这些寺院之间关系十分紧密。《明孝宗实录》卷一三四，弘治十一年二月乙未条下载：“传旨升大能仁寺右觉义塔儿麻拶耶为左觉义，兼住西域寺，都纲麻儿葛思帖罗等四人俱为右觉义，兼住西竺等寺。”据此，阳台山诸寺很有可能是从属于能仁寺的。此中葛思帖罗系三曼答室哩门人，其名列于上引《圆修慈济国师塔铭》。

由萨哈拶释哩始传的明代西天教团，从一开始就得到明皇室的眷礼与崇重。萨哈拶释哩本人即深得明太祖赏识，引为沙门表率。其弟子智光更因对朝廷的特殊贡献和佛学上的造诣而得封“西天佛子”和“法王”的尊贵名号。其后，释迦哑尔塔又得成化和弘治两朝宠信，同样获得“西天佛子”和“法王”的名号。其他获封大国师、国师、禅师、都纲，以及除授僧司职名者亦甚多。这在《明实录》中有不少记录。

① （明）黄宗羲：《明文海》卷376。

而除皇室之外，内廷宦官与这部分僧人的关系也值得注意。早在洪武时期，萨哈拶释哩门下就有宦官出入。来复所撰《西天善世班的达公塔铭》，署名立碑者为“菩萨戒弟子奉御崔安、大使黄福□”，“奉御”为明代宦官职名。崔安来自高丽，洪武十三年曾奉旨在南京天界寺审讯高丽使臣周谊。[①] 崔安号为“菩萨戒弟子”，很有可能就是从萨哈拶释哩受戒的。萨哈拶释哩之后，智光与皇室的关系更加密切，皇帝对其宣召、慰问及赏赐诸事多以宦官为差使，宦官也因之受其诲导、影响，对其敬仰信重。正统时罗亨信所撰《司礼监右少监孔公寿塔铭》就记载了宦官孔哲与智光间深厚的法缘关系。据该《塔铭》，永乐时，孔哲曾奉成祖之命“诣奉西天教智光大国师参问要旨，未几，遂得口传心授之懿”，“拳拳服膺不忘”。宣德十年，智光病笃，孔哲又奉旨“于大能仁寺守护”。智光去世后，孔哲又奉智光遗榇在阳台山负责造塔安葬并建寺。孔哲因以“人之寓世，光阴易迈，至道难闻，复念国师诲导深恩，殒首莫报，乃即师塔左偏建塔一座，高若干级，及菴一所，佛祠门庑钟楼僧舍供用咸备，以俟己之一旦无常，则为栖神之所”。孔哲还令其义子六人出度为僧，“曰萨歇室哩、曰微拶耶室哩、曰啰的纳巴辣、曰不答星葛、曰不罗疑牙萨葛罗、曰广惠，各给度牒，受西天教，守奉香灯，永永毋忽”[②]。智光同侪底哇答思与宦官间也有很密切的关系。该僧去世后，为其捐赀建塔及请程南云为之撰《塔铭》者，均为内臣。[③] 智光门人中如桑渴巴辣、道深、释迦哑尔塔、津答室哩、三曼答室哩诸人都与宦官深相结纳。桑渴巴辣本身曾为内廷番经厂教授，与厂中宦官有师徒之谊。所以前引道深所撰碑文中提到正统元年时，御用监太监阮文等为其重修了崇恩寺；巴辣化后，所起两座灵塔“皆内臣檀越辈助成”。三曼答室哩也曾在内廷番经厂任职，明宪宗封其为国师，即为司设太监陈玹为之奏请。在《圆修慈济国师塔铭》碑中列名的宦官有二百数十人之多。其中，罗秀自署为“菩萨戒弟子”，该《塔铭》即是道深应罗秀与三曼答室哩门人葛思帖罗之请而作。而智深、道深等同样与

① 吴晗辑：《朝鲜李朝实录中的中国史料》前编《高丽史》卷中，中华书局1980年版。

② （明）罗亨信：《觉非集》卷5，书目文献出版社北京图书馆古籍珍本丛刊本。

③ （明）程南云：《故禅师底哇达思塔铭》，北京图书馆金石组：《石刻拓本汇编》第51册，第90页。

宦官过从甚密。前述智深建秀峰寺，太监高让“倾竭财力为功德主”，此外，尚有内臣陈昂、黄雄、阮福深、范觉寿、裴喜、金钊、阮觉省、郑智广、周普明、张福山等“同舍己资，助师建立道场”。寺院建成后，太监陈昂和阮宗“又捐家资印造大藏经文庄严柜匣留于寺，以永其传”①。道深所居宝藏寺则主要由宦官王贵檀助。据《宝藏禅寺记》可知，另有宦官尚义、李童、贾亨及喜宁诸人也为寺院“功德主”。从《宛署杂记》卷十九可知，道深还曾为太监夏时所营碧峰寺、阮安所营福昌寺及唐慎所营普陀寺撰写过碑记。宣德时嘉兴大长公主及其驸马建龙泉寺、成化初外戚万贵建龙华寺等亦由道深为撰碑文。② 这些都反映出道深与内廷关系之深厚。前述弘治间释迦哑尔塔、津答室哩等重修开元、西竺诸寺，同样得太监罗秀、陈庭之檀助与支持。

明代西天僧与包括宦官在内的宫廷的密切关系，使自身获得了相当尊崇的宗教与社会政治地位，他们对宫廷也保持着长期的宗教影响。内廷“西天经厂”的设置，就是其影响在内廷存在的一种标志（详后）。但这种密切关系反映出宫廷始终是这部分僧人提供宗教服务的重要对象，因而在他们身上带有某些御用僧人的色彩。而与内廷宦官势力的结纳，也使他们常常为社会政治舆论所诟病。不过，到嘉靖时期，由于明世宗崇道排佛，佛教影响从宫廷中大幅度退缩，西天僧与宫廷关系也日渐疏远，此后关于这一系僧人传承的情况也无从考索了。

另外，明代的西天僧除萨哈拶释哩这一系之外，永乐中又有东天竺僧人实哩沙哩卜得啰来华，且有门人传承其教。据《补续高僧传》，实哩沙哩卜得啰为东天竺拶葛麻国王子，自幼聪敏。十六岁时请命出家，礼从孤捺啰麻葛萨弥受业，习通五明，因戒行精严，智慧明了而得“五明板的达”之号。后云游行脚，足迹遍于五天竺。永乐十一年，实哩沙至中国，得太宗召见，“应对称旨”，奉旨住海印寺。永乐十五年，奉旨游五台山，还京后太宗在武英殿又召见了他，“天语温慰，宠赍隆厚，授僧录阐教，命居能仁寺”。仁宗在位时，实哩沙奉旨主持皇家佛事活

① （明）黎澄：《敕赐秀峰寺碑》，北京图书馆金石组：《石刻拓本汇编》第51册，第108页。

② （清）于敏中等：《日下旧闻考》卷135《京畿》、卷54《城市》。

动，封授灌顶大善大国师之号，赐金印、宝冠、供具及依仗。[①] 宣宗初继位后，又令其主持荐扬佛会。宣德元年，实哩沙坐化。临终时命弟子不啰加实哩等“各当善护如来大法，毋少懈怠”。讣闻，宣宗诏有司“具葬仪者维，收舍利于香山乡塔而葬之。遗命分藏清凉山圆照寺亦建塔焉”[②]。香山乡实哩沙塔葬之地，即为前述太宗为其所建具有印度风格的真觉寺。寺内供实哩沙携自印度的金身佛像。[③] 实哩沙故后，其法脉即以真觉寺为基，成化二十年，太监覃昌传奉圣旨，升该寺僧人讲经答儿麻悉提为国师、剌麻麻尼星曷及纳悉提为都纲。三僧名式都具印度色彩。当为实哩沙徒裔。《武宗实录》卷六五，正德五年七月己卯条又载升真觉寺僧牟尼星曷为右觉义。麻尼星曷应即牟尼星曷之异写。

又，刘侗、于奕正《帝京景物略》载万历三年有“西竺南印土僧左吉古鲁，东入中国”，此僧初居京师天宁寺，后于阜成门外二里沟一松下修行，因宦官毕某之奏，蒙赐织金禅衣等，并“赐松地居焉，赐寺名西域双林寺”[④]。双林寺实为冯保所建。清人吴长元谓：“双林寺，明万历初，大珰冯保营葬地，造寺曰双林。双林，冯之别字焉。后西竺南印度僧足克戳古尔（即左吉古鲁）居之，赐名西域双林寺。”又谓：“足克戳古尔入中国时，正冯珰建寺之时。其后冯败而寺存，因以居之，赐名西域双林寺。”“非特建也。”[⑤] 继左吉古鲁之后，万历中又有“东天竺国”“梵僧”锁南嚷结等五人入居双林寺。李日华《六研斋笔记》卷二载，锁南嚷结自述其先代班的达祖师曾为明宪宗“国师”，并殁于中国，他们五人因“翘慕华风，兼钦先德”，发心结伴同行到中国。所谓曾为宪宗皇帝“国师”的“先代班的达祖师”未知何人。按明代在华印僧有“班的达”之称的只有前述之元末明初的萨哈拶释哩和永乐朝的实哩沙哩卜得啰，但萨哈拶释哩为中天竺人，实哩沙哩卜得啰虽为

---

① 《明仁宗实录》卷 2 下，永乐二十二年九月丁亥条记有其受封大国师事，称其为“西天剌麻板的达”而不名。

② （明）释镇澄原纂，释印光重修：《清凉山志》卷 2《伽蓝胜概》。

③ （明）刘侗、于奕正：《帝京景物略》卷 5《西城外》。

④ 同上。

⑤ （清）吴长元：《宸垣识略》卷 13《郊二》。

东天竺人，但早在宣德初已去世。锁南嚷结五人先是在五台山罗睺寺挂锡，两年后御马监太监刘润上山，引五僧至京师，住双林寺。万历三十年，奏闻于皇太后，命移住万寿庵持咒三年。“有番经厂太监张贵奏万岁爷命住双林寺设坛济幽四十九昼夜，赐紫衣宝冠。命西经厂教授中贵，又赐织金禅衣、金段十疋、膳盒八副，寄与大能仁寺，盖先代班的达祖师于成化年间赐法王宝殿塔院也。”至天启时，五人中朵儿只忏和展阳喃渴均入灭，其余三僧于各地修行。

第五节　明世宗排佛

一　从偏尚道教到排斥佛教

明中期宫廷与佛教的关系到嘉靖时期发生了一个逆转性的变化，这就是明世宗对佛教的排斥，从而使明宫中佛教的影响大为落寂，而道教则因世宗的崇奉而盛极一时。世宗上台，针对武宗时期宠信藏僧，奉持“异端”的做法，“登极诏书首正法王、佛子、国师、禅师之罪”①，贬斥藏僧，大大削减了藏传佛教对宫中的影响，不过，此一举动只是世宗革除前朝弊政的一项内容而已，并不表明他对佛教的排斥。实际上，嘉靖初期，世宗尽管已明显表现出对道教的偏向，但仍是佛道兼奉。谷应泰《明史纪事本末》卷五二《世宗崇道教》记载，嘉靖元年“七月，帝渐兴寺观，崇奉诸教”。当时宫内外频举斋醮。这些斋醮活动便包括佛道两教。吏科给事中张原在所上《祛异端疏》中就提到“今各宫好事及汉经厂、番经厂、西天经厂并灵济宫、显灵宫诸处，日逐俱要供给斋饭，供养等物俱必经由光禄寺造办，所费至为众多”，等等。② 由于包括杨廷和在内的许多大臣不断进言谏阻，③ 世宗不得不作出姿态，于嘉靖六年下诏停设宫内三经厂和宫外两寺院之斋事，“止着朝天宫建斋如故”，“存一宫之斋者，盖做春祈秋报之意”。④ 世宗此举意在表明自己崇正黜邪，但对朝天宫建斋网开一面，其对道教的偏尚已见端倪。此

① 《明世宗实录》卷26，嘉靖二年闰四月甲辰。

② （明）张原：《玉坡奏议》卷3，文渊阁四库全书本。

③ （明）杨廷和：《杨文忠公三录》卷2《请免斋醮疏》、《请慎选左右速停斋醮疏》。

④ 《明世宗实录》卷78，嘉靖六年七月乙巳。

后，宫中道教势力日益增长，世宗于道教日益沉溺，对佛教的抑压倾向也越来越明显。这一点从以下几个事例可以证明：

1. 嘉靖九年（1530），世宗诏令礼部将配享成祖的姚广孝牌位由太庙移出，云："姚广孝佐命嗣兴，劳烈俱有。顾系释氏之徒，班诸功臣，侑食太庙，恐不足尊敬祖宗。"尚书李时因与大学士张璁、桂萼等奏请移祀于大兴隆寺。[①] 世宗此举，无论政治上的动机如何，就宗教态度而言，显然具有贬斥佛教的意味。

2. 嘉靖十四年，僧录司所在大兴隆寺遭火灾被毁，御史诸演等因上言"佛本夷狄之教，非圣人之法，惑世蠹民"，称大兴隆寺之毁，验证世宗排佛"深契天心"，请世宗采取进一步措施打击佛教，"乞敕礼部申明禁约颁布天下，凡各寺院一切佛像悉令毁之，投诸水火，永绝根源"，世宗虽未采纳如此极端建议，但诏大兴隆"寺既毁，永不许复"，并革内廷在大兴隆及大慈恩寺修斋供佛诸事。[②] 嘉靖十六年，世宗又谕"各处寺院年久宫殿，任其颓坏，不许修葺"[③]；嘉靖二十二年，世宗以大慈恩寺为藏僧所居，又毗邻内宫，"以为邪秽，不宜迩禁地，诏所司毁之，驱置番僧于他所"[④]。

3. 嘉靖十五年，世宗诏毁宫中大善佛殿及殿中所供佛像、佛牙、佛骨等。宫中大善佛殿由来已久，《金陵梵刹志》卷二七收录正统九年吏部尚书魏骥的《崇化寺碑记略》，其中提道："国朝大兴圣教，度越前古，作乐章而赞佛，锡徽号以崇僧，法王之名昭示远迩，中外建精名蓝，内苑起大善宝殿，招提胜境遍天下。正统纪元以来，名山福地益信益崇。"可知大善佛殿在正统之前已建于宫中，从文意上判断，当建于永乐时。据《清凉山志》卷三《释迦也失传》，永乐十二年释迦也失入朝时，"赐座大善殿"，说明当时南京宫中建有大善殿，北京内宫之大善佛殿应该就是仿建自南京大善殿。永乐十八年，成祖所撰《御制感应序》中即提到曾在大善殿散施《诸佛如来菩萨尊者名称歌曲》，有诸多灵异应现。嘉靖十五年五月，世宗"敕廷臣议撤佛殿，即其地建皇太后

---

① 《明史》卷145《姚广孝》。

② （明）沈越：《皇明嘉隆闻见记》卷5，四库全书存目丛书影印本。

③ （明）李东阳等奉敕撰，申时行等奉敕重修：《明会典》卷104《礼部·僧道》。

④ 《明世宗实录》卷272，嘉靖二十二年三月癸未。

宫"，这个佛殿就是大善殿。"殿内有金银铸像巨细不下千百，且多夷鬼淫邪之状……几案之上及悬庋梁拱间与夫金函之所藏者为物尚多，不可识辨，问之守者，且云是为佛骨是为佛牙，枯朽摧裂，奇离魄磊，不下千斤。"[①] 所谓"夷鬼淫邪之状"，表明殿内所供法物具有浓厚的藏密色彩。礼部尚书夏言等观看后认为这些东西是"番夷持以诳惑中国之人而名为佛颅佛骨者"，奏请世宗敕有司"俱瘗之中野，以杜愚冥之惑"，世宗则以为"今虽埋之，将来岂无窃发以惑者？可议所以永除之。于是言复议投之火。上从之。凡毁金银佛像一百六十九座，金银函贮佛头牙等一万三千余斤，燔之通衢"[②]。

明世宗的排佛是其个人宗教倾向的一种反映。道教和佛教一样，从明初就得到皇室的扶持，著名道士也受到优待。洪武时，天师道领袖张正常受太祖封为"正一嗣教真人，赐银印，秩视正二品"。又有江西道士刘渊然也奉召至京，"赐号高道，馆朝天宫"[③]。永乐时，成祖又在武当山大兴土木，修建宫观，规模浩大。[④] 仁宗、宣宗、英宗、代宗诸帝都有奉道之举，至宪宗时则更甚于列宗，道士、方士之流进用者甚众，"羽流加号真人、高士者亦盈都下"[⑤]。因此，明诸帝与道教始终保持着密切的关系。历代皇帝基本上都是佛道兼崇，只是在崇奉的程度上多倾向于佛教而已。然而世宗嗣位后，却在偏尚道教的基础上发展成为崇道斥佛。而世宗对道教的偏尚，与其祛病延寿的主观需求有直接关系。世宗体弱多病，这在《明世宗实录》就有反映。嘉靖二年四月给事中张嵩上奏中称"皇上春秋方富，而数月之内两见违和"[⑥]；翰林编修张潮疏中亦言"惟去秋以来，经筵临讲转见，传闻圣体时或违和"[⑦]。这其中，耽于房事，纵欲过度是一个重要的原因。"嫔御女谒，充塞闺帏，一二黠慧柔曼者为惑尤甚。"[⑧] 因此，疾病的困扰和纵欲的

---

① （明）张萱：《西园闻见录》卷105《二氏后·佛》。

② （明）沈德符：《万历野获编补遗》卷4《释道》。

③ 《明史》卷299《方伎》。

④ 同上。

⑤ 《明史》卷307《继晓》。

⑥ 《明世宗实录》卷25，嘉靖二年四月癸巳。

⑦ 《明世宗实录》卷26，嘉靖二年闰四月辛亥。

⑧ 《明史》卷192《张羽》。

需要使得世宗对道教的各种方术丹药之类产生了浓厚的兴趣。世宗临终遗诏中就曾承认自己沉溺道教是“祇缘多病，过求长生”[①]。世宗的这种心理为身边近幸宦官所揣测迎合：“左右近侍之人有与外面宫观革职人员阴相交结，承其指授，诱引陛下崇信道教。”[②] 其中内官崔文就是鼓动世宗建醮修玄的罪魁。《明史》中就讲：“世宗嗣位，惑内侍崔文等言，好鬼神事，日事斋醮。”[③] 刑部尚书林俊也认为崔文“乃左道之作俑也”。于是，许多道徒方士之流纷纷被引入宫中，“乘机诳惑，祷祀日举，土木岁兴”[④]。嘉靖三年，龙虎山上清宫道士邵元节入京，世宗召见于便殿，大加宠信，敕住显灵宫，专司祝祷祀，“雨雪愆期，祷有验，封为清微妙济守静修真凝玄衍范志默秉诚致一真人，统辖朝天、显灵、灵济三宫，总领道教，锡金、银、象牙印各一”[⑤]。此后，邵元节呼引朋类，使宫中道士势力和道教影响迅速增长，并促成世宗最终由偏尚道教发展到排斥佛教。沈德符就明确指出，世宗之排佛是“用真人陶仲文等议”[⑥]。陶仲文与邵元节并为世宗最宠信的道士。可见，明世宗之排佛是明代佛道两教势力在宫廷中互为消长的一种反映。

有学者认为，明世宗宠信道教，遂使佛教蒙大损害，“佛教自此一蹶不振，其势延至于今”[⑦]。这显然是对世宗排佛的严重性太过夸大了。明世宗排佛并非基于社会政治和经济上的动因，因此，排佛活动也并不是对佛教进行全面而严酷的打击和斗争，即使就宫中来看，佛教也只是因世宗尚道而被压制而已，长期以来形成的影响也并没有因此而消除。皇姑寺存毁之争就象征性地反映了这一点。

---

① 《明世宗实录》卷566，嘉靖四十五年十二月辛丑。

② （明）张原：《玉坡奏议》卷3《祛异端疏》。

③ 《明史》卷307《佞幸》。

④ 《明世宗实录》卷566，嘉靖四十五年十二月辛丑。

⑤ 《明史》卷307《佞幸》。

⑥ （明）沈德符：《万历野获编》卷27《释道》。

⑦ 江灿腾：《晚明佛教复兴运动背景的考察——以憨山德清在金陵大报恩寺的磨炼为例》，台湾《东方宗教研究》第1期（1987年9月）。

二　皇姑寺存毁之争

明中叶以来，“法禁废弛，僧道渐众”，而“僧道盛者，王政之衰也”[①]，所以世宗初政，朝臣纷纷上奏要求加强对僧道的限制。嘉靖六年（1527），礼部尚书方献夫又上言奏请取缔尼僧寺院，由此引出了关于皇姑寺存毁的争议。《明世宗实录》卷八三，嘉靖六年十二月壬子条载：

> 礼部尚书方献夫等言尼僧道姑有伤风化，欲将见者发回改嫁，以广生聚。年老者量给养赡，依亲居住，其庵寺拆毁变卖，敕赐尊经护敕等项追夺。或谕勋戚之家不得私度。诏悉如其言。献夫复言内有年老无归者，不可不为之处内外。皇姑寺为敕建之所，宜令安置其中，以为终老之计。其所居庵寺俱私创，乞令户、工两部变卖，以为公需。仍量给尼姑之贫者以为养赡费。上曰变卖庵寺如议行，年老而贫者量给银养赡，各听其父兄乡党收之，不必处之皇姑寺。

明代自太祖时期开始，对妇女出家就有很严格的限制，洪武时就禁止四十岁以下女子出家。[②] 永乐时，平定山东唐赛儿反叛后，成祖虑其匿迹于尼僧女冠之中，强令所有尼僧女冠还俗。[③] 以后，宣宗、宪宗等朝都曾严申妇女出家之禁。[④] 明帝禁妇女出家，既有保障人口生育方面的因素，也有永乐时那样特殊的政治背景，同时，也多体现着出自正统儒家思想的偏见与歧视，即往往将妇女出家和“伤风败俗”联系在一起，认为尼僧“外假清戒以惑愚民，内实淫奸以坏名节”，为“风俗治道之累”[⑤]。明世宗以“藩服入继大统”，上台后，朝中展开所谓“大礼议”，在此背景下，世宗及议礼诸臣又极力营造“敦化立教，崇正辟

---

① 《明世宗实录》卷 83，嘉靖六年十二月戊申。

② 《明太祖实录》卷 86，洪武六年十二月戊戌。

③ 《明太宗实录》卷 225，永乐十八年五月丁丑；卷 233，永乐十九年正月戊寅。

④ 《明宣宗实录》卷 55，宣德四年六月丁亥；《明宪宗实录》卷 74，成化五年十二月甲戌。

⑤ （明）俞汝楫：《礼部志稿》卷 89《钦依禁革尼僧》，文渊阁四库全书本。

邪”的社会思想氛围，方献夫及霍韬等议礼诸臣因此倡言禁革尼僧道姑。但世宗偏尚道教，禁革的主要矛头实际上就针对着尼僧。方献夫所提到的皇姑寺，其正式的名称为“顺天保明寺”，为京师西山香山黄村的一座尼僧寺院。史籍中有关此寺的记载颇多传奇、传说色彩。如《帝京景物略》卷五《西城外》云：

> 皇姑寺，英宗睿皇帝复辟建也。正统八年，驾出紫荆关，亲征也先，陕西吕尼近驾谏行，曰不利。上怒叱，武士交捶，尼扶坐以逝。及蒙尘虏营，数数见尼，娓娓有所说，时时授上饼饵。驾返居南宫，数数见尼，娓娓有所说。复辟后诏封皇姑，建寺，赐额曰顺天保明寺。或曰：隐也，明保天顺也。后殿祀姑肉身，趺生愁容，一媪也。

英宗亲征瓦剌也先事在正统十四年而非八年，所谓吕尼虽实有其人，但她建寺是在弘治初，与英宗不大可能有什么瓜葛和联系。与之有关系的是孝宗而非英宗。明孝宗于弘治十二年颁给皇姑寺的“护敕”称：

> 顺天府宛平县香山乡黄村女僧吕氏，先年置买田地六顷七十六亩，起盖寺宇一所，奏乞寺额，并蠲免粮税。特赐额曰顺天保明寺，俱蠲免地亩、粮草。今仍与徒弟女僧杨氏居住管业，颁敕护持之。①

另，《明史》卷一八三《周经传》载有弘治初曾有“中官请修黄村尼寺，奉祀孝穆太后”，黄村尼寺即皇姑寺。由此可知，皇姑寺始建于弘治初，始祖吕尼至弘治十二年时仍在寺内“居住管业”。而吕尼建寺时，又通过宦官的渠道打出了“奉祀”孝穆皇太后即孝宗生母的旗号，所以便有给赐寺额、免田税及颁赐护敕等优待。孝穆太后，本为宫中女史，早在成化十一年就“暴薨”于宫中，时年孝宗六岁。据《明史》卷一一三《后妃一》所载，纪氏偶为宪宗临幸，遂怀身孕，但当时

---

① （明）沈榜：《宛署杂记》卷18《恩泽》。

“万贵妃专宠而妒，后宫有娠者皆治使堕”，知纪氏有孕，“令婢钩治之。婢谬报曰病痞。乃谪居安乐堂。久之，生孝宗，使门监张敏溺焉。敏惊曰：‘上未有子，奈何弃之。’稍哺粉饵饴蜜，藏之他室，贵妃日伺无所得。至五六岁，未敢剪胎发。时吴后废居西内，近安乐堂，密知其事，往来哺养，帝不知也”。直到成化十一年，孝宗六岁时，宪宗始知有皇子“潜养于西内”，方迎出得父子相见，不久立为太子。但纪氏却“暴薨”于宫中。孝宗继位后，“悲念”太后，因此有宦官借机请修尼寺，奉祀太后，孝宗自然予以眷待。而孝宗本人若无宫中婢女、宦官及废后吴氏的保护与哺养，不是胎死腹中，也是死于非命，历经大难而得立为太子并继承皇位，岂非天意！这大概正是孝宗赐其“顺天保明”之额的寓意所在。

不过，据李世愉先生的研究，皇姑寺是白莲教支派大乘教的圣地，[①]因此在宗教上并非单纯的佛教寺院。民间宗教往往充斥玄虚、荒诞之说，上述吕尼与英宗间的“奇缘”以及吕尼受封“皇姑”等，恐怕正是大乘教徒们为抬高寺院地位，借寺名做文章编造出来的。但无论如何，这座尼寺与内廷确有相当密切的结纳关系，正因为如此，方献夫在奏准取缔尼寺之后，又请求保留皇姑寺。所谓与内廷的关系，就是皇姑寺“乃皇亲内宦供经布施”[②]，这显然正是方献夫所顾忌的，因以寺为“敕建”和安置老尼为由请予保全。但对于方献夫的这一建议，世宗没有允准，称老尼“不必处之皇姑寺”，认为“此寺虽敕建之名，原非祖宗本意。尼僧与僧道不同，风俗之坏者甚之，而尼僧寺与僧寺、道观又不同。朕于‘皇姑’二字甚否也……今若皇姑寺仍留，是不去其根也，余怨无可禁之”[③]。但皇姑寺“昭圣皇太后、圣母皇太后俱欲存留”，世宗虽曾“据理以对”，皇姑寺终究还是得以保全。杨一清《论存留皇姑寺奏对》中记录了当时昭圣皇太后（即孝宗皇后张氏）和章圣皇太后（即世宗生母蒋氏）与世宗关于皇姑寺的对话：

---

① 李世愉：《顺天保明寺考》，载《北京史苑》第三辑，北京市社会科学研究所《北京史苑》编辑部编，北京出版社1985年版。

② （明）沈德符：《万历野获编》卷27《释道》。

③ 唐景绅、谢玉杰点校：《杨一清集》（下册）《密谕录》卷7《论存留皇姑寺奏对》，中华书局2001年版。

> 皇伯母（张太后）差人谕朕曰："此皇姑寺乃孝宗朝所建，似不可毁。吾心不安。尼僧逐出，无处安身。皇帝可遵吾言。"又圣母（世宗生母蒋氏）亦差人谕朕曰："闻皇帝有旨，着拆僧尼寺，吾甚不安。其皇姑寺闻是孝宗时所建，且其中佛像多，若毁之，恐不可。尼僧逐出，也无处安身，可不必拆。"朕谨听讫，未对。意以为此必是顽（遇）〔愚〕小人进以祸福之言，故二宫皇太后一进传谕，随即令人回奏伯母云："适奉慈谕，以今禁治尼僧事宜，欲将皇姑寺留下，以称伯考之意。侄敢不将顺。但尼僧有伤治化，且于伊教有玷。况此寺虽有我皇伯考赐与敕建，而原非我皇伯考圣意所为，不过请乞之耳！今已令查处。伏请尊慈鉴之，安心勿虑。"而又差人回奏圣母，同前，但有"伯母亦有传谕"一句。次日，该朝圣母。又谕朕曰："昨说拆寺一事，恐不可动。其中佛像，作何处置。况昭圣皇太后有谕，皇帝何不从之。吾今也要建一座寺，或将此寺与我亦好。"朕闻，即面奏曰："近日，因礼部臣奏要禁约尼僧事，已从其请。昨两宫尊谕，子（不敢）〔敢不〕奉行。但尼僧甚坏风俗，若不先将皇姑寺首毁之，余愈难禁约。伏望圣母勿听非人之言。福与祸惟天降之，惟人所召，岂释道能干乎？有一等愚人深信，故以撼奏。子亦闻之：两宫慈训，皇帝不遵，是为不孝，反依外臣之言。惟圣母察之。"圣母云："随皇帝与大臣议行。"朕退。其两宫尊意，只是恐致灾也。此寺中多皇亲内官供给信施，而礼部必有请告之者。

世宗初始的态度虽然坚决，但由于两宫皇太后出面阻拦，最终还是没有冒"不孝"之名强令拆毁，阁臣杨一清也建议"圣母既坚欲留之，则姑从其命，以全人子承颜顺志之意"，世宗无奈之下，只得妥协，奏于两宫云：

> 既遵训两颁，宜即顺命。但惩恶须去本，庶免后患之者也。今遵尊训，将此等房屋留与无归尼僧暂住，止着终身，不许复引此类。其我祖宗时所赐敕额追回。只可如此，伏望尊鉴。蒙允曰：

“若有他安身之地，足矣。”

皇姑寺存而不毁，是宫中由皇亲及内宦构成的奉佛力量庇护的结果，京师佛教寺院与内廷结纳之深由此可见一斑。至嘉靖十二年，昭圣皇太后和章圣皇太后又率领这批皇亲和内宦将寺内天顺时一口铜钟重铸后施给。列名施主的除两太后外，还有：“太师昌国公张、夫人周氏；建昌侯张、夫人崔氏；锦衣卫指挥张、夫人穆氏”；“永淳长公主”；“庄奉夫人邢氏”；“司设监太监王政，内官监太监刘洪、崔淮、傅睿、何禄、荆聚、扬茂，御马监太监孟升、锦衣卫千户黄秀、信官郭景”。[①] 上述“昌国公张”和“建昌侯张”即昭圣太后弟张鹤龄和张延龄，[②] 永淳长公主为明孝宗第三女。[③] 这一举动很具有象征意味，即尽管皇帝尚道，但佛教在宫中的影响却依然存在，宫廷和佛教教团间的联系也并没有因此而阻绝。皇姑寺存而未毁，京师被逐的尼僧不久也“仍复潜聚京师，或私置房屋，或投托亲知，诱引良家妇女”[④]。所以至嘉靖二十二年，世宗又准礼部奏请，“禁革尼僧”，“凡中外一切尼僧，俱勒令还俗婚配，罢毁所居浮屠庵院，违者重罚如令”[⑤]。根据此一禁令，南京礼部在霍韬主持下，对南京地区尼僧进行了清理，“首逐尼僧，尽毁其庵，金陵一片地顿而清净”，但“霍去尼复集，庵复兴，更倍往日矣”[⑥]。一般尼僧寺院都除之不去，而皇姑寺这样有内廷背景者更不可能受到太大的触动。隆庆六年，明神宗之母孝定李太后率包括陈公国朱希忠、定国公徐文璧以及太监冯保、陈奉在内的一千三百余信徒又给皇姑寺铸施了一口新的铜钟。[⑦] 这再次表明皇姑寺与内廷皇室及势要显贵之间的确有着极为深厚的结纳关系。这种关系成为皇姑寺的一个护身之符，不但确保了皇姑寺安然无恙，而且还保证其香火旺盛。前述庞大的信众助缘共襄，正是其香火旺盛的一个例证。因此，沈德符颇为感慨地说，皇姑寺

---

① 引自李世愉《顺天保明寺考》。

② 见《明史》卷300《外戚》。

③ 见《明史》卷121《公主》。

④ （明）俞汝楫：《礼部志稿》卷89《钦依禁革尼僧》。

⑤ 《明世宗实录》卷276，嘉靖二十二年七月甲辰。

⑥ （明）沈德符：《万历野获编》卷27《释道》。

⑦ 引自李世愉《顺天保明寺考》。

存而不毁，“因循至今，又八十年矣。尼僧之增日多，宣淫日甚，檀施亦日益不赀矣。盖其根株俱在内廷，以世宗英断，尚不能铲除，况后世乎！”①

① （明）沈德符：《万历野获编》卷27《释道》。

第四章

晚明皇室与佛教

第一节　孝定皇太后与万历时期皇室奉佛活动

在明代佛教史上，明末出现了所谓的佛教“复兴”气象，高僧涌现，义学兴盛，大大改观了明中叶佛教死沉的局面和僧徒低俗的形象，就连士大夫“也多崇释教”，甚至于“士子作文每窃其绪言，鄙弃传注”，成为习尚。[1] 而佛教的这种“复兴”，又与皇家的兴佛崇佛相为呼应，特别是孝定皇太后及神宗认为佛教“于护国佑民不为无助”[2]，崇佛敬僧，成为明末佛教“复兴”的重要外在推助力量。

一　“九莲菩萨”孝定皇太后

在经历了嘉靖朝世宗对佛教数十年的抑压之后，宫中佛教力量乘穆宗初政时对道教的贬斥而迅速反弹。明世宗执政后，对佛教的抑压并没有像朝臣们所期待的那样，出现“崇正”的局面，相反，世宗对于道教的耽溺并不逊于武宗溺佛的程度，“世宗忿髡辈之积蠹，焚慈恩、焚佛骨，而事玄之盛又十倍焉”[3]。这在意识形态的层面上，仍然偏离了正统的“圣贤”之道。所以，穆宗新政后，自然也要进行一番纠偏举正的工作，宫中道教势力由此成为贬斥甚至清除的对象。穆宗登极的当

---

① 《明史》卷216《冯琦》。

② 明神宗：《御制新刊续入藏经序》，《永乐北藏》第1册。

③ （明）沈德符：《万历野获编》卷27《释道》。

年，与宫廷关系密切的大批道士、方士或被拿送法司问罪，或被斥逐发遣，所有斋醮及相应的环节也一律停革。[①] 隆庆元年（1567），又令削夺邵元节、陶仲文官爵及诰命，毁其墓碑坊牌，籍其田宅；[②] 隆庆二年，穆宗甚至下令“革正一真人名号，勒令缴纳真人府印，止许承袭上清观提点”[③]，对道教如此严厉是明代历史上没有过的。

尽管道教在神宗继位后，其在宫中影响重新得到恢复，[④] 但穆宗对道教之贬斥，无疑为佛教在宫中影响的回升除去了阻力，穆宗在斥道之后，逐渐对佛教采取了崇奉的态度。隆庆五年，穆宗因身体“不豫”，诏令重修已经濒临颓圮的内廷番、汉两经厂，“为祈祝地”[⑤]。同年，贵妃李氏也以为皇帝祝福祈寿为名，率领着内廷宫眷施银重建京师延寿寺。[⑥] 从而缓缓拉开了明末皇室崇佛的帷幕。这位李贵妃，就是万历时位尊“国太”，并号为“九莲菩萨”的神宗之母孝定慈圣皇太后。

孝定太后出身于宫女，早年在裕藩侍奉穆宗，隆庆时封为贵妃，神宗继位后，尊为慈圣太后。在神宗幼龄嗣位的情况下，孝定太后一方面以张居正为内阁首辅，支持其推行政治改革；另一方面则奉事佛教，欲借佛法、佛力庇佑皇室的康宁、宗社的安固，所谓“祈转法轮，以安社稷”[⑦]。从而引领、推动了明末宫廷上下崇佛兴佛的热潮。如前所述，隆庆六年，神宗登极，孝定太后又率领内外官员、宫眷等在内的数千信众，给皇姑寺施铸铜钟，这一浩大的举动表明孝定太后不仅在政治上具有左右局面的影响力，而且是宫中奉佛的核心人物。孝定“九莲菩萨”之号即具有这样的象征意义。

孝定太后“九莲菩萨”的尊号，有学者认为与明末民间宗教大乘教有直接的关系。而大乘教的发源地正是与内廷关系极为密切的皇姑寺。

---

① 《明穆宗实录》卷1，嘉靖四十五年十二月壬子。

② 《明穆宗实录》卷3，隆庆元年正月丁丑。

③ 《明穆宗实录》卷16，隆庆二年正月壬戌。

④ 《明史》卷299《方伎》：“万历五年，冯保用事，复国祥故封，仍予金印。”

⑤ （明）朱赓：《朱文懿公文集》卷2《敕建万寿寺碑文》。

⑥ （明）杨博：《重修延寿寺碑》，北京图书馆金石组《石刻拓本汇编》第57册，第4页。

⑦ （明）觉淳、道安等：《大明续诸经未入藏者添进藏函序》，引自李富华、何梅《汉文佛教大藏经研究》，第445页。

“九莲”一词，就出现在大乘教的经典中，如“九莲天里圆通母，五晶宫中见天真”即是一例。[①] 上述孝定太后对皇姑寺的檀施活动表明她与此寺的确有着密切的关系，因此，推断孝定皇太后“九莲菩萨”的尊号与大乘教暨皇姑寺相关联是有道理的。但“九莲菩萨”的尊号也更有可能就是孝定皇太后和神宗母子所渲造、自封的。清程嗣章《明宫词一百首》有“慈宁宫里清秋节，忽报红莲九朵开”之句，词注谓神宗“尝侍后慈宁宫看花，时已秋节，有铜盎生红莲，莲心抽蕊九而攒簇四向，如台莲然。上令文书官宋绅传外廷观看，看毕仍送慈宁。上亲帅后妃称贺，且赋诗以为太后慈寿之瑞”[②]。据沈榜《宛署杂记》载，“万历丙戌瑞莲产于慈宁新宫，一时阁臣咸为赋之。适慈宁（按即孝定太后）新建寺于宛平西八里庄，赐名慈寿，因碑识诸赋，屋竖之寺左云”。大学士申时行、许国、王锡爵等均应制赋诗以颂。[③] 万历丙戌即万历十四年。据《帝京景物略》载，慈寿寺内后殿就专供九莲菩萨像，云“九莲菩萨”的尊号是因孝定太后梦中得菩萨授《九莲经》而得：

> 后殿奉九莲菩萨，七宝冠帔，坐一金凤九首。太后梦中，菩萨数现，授太后经，曰九莲经，觉而记忆，无所遗忘，乃入经大藏，乃审厥像，范金祀之。寺有僧自言，梦成告曰：太后，菩萨后身也。[④]

清人吴长元《宸垣识略》亦载：

> 九莲菩萨者，孝定太后梦中授经者也。觉而一字不漏，因录入大藏中，旋在慈寿寺殿后建九莲阁，内塑菩萨像，跨一凤而九首。寺僧相传菩萨即孝定前身也。[⑤]

---

① 《销释接续莲宗宝卷·红梅三枝品第十二》，转引自李世瑜《顺天保明寺考》。

② （明）朱权等：《明宫词》。

③ （明）沈榜：《宛署杂记》卷20《志遗六》。

④ （明）刘侗、于奕正：《帝京景物略》卷6《西山上》。

⑤ （清）吴长元：《宸垣识略》卷13《郊二》。

所谓《九莲经》并未收入佛大藏，它肯定是皇家造作的伪经，而不会是什么菩萨所授之经。“九莲”之称本身即有“至尊”的意义，“九莲菩萨”的尊号意味着孝定太后并不是平常普通的佛教信徒，而是济民善世的活菩萨，隐隐然也把孝定太后抬到了佛教领袖的地位。

此外，孝定太后也被尊为“观音菩萨”和“无尽意菩萨”的化身。程嗣章《明宫词一百首》又有“吴生画手擅唐时，临写慈容勒石垂。千叶至今供梵宇，咸传大士著威仪”之句，词注谓：“神宗尝于千秋节为太后祈福。敕取内库所藏吴道子画观音像临模之，易以慈容，使梵刹瞻仰。勒石刷千叶，以布天下。天下梵刹皆供之。”① 万历十七年，浙江南屏净慈寺就获神宗所赐“圣母慈圣宣文明肃皇太后瑞莲观音像”一轴。② 无尽意菩萨的尊称见于僧了童等所撰《大明续诸经未入藏者添进藏函序》：“今之圣母，即古之无尽意菩萨后身也，善心无尽；为国为民，慈爱无尽；诸典入藏，为万世观者，教化无尽；功德难量，昭乎宇宙，四海苍生，安享太平，亦无尽矣。”③

孝定皇太后的奉佛，自然直接影响着儿子明神宗及其皇后、嫔妃，等等。沈德符载神宗本人“皈依净土”④，时于宫中诵经礼佛，“万机之暇，尤复游心内典”⑤。他还常常抄录佛经以为功德。如僧传中记载神宗曾手书《金刚经》;⑥ 李维桢《圣光永明寺记》载神宗曾金书《佛说眼明经》二十卷，为患眼疾的孝定皇太后“祝厘”。时人谓神宗于“中外奏章不留漏刻之听，而手书梵夹端庄无纤微苟简”⑦。神宗死后入葬，还手持佛珠；同葬定陵的孝靖、孝端两后衣饰则都有很多佛教的内容。⑧ 佛教影响之深刻由此亦可见一斑。郑贵妃是万历朝的政治焦点人

---

① （明）朱权等：《明宫词》，（明）程嗣章：《明宫词一百首》词注。

② （明）释大壑：《南屏净慈寺志》卷6《檀护》，四库全书存目丛书影印本。

③ 引自李富华、何梅《汉文佛教大藏经研究》，第445页。

④ （明）沈德符：《万历野获编》卷27《释道》。

⑤ （清）释道忞：《布水台集》卷15《敕赐五莲山护国光明寺心空开法师塔铭》，北京出版社四库未收书辑刊影印本。

⑥ （明）达观：《紫柏尊者别集》附录陆符《达观传略》。

⑦ （明）李维桢：《大泌山房集》卷54上《圣光永明寺记》。

⑧ 王秀玲：《明定陵墓主人的葬式》，《北京文博》2001年第1期。

物之一，她同样也信奉佛教。《明史》载郑氏曾差内宦在涿州建造佛寺。[①] 五台山殊相寺也曾由郑贵妃“新之”[②]。清厉鹗《玉台书史》又载郑贵妃为神宗祝寿而亲书金字《观世音普门品经》一卷。[③] 清饶智元《万历宫词》中“愿祝圣皇千万寿，泥金书就普门品”之句即指此而言。[④]

然而，帝后虽笃于奉佛，于国计民生却荒怠漠视，所以万历时期，佛教虽盛，但政治黑暗，民生凋敝，社稷不安，国运日衰。

二　广兴佛寺

万历时期孝定暨皇室的奉佛活动之一是广兴佛寺。《明史》谓孝定太后“好佛，于京师内外多置梵刹，动费巨万，帝亦助施无算”。孝定和神宗所营佛寺可见附表。

附表所反映的是万历时期孝定太后和神宗营寺活动基本情况，但营寺之盛已可概见。与以往各朝相比，万历时期的皇室营寺活动有这样两个明显的特点：一是营寺活动中起主导作用的是皇太后，与此同时，皇帝、皇后、嫔妃也纷纷参与檀施，再加上宫女、宦官的助缘，形成合宫共襄的局面，甚至宫外僧俗也参与施助。如千佛寺的建造，名列施主的宦官就多达1432人，奶妈、宫女等315人，另有僧人273人，总计1747人，人数规模十分庞大。[⑤] 二是几乎所有营寺工程都由宦官督董，而“有司”即外朝不预其事。这两个特点所体现的意义则是：营寺更具有皇室私家行为的性质，由此，也更突出了皇室奉佛的宗教信向意义，而淡化了对佛教政治利用的色彩。也即佛寺的营造，对于皇室而言，其主要意义在于“祝禧”、“迎贶”，表达帝后的“祈福”诉求。

---

① 《明史》卷244《王之寀》。

② （明）李维桢：《大泌山房集》卷54上《圣光永明寺记》。

③ （清）厉鹗：《玉台书史》，续修四库全书影印本。

④ 《明宫词》，第270页。

⑤ （明）乔应春：《新建护国报恩千佛寺宝像碑记》碑阴题名。

附

万历时期孝定太后及神宗营修佛寺一览表

寺名	所在地	时间、缘起及檀助者	工程督董	资料出处
护国明因寺	京师	旧名三圣寺，万历中慈圣捐金重修，更赐额“护国明因寺”	未详	（明）德清：《大都明因寺常住碑记》①
承恩寺	京师	万历二年为神宗替僧志善建。潞王（神宗弟朱翊）、公主及诸宫眷助之	司礼太监冯保	（明）张居正：《敕建承恩寺碑文》②
普安寺	京师	旧寺，万历二年重修。太监冯保出“俸余”助之	司礼太监冯保	（明）葛守礼：《普安寺重修碑记》③；（明）汪道昆：《重修普安寺碑记》④
海会寺	京师	旧寺，万历二年重修，为“保艾圣躬，奕胤祚”。潞王、贤妃贵人以下咸助之	内臣周宣、范江	（明）张居正：《重修海会寺碑文》⑤；（明）道忞：《重修城南海会寺记》⑥
三塔寺	五台山	旧寺，万历初重修	未详	

① （明）德清：《憨山大师梦游全集》卷22。
② （明）张居正：《新刻张太岳先生诗文集》卷12，四库全书存目丛书影印本。
③ 北京图书馆金石组：《石刻拓本汇编》第57册，第21页。
④ 同上书，第24页。
⑤ （明）张居正：《新刻张太岳先生诗文集》卷12。
⑥ （清）释道忞：《布水台集》卷15。

续表

寺名	所在地	时间、缘起及檀助者	工程督董	资料出处
护国慈善寺	京师	万历四年，“施内帑金修香火院，为恭祝今上圣主万寿无疆”	尚衣太监范江、李郁、段恺、杨朝等	（明）李琦：《敕赐护国慈善寺碑记》①
护国慈寿寺	京师	万历四年，“为穆考荐冥祉，为皇上祈祚胤”。潞王、公主暨诸宫眷助缘	太监范江等	（明）张居正：《敕建慈寿寺碑文》②
万寿寺	京师	万历五年孝定太后为穆宗“荐福”而建。潞王、公主暨诸宫御、中贵佐助	司礼太监冯保	（明）朱赓：《敕建万寿寺碑文》③；（明）张居正：《敕建万寿寺碑文》
大宝塔院寺	五台山	旧寺。万历初，孝定发愿在五台山建寺为穆宗和神宗祈福，因道远未果，改在京师建为慈寿寺。万历七年，孝定为还愿而修	尚衣太监范江、李友等	（明）释镇澄原纂，释印光重修：《清凉山志》卷2《伽蓝胜概》、卷5《帝王崇建》
大文殊寺	五台山	万历九年重修	尚衣太监李友等	（明）释镇澄原纂，释印光重修：《清凉山志》卷2《伽蓝胜概》
凤林寺	五台山	德胤（二虎禅师），万历初道闻于上，为建寺以居之	未详	（明）释镇澄原纂，释印光重修：《清凉山志》卷2《伽蓝胜概》

① 北京图书馆金石组：《石刻拓本汇编》第57册，第47页。

② （明）张居正：《新刻张太岳先生诗文集》卷12。

③ （明）朱赓：《朱文懿公文集》卷2。

续表

寺名	所在地	时间、缘起及檀助者	工程督董	资料出处
大慈宣文寺	保定府满城县	以凤林寺距京师过远，建此为下院，接待云水	未详	（明）德清：《修五台山凤林寺下院方顺桥大慈宣文寺碑记》①
寿安寺	京师	万历时重修	未详	（明）沈榜：《宛署杂记》卷19《僧道》
大护国报恩千佛寺	京师	万历九年建，为神宗“祝禧”。潞王、公主、宫眷、宦官及僧徒一千七百余人襄助	御马监太监杨用	（明）乔应春：《新建护国报恩千佛寺宝像碑记》②；（清）于敏中等：《日下旧闻考》卷54《杨守鲁千佛寺碑记略》
真圆塔院	京师	万历十二年，建以藏僧遍融全身舍利。宫眷、太监等施助	太监姜绶、陈儒等	（明）赵志皋：《大护国千佛寺遍融大师塔院碑记》③
海印寺	牢山（崂山）	万历年，为僧德清建		
灵应寺	五台山	万历十五年，僧人佛秀募造文殊大像未遂，竟以劳死，感梦慈圣施金，像始成。遣中使陈儒载送峰顶，更建殿宇也即灵应寺供奉，为祝厘之所	中官陈儒	（明）释镇澄原纂，释印光重修：《清凉山志》卷2《伽蓝胜概》

① （明）德清：《憨山大师梦游全集》卷22。

② 北京图书馆金石组：《石刻拓本汇编》第57册，第101页。

③ 北京图书馆金石组：《石刻拓本汇编》第58册，第85页。

续表

寺名	所在地	时间、缘起及檀助者	工程督董	资料出处
大护国圣光永明寺（显通寺）	五台山	僧妙峰发愿为峨眉、五台及普陀各铸铜殿一座，五台者奉安显通寺，事闻于内廷，以“寺制狭小，不称上意，革故鼎新”，遂重修，赐额“大护国圣光永明寺”	太监王忠、陈儒	（明）李维桢：《圣光永明寺记》①；（明）德清：《敕建五台山大护国圣光寺妙峰登禅师传》②
永慈寺	晋北芦芽山	万历中孝定太后为妙峰所建	中使	（明）瞿汝稷：《敕賜岢岚州芦芽山永慈寺碑铭》③
慈光寺	伏牛山	万历中孝定建	中官姜某	（明）德清：《伏牛山慈光寺十方常住碑记》④
护国圣化隆昌寺	南京宝华山	妙峰所铸铜殿三座，其一本欲奉安普陀未果，因卜南京宝华山建寺安奉，孝定和神宗各施造寺之资。“中宫、皇贵妃而下六宫嫔媛下及采女檀施有差。”	南京守备内官刘朝	（明）焦竑：《敕建宝华山护国圣化隆昌寺观音菩萨铜殿碑》；（明）黄汝亨：《敕建宝华山护国圣化隆昌寺碑》⑤

① （明）李维桢：《大泌山房集》卷54上。
② （明）德清：《憨山大师梦游全集》卷30。
③ （明）瞿汝稷：《瞿卿集》卷11。
④ （明）德清：《憨山大师梦游全集》卷22。
⑤ 国家图书馆善本金石组：《明清石刻文献全编》第1册，北京图书馆出版社2003年版。

续表

寺名	所在地	时间、缘起及檀助者	工程督董	资料出处
慈恩寺	京师	万历二十一年，为僧本在建为休老之所	御马太监陈儒	（明）德清：《普济庵始祖宝藏成公塔铭》①
衍法寺	京师	旧寺，万历二十二年重修以“祝延圣寿”。两宫太后、中宫暨宫嫔诸贵人悉出镪倡为修葺	司礼太监张诚及内官监太监何江、傅钦	（明）王爱：《重修衍法寺碑》②
慈隆寺	京师	万历二十三年建，为神宗祝寿。皇恭妃“协赞”	御马太监高勋等	（明）朱国祚撰：《敕赐慈隆寺碑》③
长椿寺	京师	万历中孝定为僧阳明即水斋禅师建	未详	（明）刘侗、于奕正：《帝京景物略》卷1；（清）于敏中等：《日下旧闻考》卷59《米万钟大祚长椿寺赐紫衣水斋禅师传略》
护国永寿普陀禅寺	普陀山	旧称普济寺，万历三十年造藏殿，三十三年寺焚毁，重建	御用太监张随等	（明）周应宾《普陀山志》卷2《命使》；《明神宗实录》卷428，万历三十四年十二月条
保国慈孝华严寺	京畿涿县	涿县为孝定出生地。万历三十六年神宗为孝定太后祝厘建	中官	《明神宗实录》卷441，万历三十五年十二月条

① （明）德清：《憨山大师梦游全集》卷29。

② 北京图书馆金石组：《石刻拓本汇编》第58册，第131页。

③ 同上书，第61页。

在上述寺院中，承恩寺、慈寿寺、万寿寺等则更具皇家功德寺的色彩。

承恩寺系孝定为神宗替僧志善所建寺院。所谓替僧，就是代替别人出家修行的僧人。张居正《敕建承恩寺碑文》说："皇朝凡皇太子、诸王生，率剃度一人为僧，名替度，虽非雅制，而宫中率沿以为常。"沈德符《万历野获编》云："本朝主上及东宫与诸王降生俱剃度童幼替身出家。不知何所缘起。意者沿故元遗俗也。"[①] 又云："主上新登极，辄度一人为僧，名曰代替出家，其奉养居处，几同王公。闻初选僧时，卜其年命最贵，始许披剃。"[②] 也许如张居正所言此"替度""非雅制"，所以明皇室于此并不张扬甚至可能有意隐讳，所以看不到明前期、中期有关这方面的记载。据释道忞《重修城南海会寺记》，京师海会寺就曾是世宗和穆宗两帝替僧所在的寺院，"世、穆两庙咸命僧代度于此"。神宗替僧志善原居京师龙泉寺，因寺圮坏且地处湫隘，所以为建承恩寺居之。[③] 后来，光宗替僧万庵者，亦住承恩寺。[④]

慈寿寺和万寿寺都是孝定太后为穆宗和神宗祈祝而建的寺院，这两处寺院建成后，均敕内臣驻寺管领。慈寿寺"以老僧觉淳主之，中官王臣等典管领焉"[⑤]，万寿寺"以内臣张进等主寺事"[⑥]。由内臣管领佛寺，并非万历朝才有的事例。正统三年胡濙所撰《神宫监太监昌公墓志铭》中有"钦委提督庆寿寺庶务中贵阮公兰赍状请铭"之句，可证正统初庆寿寺即有宦官"提督庶务"[⑦]。内臣管领寺务，表明寺院实际上已成为专为皇室服务的皇家寺院了。与此同时，这两寺又都是皇家替僧所居的寺院。据沈德符记载，前述替僧志善谢世之后，神宗又另择僧继之，其驻锡地也由承恩寺移至万寿寺。[⑧] 后来，光宗替僧名万庵者仍居承恩寺。[⑨] 慈

---

① （明）沈德符：《万历野获编》卷27《释道》。

② 同上。

③ （明）张居正：《敕建承恩寺碑文》。

④ （明）王思任：《谑庵文饭小品》卷3《游西山诸名胜记》。

⑤ （明）张居正：《新刻张太岳先生诗文集》卷12《敕建慈寿寺碑文》。

⑥ （明）张居正：《新刻张太岳先生诗文集》卷12《敕建万寿寺碑文》。

⑦ 梁绍杰：《明代宦传碑传录》，香港大学中文系1997年版，第12页。

⑧ （明）沈德符：《万历野获编》卷27《释道》。

⑨ （明）王思任：《谑庵文饭小品》卷3《游西山诸名胜记》。

寿寺则为“为代李太后焚修处”[1]。孝定太后替僧名了宁，先与其师觉淳住普安寺，慈寿寺建成后，延觉淳为住持，了宁亦随之入慈寿寺。[2]

万历时期皇家营寺活动直接推动了明末佛教寺院的兴盛，但却以耗费了巨大的人财物力为代价。“梵刹琳宫遍八垓，倾心施予岂吝财。”[3]尽管孝定及神宗一再表明皇室并没有如“梁魏隋唐之主，倾国资以崇像饰，瘠齐民以奉缁流”[4]，也有人以为万历时皇室营寺“俱帝后出供奉之羡，鸠工聚材，一以大当莅之，有司不与闻，民间若不知有大役，亦太平佳话也”[5]，但帝后“供奉之羡”不是国赀民财，又出于何处呢？况且皇室建寺，个个都是宏丽精整，如海会寺“已称巨丽”，承恩寺“其壮伟又有加焉”，慈寿寺“又加丽焉”，“其藻绘丹雘视金陵三大刹不啻倍蓰，盖塔庙之极盛，几同《洛阳伽蓝记》所载矣”[6]。所费必然十分浩繁。万历《顺天府志》的作者哀叹道：“夫佛道何裨于道哉？异端之盛，世教之衰也。都城之门内，为地几何而象教琳宫迨居其半。绀宇摩云拟于甲第，高竿长幡簇如猬毛，缁流髡徒等于编户，宝耀佛灯烂如晨星。即今大帑高匮，不啻饥渴，而二氏之糜费动以万数，有国事之虑者能无怏怏于哀乎！”[7] 佛道为“异端”之论，自然是偏激之辞，但巨量赀财的糜耗必然严重损害国计民生。李维桢在《圣光永明寺记》中称：“比岁左貂左（右）驺四出榷修宫钱，灵昆、单圭、仞积三殿久毁，司空曾不得一木一石之用，边境危如累卵，请饷一切不报，而独于佛寺，金钱无所爱。”[8] 如此奉佛，虽佛寺兴盛，而国运渐颓。佛教也被推到了“异端”“左道”的境地，负荷惑世蠹民的恶名。

关于万历时期建寺财耗，陈玉女《明万历时期慈圣皇太后的崇佛——兼论佛、道两势力的对峙》已有详述，[9] 此不赘言。

---

① （明）黄汝亨：《寓林集》卷9《游西山纪》。

② （明）德清：《憨山大师梦游全集》卷29《普济庵始祖宝藏成公塔铭》。

③ （清）程嗣章：《明宫词一百首》，《明宫词》。

④ 明神宗：《御制新刊续入藏经序》。

⑤ （明）沈德符：《万历野获编》卷27《释道》。

⑥ 同上。

⑦ （明）沈应文等：《顺天府志》卷2《寺观》。

⑧ （明）李维桢：《大泌山房集》卷54上。

⑨ 台湾成功大学历史学系《历史学报》第23号，1998年12月。

三　颁赐与布施

万历时期皇室对京师及名山佛寺的广行布施，“颁赐天下名刹殆遍”[①]，这既体现了皇室对佛教寺院的优待，也是帝后为祈福而修持的供佛功德。对五台山和普陀山诸寺的颁赐颇具代表性。

五台山被佛家奉为文殊菩萨道场，自汉魏以来，就成为中国佛教最为重要的宗教圣地之一。历来受皇室宫廷的檀护，“累代国家帝后妃主崇奉之典班班可指”。至明代，皇室视五台山为“国家资福之所”，“国家吉祥福地”[②]，除了“琳宫梵宇岁岁增崇”之外，各种颁赐也时时有之。万历时，“两宫兴福，尤注意台山”，一方面施资建寺；另一方面则大加颁赐。据《清凉山志》卷五《帝王崇建》，其中重要的颁赐和布施如下：

万历十二年，遣太监高勋、王忠“诣山饭僧”。

万历十三年，赐大藏二部。

万历二十六年，命太监王忠、曹奉于五顶修建弘福万寿报国佑民吉祥大斋，并于千佛澡浴池设大施斋；同年秋，又遣曹奉赍白金一千两于狮子窝修建洪福万寿藏经楼阁。

万历二十七年，先后赐大藏三部、金泥水陆神像及长幡；二十八年遣太监王忠颁大藏三部并普山饭僧。

普陀山为观音道场。明周应宾《普陀山志》卷二《颁赐》载万历中太后与神宗颁赐布施如下：

万历十四年赐大藏一部并裹经绣袱六百七十八张、观音经像一尊、善财龙女各一尊，金紫袈裟衣一袭。

万历二十七年二月，敕赐大藏经六百七十八函，华严经一部，诸品经二部，渗金观音像一尊。

万历三十年，赐建藏殿帑金一千两，饭僧银一千八十两，诵礼观音经银三百两，观音经一藏。

万历三十三年正月，敕赐重建殿宇帑金二千两，修斋银三百两，大

---

① （明）沈德符：《万历野获编》卷27《释道释教盛衰》。

② （明）释镇澄原纂，释印光重修：《清凉山志》卷5《帝王崇建》。

红宁丝四匹，大红织锦升降龙宁丝十匹，大红销花龙幡二对，五彩金边供花四朵，每朵银柄重十五两，五彩云龙花瓶两对。散施秘药一十四种：清眩仰火化痰丸四罐，通玄丸四罐，滋阴养血健脾丸四罐，三圣救苦丸四罐，秘方化滞丸四罐，八宝卷云二百管，紫金锭三百锭，蟾酥锭一百锭，观音救苦锭五百锭，膏药一万贴，愈风延寿丹二千圆，神仙朱砂丸二千圆，神仙化痰丸四罐，□咀饮片七十五味。《金刚般若经》及《观音普门品经》各一部。孝定太后赐建寺银三千两。

万历三十五年正月，赐帑金一千两建御制重建寺碑文并谢土道场。

万历三十七年十一月，赐帑金一千两延僧检阅藏经三年，五彩织金龙段四十匹，制蜈蚣日月长幡悬挂并阅藏经袱桌衣。

万历三十九年正月，赐帑金一千两祝厘饭僧。

由以上可见，皇室对佛寺的颁赐包括经像、法器、供仪、衣物乃至金银、药品，等等，不过，最值得注意的还是大藏经的颁赐。

在明代历史上，万历朝是继英宗正统朝后颁赐大藏最多的一个时期。万历朝大藏经的颁赐是随着《永乐北藏》续藏的刊修而进行的。续藏事由孝定太后本着“祈转法轮，以安社稷”的主旨一手发起的。主事僧觉淳、道安等撰《大明续诸经未入藏者添进藏函序》云：

> 今上御极崇兴释教，尊佛法以护邦国。慈圣宣文明肃皇太后，尊居九重，恒怀博爱，祈转法轮，以安社稷。于慈宁宫，亲阅藏经，深得佛祖之意……
>
> 圣母克明佛法，常目在之，每观未入藏品诸典，道理精明，实难遗弃。选其合乎大乘者归于藏内，庶神珠不埋于尘窟，金铎得振于娑婆……

明神宗《御制新续刊入藏经序》称：

> 续入藏经四十一函，起《华严悬谈会玄记》至《第一希有大功德经》，计四百一十卷。此我圣母慈圣宣文明肃皇太后所命刻也。朕惟释教东流，经典递译，函卷繁富极矣。我圣母躬体圣善，坐抚升平，密契心乘，力修圣果。因复假筏迷津，施航觉海，续增慈

典，聿广义宗，德义甚盛，载惟经世出世，厥用殊。[①]

续藏完成后，孝定太后令连同旧刻藏经六百三十七函，全部刊印，“通行颁布”于京师及名山寺院。大规模的颁赐主要有以下几次：

万历十四年，“诏颁藏经施天下名山”[②]。此次印施，系孝定以“为保圣躬，延国祚”为发愿，印十五部“颁降海内名山”。[③] 十七年，孝定太后又捐内帑银两于汉经厂刷印二十藏“散施各省名山寺院，延请课诵”[④]。至二十九年，神宗又令印造大藏颁施在京及天下大事名山寺院供奉。[⑤] 万历四十二年，孝定去世，神宗以“圣母升遐，恋慕不忘，广为祈福，择海内名山古刹六所，分置藏经”[⑥]。大藏的颁赐，显然是以在京寺院和名山寺刹为主要对象的。如前述五台山，万历中先后得赐六部大藏；普陀山先后“五赐藏经，前寺三次，后寺两次，具有敕文，都六百七十八函”。“简册（按指明前期私刻之武林藏）繁重，印购不易，寺刹之得邀颁赐者，视同珍秘。”[⑦] 当然，也有一些较为僻远的“山陬海隅”之地，也有得赐者，如云南鸡足山万历中就先后三次获赐大藏，实属“殊恩”。

另外，隆万之际，蒙古鞑靼各部在顺义王俺答汗倡导下，纷纷皈依藏传佛教，因此多次向明廷请求提供“番经”即藏文大藏和传教的藏僧。[⑧] 为此，神宗又敕印造“番经”即藏文大藏经，给赐俺答等鞑靼各部。[⑨]

四　与僧人的广泛结交

明末，特别是万历时期，经历了长时期低落沉寂的佛教呈现出以诸

① 明神宗：《御制新刊续入藏经序》。

② （清）纪荫：《宗统编年》卷30。

③ （明）德清：《憨山大师梦游全集》卷27《径山达观可禅师塔铭》。

④ （清）范承勋：《鸡足山志》卷8《慈圣宣文明肃贞寿端献皇太后谕大觉寺懿旨》。

⑤ （清）范承勋：《鸡足山志》卷8《谕放光寺敕》。

⑥ （明）何乔新：《闽书》卷6《方域志》，福建人民出版社1994年版。

⑦ （明）周应宾：《普陀山志》卷11《志馀》。

⑧ 《明穆宗实录》卷65，隆庆六年正月丙子；《明神宗实录》卷6，隆庆六年十月庚申。

⑨ 《明神宗实录》卷19，万历元年十一月癸未；卷47，万历四年二月辛卯。

宗融通为特征的“复兴”局面；与此同时，世宗之后，皇室又重新崇奉佛教，尤其是万历时期，孝定太后笃信佛教，力加护持。在这样的背景下，一方面，皇室礼重、荣待名僧大德，提高了他们的名望和地位，为其弘法提供了有利的社会政治环境；另一方面，佛教僧徒也主动迎合或结纳于皇室，或依托皇室扩大影响，或为皇室祝禧祈福，以尽“方外臣子”之忠。

明末僧人以憨山德清、达观真可、云栖袾宏和藕益智旭四人最具名望，在明末佛教复兴中发挥着引领和中坚的作用。就与皇室的关系而言，除智旭之外，其他三人都得皇家崇重，而德清更以“方外臣子”自命，视忠君报国为其济世之一途，与皇室的关系最为密切。

德清，字澄印，号憨山。俗姓蔡，全椒人。幼习儒书，十二岁入南京大报恩寺，兼习儒佛两业，受到无极明信及云谷法会诸名衲之器重。二十六岁始行脚游方。万历元年北游京师及五台诸地，其声誉渐为内庭所闻。据其自撰年谱，万历初，孝定太后“以保国，选僧诵经”，德清即在其列。[①] 此后，德清与皇家的关系逐渐密切。万历六年，憨山在五台山发愿刺血泥金书《大方广佛华严经》，事闻于神宗，“赐金纸以助”[②]。万历七年，孝定与神宗遣宦官在五台山重修塔院寺舍利宝塔，憨山以“朝廷初作佛事，内官初遣于外，恐不能卒业，有伤法门”，因之“力调护，始终无恙”[③]。万历九年，德清血书佛经将毕，与友妙峰共同发愿在五台山建无遮佛会为圆满道场，时值孝定遣内宦在五台山佛寺为神宗“祈嗣”，德清因之与妙峰商议以无遮佛会为神宗祈储道场：“予以为沙门所作一切佛事无非为国祝厘，阴翊皇度，今祈皇储，乃为国之本也，莫大于此者，愿所营道场事宜一切尽归并于求储一事，不可为区区一己之名也。”[④] 德清视此为“方外臣子一念之忠”[⑤]。德清这种“方外臣子”效忠皇室的思想，正反映出明皇室崇奉和扶持佛教的政策的确收到了笼络佛教僧徒的实效。法会从万历九年十一月持续到次年三

① （明）德清：《憨山大师梦游全集》卷53《憨山老人自序年谱实录上》。

② 同上。

③ 同上。

④ 同上。

⑤ （明）德清：《憨山大师梦游全集》卷30《敕建五台山大护国圣光寺妙峰禅师传》。

月，前后一百二十日，“九边八省缁白赴会者道路不绝，每食不减数千人”[1]，规模盛大。德清自始至终组织、调度，自称“生平精力盖竭于此”[2]。可见其用心之诚，用力之多。德清也因而声名大起。然而，祈皇储事涉宫廷权力斗争，而在这一事情上，孝定太后倾向于恭妃王氏，而神宗则属意于宠妃郑氏，因此，在孝定于五台山遣使祈储的同时，神宗则遣官祈皇嗣于武当山。万历十年八月，恭妃王氏生皇长子朱常洛（即光宗），德清与妙峰因此而“名闻九重”[3]，但无形中却令神宗及郑贵妃心生不悦。德清意识到此，遂“以台山虚声，谓大名之下，难以久居，遂蹈东海之上，始易号憨山”，隐迹于牢山（今山东崂山）。时在万历十一年。然孝定顾念祈储之劳，命京师龙华寺住持僧广祯寻访德清于牢山，并在京师西山建寺，延德清往驻，“竟谢不就”。孝定因赐金三千遣使至牢山修其所居，德清辞未允，受以济饥。万历十四年，神宗敕颁大藏于名山大刹，牢山虽非名山，但因孝定和颁经太监张本的关系，也获赐一藏，孝定因命宫中“合眷各出布施修寺安供”，赐额“海印禅寺”。[4] 万历十七年，德清为南京大报恩寺请得大藏一部，并上书乞请孝定“日减膳羞百两”，积以重修报恩寺，“积之三年，事可举，十年事可成。圣情大悦，即命于是年十二月储积始”。次年，德清为孝定代书《法华经》。[5] 然而，孝定施金修大报恩的承诺由于日本侵朝战争的发生而未能兑现，最终则由于万历二十三年德清遣戍雷州而落空。

德清之遣为明末佛教史上一大事件，也是德清因交结宫廷而致祸。德清《憨山老人自序年谱实录下》中称：

> 先是，上惜财，素恶内使以佛事请用太烦。时（按即万历乙未十五年）内庭偶以他故触圣怒，将及圣母，左右大臣危之。适内权贵有忌送经使者，欲死之，因乘之以发难，遂假前方士流言，令东厂番役扮道士击登闻鼓以进，上览之，大怒，下逮。以有送经因

---

① （明）德清：《憨山大师梦游全集》卷 30《敕建五台山大护国圣光寺妙峰禅师传》。

② （明）德清：《憨山大师梦游全集》卷 53《憨山老人自序年谱实录上》。

③ （清）钱谦益：《大明海印憨山大师庐山五乳峰塔铭》，《憨山大师梦游全集》卷 55。

④ （明）德清：《憨山大师梦游全集》卷 53《憨山老人自序年谱实录上》。

⑤ 同上。

缘，故并及之。[1]

德清此段叙述相当含混。据台湾学者陈玉女先生考论，[2] 德清之被遣戍，早在万历九年在五台山为神宗祈储时就已埋下了祸根。即德清在五台的祈储活动使自己不自觉地卷入了宫廷内争，此其一；其二，德清被遣，又事涉内廷宦官间的斗争。德清所言“适内权贵有忌送经使者，欲死之，因乘之以发难”即指此。“送经使”即太监张本，其于德清“尤尊信”，两人关系十分密切，前述万历十四年牢山海印寺非名山而得赐一藏，其中固有太后旨意，但张本也在其中发挥作用。《明神宗实录》卷二八五，万历二十三年五月丁酉条载：

清初与内监张本善，本奉太后懿旨赍藏经分散名山，而寺无主名，本遽填海印字与清，劳山道士耿义兰争其地，具奏上闻，法司拟本以诈旨论死，德清谪戍……

沈德符亦云：

（德清建海印寺）大珰辈慕之，争往顶礼。时慈圣太后宫近倖张本者尤尊信，言之太后，内出全藏经赐之，时分赐者不止牢山一处，张本遽填海印寺给予，一时缁素俱艳妒之。[3]

可见，赐藏事为“内权贵”攻击张本提供了口实。

其三，在表面上，德清之遣又关乎佛、道两教之争。万历九年，皇室祈储，佛、道俱设道场，但结果佛家显然占据上风，道家自然不快；大牢山向为道家圣地，而德清却建寺弘法，遂有道士耿义兰等出面阻挠，引起官司。直至奏闻于神宗。[4] 张本内廷敌手之发难，正是利用了佛、道间的斗争，即“假前方士流言，令东厂番役扮道士击登闻鼓以

① （明）德清：《憨山大师梦游全集》卷54。

② 参见氏著《万历时期孝定太后之崇佛》。

③ （明）沈德符：《万历野获编》卷27《释道》。

④ 同上。

进”。结果，张本以“诈传懿旨论死”[1]，德清则以“私创寺院”的罪名被远戍雷州。

四大僧中，袾宏与皇室没有太多的交往，但也甚得皇室礼重。袾宏，字佛慧，号莲池，俗姓沈，浙江仁和人。早年习儒，三十二岁出家。也曾行脚游方，遍参大德。后居杭州云栖寺演法弘教，缁素归向，名闻于内廷。孝定太后曾览其所著《放生文》，“甚嘉叹，遣内侍赍紫袈裟、斋资往供，问法要，师拜受，以偈答之”[2]。张岱《西湖梦寻》还载孝定太后在宫中绘其像礼之。[3]

真可，本名僧可，号达观，晚号紫柏，吴江人，俗姓沈。少年时负侠气，曾仗剑远游。后于苏州虎邱云岩寺明觉座下披剃为僧。此后行脚参访于江南、京师及五台、峨眉各地，与士大夫也广为交游。是方册大藏（径山藏、嘉兴藏）的发起人。在僧俗两界均著誉望，亦知名于宫中，“慈圣太后钦师道风，上亦雅知”，真可因谓“若此真可名一僧，遂取以更其名”[4]。僧传载神宗抄写《金刚经》时，“偶汗下渍纸，疑当更易，亟遣近侍曹公质于师，师以偈进，曰：御汗一滴，万世津梁，无穷法藏，从此放光。上览大悦”[5]。双方过从之密由此可见一斑。西方传教士的著作中也提到达观及德清两人在皇宫中有相当大的影响，云“一些后妃选择这两个人中的一个作为导师。在位的皇后养成向达观穿的法衣顶礼膜拜的习惯，因为她不能离开宫廷，而达观作为一个僧人又被禁止入宫”[6]。万历二十年，真可至京师驻潭柘寺，孝定命内臣陈儒送斋供，并赐紫衣。后真可礼石经于房山，在雷音寺石室得佛舍利，因奏请孝定迎入宫中供奉三日，并施金重藏于石室。所余金则由真可用来赎回被僧人卖出的隋僧静琬塔院。[7] 同德清一样，真可虽为佛教高僧，

---

① （明）沈德符：《万历野获编》卷 27《释道》。

② （明）德清：《憨山大师梦游全集》卷 27《云栖莲池大师塔铭》。

③ （明）张岱：《西湖梦寻》卷 5《云栖》。

④ （明）达观：《紫柏尊者别集》附录，陆符：《达观传略》。

⑤ （明）达观：《紫柏尊者全集》卷首，德清：《达观大师塔铭》。

⑥ ［意］利玛窦、［比］金尼阁：《利玛窦中国札记》，何高济、王遵仲、李申译，广西师范大学出版社 2001 年版，第 307 页。

⑦ （明）德清：《憨山大师梦游全集》卷 22《复涿州石经山琬公塔院记》、《涿州西石经山雷音堀舍利记》。

但同样持有“方外臣子”的忠君报国思想。“义重君亲忠孝之大节，入佛殿见万岁牌，必致敬，阅历书，必加额始览。”[①] 然而，德清之被遣，已令他震动，谓此为平生“三大负”之一。[②] 至万历三十一年，“妖书案”发，真可自己也无端受到牵连，被捕入狱，竟至愤死狱中。[③] 临死前他哀叹道：“世法如此，久住何为”，表现出对现实社会政治的极端失望。

德清和真可二人在明末高举法帜，以兴复佛教为己任，又荷负济世之志，但最终一遭遣戍，一死狱中，对佛教丛林产生了极大的震动。特别是对怀有与他们同样济世志向和“方外臣子”之忠的僧人而言，无疑是一种精神挫折。时在京师参访弘道的内丘名僧智空，就“因见达观、憨山二大师皆为弘法罹难，谓众曰大名之下难久居直下，抽身南还，就内丘结草庵，二十年足不逾户”[④]。

万历时期，遍融、妙峰、觉淳等都是得到皇室礼遇与眷顾的著名高僧大德。

遍融，名真圆，字大方，遍融系其别号，蜀营山人，俗姓鲜。遍融一生历弘治、正德、嘉靖、隆庆及万历五朝，“前后四入京师”，研习、弘宣华严宗旨，是明末影响很大的华严宗僧人，“道望赫然”。德清、真可、袾宏等名僧大德都曾参访受业于遍融。内阁首辅张居正也前往拜谒问法，融答以“尽心佐理朝廷，此真佛法，舍此俱为戏论耳”[⑤]。朝臣中其同乡赵贞吉和陈以勤更为之护持。万历八年，孝定太后在京师建千佛寺，迎遍融居之，并“赐紫衣、法具、幡花珍供”[⑥]。万历十一年，孝定又施资在京师阜成门外建佛塔，内置佛龛八十一处，“其中一以藏

① （明）达观：《紫柏尊者全集》卷首，德清：《达观大师塔铭》。

② 达观曾谓门人曰：“老憨不归（按指德清遣戍雷阳事），则我出世一大负；矿税不止，则我救世一大负；传灯未续（达观曾与德清相约撰《国朝传灯录》），则我慧命一大负。若释此三大负，当不复走王舍城矣。”

③ （明）达观：《紫柏尊者别集》附录，陆符《达观传略》注妖书案与达观关系。

④ （清）聂先：《续指月录》卷21《内丘智空了睿禅师》。

⑤ （明）明河：《补续高僧传》卷5《遍融师传》。

⑥ （明）赵志皋：《大护国千佛寺遍融大师塔院碑记》，北京图书馆金石组：《石刻拓本汇编》第58册，第84页。

师金身舍利，余者俟继师道者”[①]。

妙峰，名福登，妙峰为号。山西平阳人，俗姓续氏。幼年失怙，投寺为僧。后山阴王见而器之，资以供养。二十七岁时，奉山阴王之命，至江南各寺游方参学，以广见识。北归后，又奉王命赴京请大藏。万历九年，与德清在五台山启建祈储道场，由此与皇室结缘。祈储法事毕后，妙峰入芦芽山，孝定为之赐金建华严寺以居。“复赐公紫伽梨，公受命主持。既乂累敕中使杨辉、尤用、张本等赍金檀如来像及藏经等至寺供养，眷遇之荣冠诸丛林。”[②] 万历十二年，妙峰与京师龙华寺僧广祯奉孝定懿旨“饭僧秦晋伊洛诸名山”[③]，十七年，又奉懿旨与太监陈相传等持大藏及佛供等往云南鸡足山给施。[④] 返回后，妙峰发愿造渗金普贤、文殊及观音三像及铜殿三座，施送三大名山安奉，孝定及神宗亦出巨资助之。“上闻而赐金三百，钱十五万。慈圣太皇太后赐数倍之。”[⑤] 妙峰募建庵寺数所，也均获敕赐名额。[⑥] 万历庚申年，孝定太后赐给金佛绣冠及千佛磨衲紫衣，并赐“真来佛子”之号。是年冬，[⑦] 妙峰入灭，神宗在显通寺侧为之赐葬建塔，“问师功德未完者，悉令完之。圣母赐千金、布五百匹为葬事”[⑧]。妙峰一生“始以小王助道，终至圣天子、圣母诸王为檀越”[⑨]，个人的发展实赖之于宗藩、皇室之檀助是显而易见的。

觉淳，字古风，保定人，俗姓宋氏。嘉靖时入京师普济庵为宝藏大师自成弟子。后宫中太监黄锦等重修普安寺，延自成为住持。嘉靖三十

---

① （明）赵志皋：《大护国千佛寺遍融大师塔院碑记》，北京图书馆金石组：《石刻拓本汇编》第58册，第84页。

② （明）瞿汝稷：《瞿卿集》卷11《敕赐岢岚州芦芽山永慈寺碑铭》，四库全书存目丛书影印本。

③ 喻谦：《新续高僧传》四集卷20《明金台龙华寺沙门释广祯传》。

④ （清）范承勋：《鸡足山志》卷8宸翰《慈圣宣文明肃贞寿端献皇太后谕大觉寺懿旨》，四库全书存目丛书影印本。

⑤ （明）李维桢：《大泌山房集》卷54上《圣光永明寺记》。

⑥ （明）德清：《憨山大师梦游全集》卷30《敕建五台山大护国圣光永寺妙峰登禅师传》。

⑦ （明）明河：《补续高僧传》卷22《真来佛子传》。

⑧ （明）德清：《憨山大师梦游全集》卷30《敕建五台山大护国圣光永寺妙峰登禅师传》。

⑨ 同上。

九年，自成殁，觉淳继其席，“延一江、大千、止庵诸法师弘天台、贤首两宗旨”[①]，“大兴普安于先帝（穆宗）顾命之时”[②]。隆庆六年，穆宗诏于普安寺“建吉祥道场，师主坛筵，精诚感格，恩渥颁隆，斋馈尽从中出”。万历初，两宫太后热衷于弘教祈福，佛事频兴，“凡建立斋坛，多就师所，赏赐千佛锦袈裟”[③]。万历四年，慈寿寺建成，觉淳奉敕为住持，其子弟了宁则为神宗替修之僧。[④] 慈寿寺为万历时最为重要的皇家寺院，憨山德清称“此寺为天下大观，无尽法藏从此而出，一切功德从此而入，为法门之枢纽，知识之蘧芦，当其任者，持大教之纲维，为四海之观望”[⑤]。觉淳出主此寺，其地位之尊由此可见。万历七年，觉淳奉敕主持续藏事。“凡所弘阐佛事，无不称旨。是时海内法门尽皆知师为大法幢矣。”觉淳化后，孝定为之赐金建塔。[⑥] 觉淳之后，其门人本在、圆应相继以僧录司左善世身份担任慈寿寺住持。[⑦]

最后，特别需要提出的是，万历时期京师等地佛教义学兴盛，这也与皇室对有关寺院和僧人的扶持有着直接的关系。“是时，（京师）法会盛行，讲席众多，都中若慈慧、慈悯、千佛、卧佛诸寺皆名僧据座，善信如云。”[⑧] 慈慧、千佛、卧佛诸寺都与皇家及宫廷有着相当密切的联系，如慈慧寺，建于万历中，“檀施半出宫中”[⑨]；千佛寺，如上所述是孝定率宫中上下施财而建；卧佛寺，即寿安寺，“万历年两幸其地，赐藏经，出内帑重修。两宫赐有卧佛锦被二长覆手足”[⑩]。不少僧人的讲经活动就是应皇室的召请而进行的。如：

---

① （明）德清：《憨山大师梦游全集》卷29《敕建大护国慈寿寺开山第一代住持古风淳公塔铭》。

② （明）德清：《憨山大师梦游全集》卷29《普济庵始祖宝藏成公塔铭》。

③ （明）德清：《憨山大师梦游全集》卷29《敕建大护国慈寿寺开山第一代住持古风淳公塔铭》。

④ （明）德清：《憨山大师梦游全集》卷29《普济庵始祖宝藏成公塔铭》。

⑤ （明）德清：《憨山大师梦游全集》卷21《贺僧录左善世超如应公住持大慈寿寺序》。

⑥ （明）德清：《憨山大师梦游全集》卷29《敕建大护国慈寿寺开山第一代住持古风淳公塔铭》。

⑦ （明）德清：《憨山大师梦游全集》卷21《贺僧录左善世超如应公住持大慈寿寺序》。

⑧ 喻谦：《新续高僧传》四集卷38《清燕京玉泉山二圣庵释僧清传》。

⑨ （明）刘侗、于奕正：《帝京景物略》卷5《西城外》。

⑩ （明）沈榜：《宛署杂记》卷19《僧道》。

万历初，应五台僧远清之呈请，神宗召杭州昭庆寺著名律僧如馨北上五台山开坛授戒、讲传律学。神宗还特命司礼内臣张然“代受菩萨戒”，“升座之顷，五色祥云，结盖盘空，内臣还奏，赐号‘慧云律师’，并颁赍金顶毗卢帽、千佛珠衣、钵盂锡杖”，后又“赐紫衣金帛，恩荣重渥，莫与比数”①。

万历十八年，孝定太后在慈寿寺延僧人如迁等“开净土法门”，在会者两千余众。②

万历三十三年，孝定太后命于京师广慈寺建法会，为神宗祈寿，因请僧本智讲《楞严经》。③

万历中，延释镇澄于千佛寺讲其自著之《楞严正观》，复于慈因寺讲演诸经。又在五台山显通寺建七处九会道场，延请诸释镇澄等大法师讲演《华严经》。④

第二节　明思宗与佛教

进入崇祯时期，明王朝已处于风雨飘摇之中，宫中佛教（也包括道教）也一度受到来自于天主教的挑战，由此引发了所谓“撤像”事件。成为明末西方天主教与中国传统宗教间在宫廷这种环境中的一次小小的交锋。

天主教自万历时期便以澳门为前站，竭力向中国内地传播。1601年，意大利传教士利玛窦来北京向明神宗贡呈十字架、自鸣钟及《万国图志》等，得神宗赏识。此为明皇室与天主教人士的初次直接接触。但天主教在宗教上并没有对宫廷产生什么影响。明思帝继位后，于崇祯五年擢与天主教士关系密切且信奉天主教的礼部尚书徐光启入阁，徐光启因而得以向崇祯介绍和宣传天主教义，“光启奉泰西氏教以辟佛老，而帝听之

---

① （明）释镇澄原纂，释印光重修：《清凉山志》卷2《高僧懿行》。

② 喻谦：《新续高僧传》四集卷44《明怀庆龙冈寺沙门释如迁传》。

③ 喻谦：《新续高僧传》四集卷54《明皖中浮山华严寺沙门释本智传》；（明）德清：《憨山大师梦游全集》卷30《皖城浮山大华严寺中兴住山朗目禅师智公传》。

④ （明）德清：《憨山大师梦游全集》卷27《敕赐清凉山竹林寺空印澄法师塔铭》。

也”[1]。在徐光启的建议下，崇祯帝下令将内宫中佛、道两教神像撤去，置于宫外隆善寺、朝天宫等处。[2] “时内殿诸像并毁斥，盖起于礼部尚书徐光启之疏。”[3] 此即“撤像”事件。然而，思宗以天主教为背景，对于佛、道两教的排斥，却遭到了宫廷中奉佛力量的抵制。他们编出佛、道神像的种种“灵异”来阻吓崇祯。王誉昌《崇祯宫词》词注云：

> 内玉皇殿永乐时建。有旨撤像，内侍启钥而入，大声陡发，震倒像前供桌，飞尘满室，内侍相顾骇愕，莫敢执奏。像甚重不可动摇，遂用巨绠拽之下座。

正是这些“灵异”的显现，思宗很快就转变了立场：

> 既而后知撤像时灵异，言于帝，帝深悔。而宫眷之持斋礼像，较盛于前矣。[4]

思宗立场的变化，表明与在宫中有深厚根基的佛、道相比，天主教的力量显然是微不足道的。事过数年之后，即崇祯九年，思宗又有“撤像”之举，“崇祯丙子，帝以宫中累朝所奉佛像尽发僧寺”[5]。此次撤像的缘由，有人以为是为了捣毁金银佛像以充军用。但两年后即崇祯十一年发生的“追饷”事件又迫使思宗再次转变立场。《明史》卷二三五《薛国观传》云：

> 帝初忧国用不足，国观请借助，言：“在外臣僚，臣等任之；在内戚畹，非独断不可。”因以武清侯李国瑞为言。国瑞者，孝定太后兄孙，帝曾祖母家也。国瑞薄庶兄国臣，国臣愤，诡言“父赀四十万，臣当得其半，今请国为军赀”。帝初未允，因国观言，欲

---

① （清）唐于昭：《拟故宫词四十首》词注。

② （明）朱权等：《明宫词》，（清）王誉昌：《崇祯宫词一百八十六首》词注。

③ 同上。

④ 同上。

⑤ （清）于敏中等：《日下旧闻考》卷90引《寄园寄所寄录》。

尽借所言四十万者，不应则勒期严追。或教国瑞匿赀献，拆毁居第，陈什器通衢鬻之，示无所有。嘉定伯周奎与有连，代为请。帝怒，夺国瑞爵，国瑞悸死。有司追不已，戚畹皆自危。因皇五子病，交通宦官、宫妾，倡言孝定太后已为九莲菩萨，空中责帝薄外家，诸皇子尽当殇，降神皇五子。俄皇子卒，帝大恐，急封国瑞七岁儿存善为侯，尽还所纳金银，而追恨国观，待隙而发。

《日下旧闻考》卷九〇引《寄园寄所寄录》云：

戊寅，诏武清侯助军饷百万。侯时家产已落，以甲第及海淀别业售于人；不足，扇珥佩（帨）之属悉鬻诸市。及悼灵王病笃，帝临视之。王指九莲菩萨示现空中，数帝之罪，言讫而薨。

所谓“及悼灵王病笃，帝临视之。王指九莲菩萨示现空中，数帝之罪，言讫而薨”的说法，《明史》中已说得很清楚，就是戚畹与内宦、宫妾等串通起来，借皇五子生病的机会编造出来吓唬思宗的。“大都上未尝至皇五子病所，皆诸人撰造节次，遣人传报，上大惧，于是传谕停止追比，复武清侯爵，而皇五子竟薨。”① 皇五子名慈焕，系思宗宠妃田氏所生，慈焕病故后，思宗极为痛悔，“田贵妃遂茹素焚修，帝亦为之减膳，于宫中大作斋醮”②。皇五子之死，使思宗进一步相信了九莲菩萨显灵之说，对佛、道两教也变得格外尊崇。他甚至给悼灵王及太后、皇妃等敕封佛、道名号。如封皇五子为“孺孝悼灵王玄机慈应真君”③、已故的生母孝纯皇太后刘氏为智上菩萨。④ 其宠妃田氏还施资四万缗在北京长椿寺内建多宝阁，阁内立渗金多宝塔，“塔中空，藏《妙法莲花经》，猊座中奉铜佛，左九莲菩萨，右智上菩萨”⑤。崇祯十五年，思宗

---

① （明）杨士聪：《玉堂荟记》卷上，丛书集成初编本。

② （明）朱权等：《明宫词》，（清）王誉昌：《崇祯宫词一百八十六首》。

③ 《明史》卷120《诸王五》。

④ （明）谈迁：《北游录》《纪邮下》。谈迁《枣林杂俎》和集《赞业·追封母后菩萨》中又载崇祯十三年追封李元贞皇后曰智上菩萨，孝纯皇太后刘氏曰显仁九莲菩萨。

⑤ （明）谈迁：《北游录》《纪邮下》。

又敕于京师草桥之北建“九莲慈阴寺”，佛殿后建阁专门供奉九莲菩萨。[①]

另外，崇祯十四年，明思宗还“以天步方艰，物多疵厉，命国戚田弘遇捧御香祈福普陀大士”[②]。对佛教的虔敬态度由此可见。

① （清）于敏中等：《日下旧闻考》卷90《郊南》。

② 许止净述，王亨彦辑：《普陀洛迦山新志》卷4《檀施》，台湾文海出版有限公司中国名山胜迹志丛刊本。

第五章

宦官与佛教的关系

第一节　宦官的佛教信向

宦官是宫廷中的重要组成部分，特别是在明代宦官政治的背景下，宦官在宫廷生活中的地位和影响更令人瞩目。同样，在明代宫廷与佛教的关系中，宦官扮演了十分重要的角色。宦官不仅奉佛，而且热衷于各种佛事活动，与佛教僧团间具有密切而广泛的结纳关系。

明代宫廷中的宗教信仰是佛、道两教兼而有之，并行不悖，但就声势而言，佛教显然超过道教，宦官也是如此。可以说佛教是宦官群体中最为普遍的宗教信仰。刘若愚《酌中志》中就称："中官最信因果，好佛者众。"明代宫中宦官的佛教信向表现在以下几个方面：

持斋食素，诵经念佛。这是佛教居家信徒最为普通的宗教修持。明代宦官中这种现象也最为常见。宣德时，宫中"各监局小内使多为僧人所惑，有长素食者，亦有潜逃削发为僧者"。为此，宣宗召集各宦官衙门首领进行了一番训谕："人立身自有常道，为臣必忠，为子必孝，忠孝之人自然蒙福，何必素食诵经乃有福乎？佛只教人存心于善，所论天堂地狱，亦只在心，心存善念，即是天堂，心起恶念，即是地狱，所以经云即心是佛。今后汝戒之，但存心善，即是修行。"① 从宣宗此番话中也可以看出宦官奉佛求福的功利趋向。德清《五台山龙泉寺正光居士徐公愿力塔碑记铭》记万历时乾清宫管事牌子徐正光事云："居士虽处

① 《明宣宗实录》卷98，宣德八年正月癸未。

深宫，衣惟布素，甘心素食，每厌生死，志求出离，朝参暮礼，寒暑不易。刺血书《金刚般若经》、《普贤行愿》、《法华心品》若干。”徐氏还特建佛塔一座“以表愿力持心”[①]。嘉万时御用监太监张随“断酒除荤，严持戒律”[②]。《酌中志》作者、明末宦官刘若愚也自述“自崇祯戊辰秋绝荤酒，皈依释教”[③]。与其同时代的乾清宫宦官赵本政在崇祯时“断荤酒，皈依释氏，居然一头陀也”[④]。宫中不少宦官还常常留心佛典，喜好参禅。刘若愚即“诵《金刚》等经，又得详味莲池大师所纂《弥陀疏抄》、《菩萨戒发隐》等编。叹服释教宏博，诚暗助圣朝治化不浅”[⑤]。

在宫中，宦官礼佛诵经之风十分盛行。据刘若愚记载，宫中宦官所居之处都设有佛堂，“答应长随所住，各有佛堂以供香火，三时钟盘宛如梵宫”[⑥]。以至于不少宦官机构在各自衙门所在地也置立佛堂、佛寺，以供众人礼佛。如万寿兴隆寺，“即明兵仗局佛堂”[⑦]；兴隆寺，“寺乃酒醋局太监立也……寺亦有炉一，上刻‘酒醋麦面局供奉’字”；华严寺，“寺亦染织局太监立，有宏（弘）治、嘉靖二次重修染织局佛堂碑记”；延寿庵，“明司礼监大藏经厂之佛堂也”；双节寺，“为明惜薪司太监所立，寺有钟一，正德元年造，上铸‘惜薪司佛堂’字”。[⑧]宦官中有不少人常年即专注于诵经念佛，喜参禅、通佛典者也时有所见。如永乐至成化中在宫中历侍数帝的太监夏时，“素好释教，每退朝，□香诵经，孜孜忘倦。夜则跏趺而坐，至三鼓乃寐。积十五年，率以为常”[⑨]。正统、景泰间司礼太监兴安“既喜禅学，深悟理性，视功名犹

---

① （明）德清：《憨山大师梦游全集》卷29。

② （明）周应宾：《普陀山志》卷2《命使》。

③ （明）刘若愚：《酌中志》卷16《内府衙门职掌》。

④ （明）刘若愚：《酌中志》卷12《各家经管纪略》。

⑤ （明）刘若愚：《酌中志》卷16《内府衙门职掌》。

⑥ （明）刘若愚：《明宫史》卷1《内庭宫室琐记》，北京古籍出版社1980年版。

⑦ （清）周家楣、缪荃孙等：《光绪顺天府志》，《京师志十三·坊巷上》，北京古籍出版社1987年版。

⑧ （清）周家楣、缪荃孙等：《光绪顺天府志》，《京师志十六·寺观一》。

⑨ （明）佚名：《夏时墓志铭》，梁绍杰：《明代宦官碑传录》，第80页。

草芥，富贵如浮云”[①]。兴安“临殁，遗命舂骨为灰，以供浮屠”[②]。成化时典玺局宦官张端“旁通内典”[③]。万历时甲字库佥书毛成“菲饮食，敝衣履，通禅学”[④]。

受持戒律，取用法名。受持戒律是佛教徒依照佛律规范身心的基本修行。在俗信徒可受持居士戒和菩萨戒。居士戒即“五戒”，系在家信众终身应遵守的五条戒条；菩萨戒则是大乘菩萨所受持的戒律，出家和在俗信众均可受持，其内容为三聚净戒，律仪戒、摄善法戒、饶益有情戒三项，有十重戒以及四十八轻戒等戒相。在明代宦官中这两种戒律均有受持者，从而成为受持佛戒的在俗弟子。正统、景泰时司礼太监兴安即“受佛戒”[⑤]。前述万历时宦官徐正光号为居士，无疑是受持“五戒”的。又有福王府承奉曹奉“持佛氏戒，号丹岩居士”[⑥]。受持菩萨戒者最著名的就是郑和。永乐元年姚广孝为郑和所刊印《佛说摩利支天经》所作题记中即郑和为“菩萨戒弟子”，法名福善。[⑦] 则郑和为受持菩萨戒的在俗佛徒，并取有法名。除郑和外，明代宦官中称“菩萨戒弟子”者尚见有以下两例。

崔安，此人来自朝鲜。洪武中所立《萨哈拶释哩塔铭》碑中有“菩萨戒弟子奉御崔安”的署名。

罗秀，成化、弘治之际为内官监太监。成化时所立《圆修慈济国师塔铭》中有“菩萨戒弟子中官罗秀”字样。

菩萨戒系含摄大乘菩萨道的戒法。据《梵网经》，菩萨戒为诸佛本源，诸佛均以受持菩萨戒而成就；受持菩萨戒可得诸佛愍念守护等利益。受持菩萨戒之风从南朝梁时经梁武帝倡导而盛行，包括梁武帝、陈文帝、隋文帝、隋炀帝等许多帝王都曾受持此戒，称为菩萨戒弟子，但唐以后宋元时期此风不昌。而明代宫中宦官受持此戒，应与印僧萨哈拶释哩有直接关系。萨哈拶释哩到中国时，即携有有关菩萨戒的著述，洪

---

① （明）至全：《大明故司礼太监兴公之碑》，梁绍杰：《明代宦官碑传录》，第 71 页。

② 《明史》卷 304《宦官一》。

③ （明）刘珝：《大明赠内官监太监张公墓志铭》，梁绍杰：《明代宦官碑传录》，第 98 页。

④ （明）刘若愚：《酌中志》卷 22《内府琐事杂记》。

⑤ （明）叶盛：《水东日记》卷 28《论兴安》，中华书局 1980 年版。

⑥ （明）刘若愚：《酌中志》卷 22《内府琐事杂记》。

⑦ 郑鹤声、郑一钧：《郑和下西洋资料汇编》上册，齐鲁书社 1980 年版，第 34 页。

武七年到南京后，太祖令其徒智光“于钟山译其师菩萨戒文”[①]。同时又鼓励信众至其座下受持菩萨戒，诏凡“民有从善者，许令至蒋山受菩萨戒法，所司无禁”。萨哈拶释哩这一系的僧人与宫中关系密切，奉佛宦官中便有受持此戒者。郑和在永乐和宣德中刊印了大量佛经，其中就有属于由居家信徒受持的菩萨戒本《优婆塞戒经》[②]。明末，云栖袾宏力倡菩萨戒行，著《梵网戒经疏发隐》行世，并流入宫中，刘若愚所读莲池《菩萨戒发隐》即此。当时宫女中就有受持此戒者。《顺天府志·地理志七·寺观》载房山县有香光寺，建者即万历中为翊坤宫管事、“菩萨戒弟子”于景科女。按照佛教规仪，受持佛戒即可按法缘辈序取得法号法名，宦官中便有不少人受取法名。前述郑和法名为“福善”。正统时御用监太监李童，法名亦为“福善”[③]；正统时南京守备太监袁诚法名“智海”[④]。而自永乐开始，随着藏传佛教在内宫中影响的不断增长，一些宦官还受取藏式法名。

剃度出家，寄身沙门。刘若愚《酌中志》记载有内官宋保，“虑热闹终有散场，苦海回头是岸，于是弃职为僧，常住不返”。刘若愚认为宦官中能像宋保这样“摆脱富贵，急流勇退所希有也”[⑤]。但实际上，明代宦官中由于信佛而遁寄佛门者时有所见。《明宣宗实录》即载宣德时就有宦官潜逃出宫削发为僧的现象。宣德三年，内官阮其和内使范台等人“私买僧牒，改名逃往山西陀罗山为僧”[⑥]。宦官此种行为显然是有悖于为臣之节的不忠之举，因此遭到宣宗严令禁止，诏此后“敢有潜逃为僧者，皆杀不宥。复命右都御史顾佐榜示军卫有司及诸关隘加以盘诘，有小内使祝发为僧潜逃在外者悉捕以来，若寺院藏匿能自首者宥其罪，官司不捕及藏匿不首者，事觉俱论死”[⑦]。不过，虽有禁令，却仍

---

① （明）李贤：《大通法王碑铭》，北京图书馆金石组：《石刻拓本汇编》第52册，第75页。

② 邓之诚：《骨董琐记全编·骨董三记》卷6《郑和印造大藏经》，北京出版社1996年版。《优婆塞戒经》为五世纪时由西域僧昙无谶译出。

③ （明）王直：《法海禅寺记》，北京图书馆金石组：《石刻拓本汇编》第51册，第114页。

④ （清）聂先：《续指月录》卷12《金陵东山翼善海舟永慈禅师》。

⑤ （明）刘若愚：《酌中志》卷22《见闻琐事杂记》。

⑥ 《明宣宗实录》卷49，宣德三年十二月甲辰。

⑦ 《明宣宗实录》卷98，宣德八年正月癸未。

有以身试法者。《明英宗实录》卷一七〇正统十三年九月壬戌条下载：

> 内使金荣三变其衣帽，潜出禁门，至密云县清洞口内剃发为僧，被缉事人擒获，锦衣卫鞠实以闻，上命诛之。

但此种禁令在明后期显然已经废止了。所以宦官出家为僧成为堂而皇之的事情。如万历时峨眉山僧慧宗（即别传和尚），有弟子名台泉者即系"由中贵披剃"为僧。慧宗故后，台泉还奏请朝廷在峨眉山重建了万年寺。[①] 万历时峨眉山海会寺僧明彻（即通天和尚）也曾剃度两个宦官为僧。"有内贵王公慈舟、苍明隐公等同谒师，执弟子礼，披缁祝发，皆蒙法印。"以此因缘，明彻也得到皇家眷顾。"二公回燕都，闻于宫禁，万历丁亥，赐紫衣袈裟及龙藏一部；复遣太监本张公持送帑金庄严经阁，以铁为瓦，赐额曰护国草庵寺。"另外，万历时有僧号南宗者，也"以中涓出家，弃红云琱辇之荣而希心空及第"，曾发心赴江南助刻《径山藏》。[②] 后僧妙峰建南京华山隆昌寺，特请其出面至京师"奏请上施"[③]。

万历时京师延寿寺住持慈舟和普济寺住持圆银均是宦官出身。据万历十四年曾朝节所撰《重修延寿寺记》[④]，慈舟"尝为中珰"，大致于嘉靖末年从延寿寺主僧印空剃度为僧，后"持一钵参叩四方之名缁"，曾在伏牛山印空旧住寺院挂锡修行十余年。其间万历六年，印空去世，延寿寺乏人住持，慈舟于十一年返回延寿寺继为主僧，遂利用包括皇家在内的各方檀助对寺院进行了较大规模的重修。圆银，《新续高僧传》有其略传。传云：

> 释圆银，字孤山，姓李氏，武清人也。少待（侍）内庭，给事银局工作。公余多暇，留心内典，昧久之，思出尘喧。乃乞退。遍

---

① 蒋超原纂，释印光重修：《峨眉山志》卷5《历代高僧》。

② （明）冯梦桢：《快雪堂集》卷30《书刻藏缘起后》，四库全书存目丛书影印本。

③ （明）黄汝亨：《敕建华山护国圣化隆昌寺碑》，国家图书馆金石组：《明清金石文献全编》第1册。

④ 北京图书馆金石组：《石刻拓本汇编》第57册，第143页。

> 游名山，远航南海。还至少林，遇无言师，为之披剃，具道从来，因以银圆名之，取其精坚不磨流通无碍。即谢曰："银则无须此，但期圆满足矣。"居数岁，复事游参，迈迹上方，构朝阳，息静山阿，将从此终焉。顾上方地接皇都，山势绵，云水幽胜甲于寰区，游侣日众。自孤山口至兜率寺二十余里马不能行，故来僧至孤山已饥疲交困，无休憩处，或望而却步。圆独发愿欲于孤山建十方丛院以利行者。早夜殷殷默祷显叩，卒达所志。殿宇即成，额曰"普济禅寺"，遂为始祖，人称"孤山长老"。以地名之，嘉其志也。以万历庚申正月十一日示寂，其徒通祥、通昱依浮屠法葬其骨于寺西北隅。[①]

此传虽简略，却是一个宦官由内廷而入丛林为僧的人生轨迹的珍贵记录。

布施寺庙。布施为佛教"六度"之首，明代宦官向佛寺的布施包括各种经像法器、供荐之具、田土赀财，等等。其布施佛寺之举早在洪武时已有所见。明释广宾撰《杭州上天竺讲寺志》载寺内有重达二百斤的铜签筒一对，即为洪武时一刘姓太监所施。[②] 永乐至宣德年间，郑和以"累蒙圣恩，前往西洋等处公干，率领官军宝船，经由海洋，托赖佛天护持，往回有庆，经置无虞。常怀报答之心，于是施财，陆续印造《大藏尊经》，舍入名山，流通诵读"。前后印造了九部，分别施送南京佛窟寺、鸡鸣寺、静海寺、天界寺、灵谷寺、镇江金山寺、福建三峰塔寺、北京皇后寺及云南五华寺等九座寺院。[③] 出于同样的动机，郑和还曾"出己缗，命工铸金铜像一十二躯，雕妆罗汉一十八位，并古铜炉瓶及钟声乐师、灯供具……俱送小碧峰（寺）退居供奉"[④]。而在出使过程中，郑和也往往以明朝皇帝的名义，布施佛寺，祈报佛佑。永乐七年，郑和与王贵通在锡兰就布施佛寺，并立碑志之，内称："惟锡兰山

---

① 喻谦：《新续高僧传》四集卷54《明房山上方普济寺沙门释圆银传》。

② （明）释广宾：《杭州上天竺讲寺志》卷7《建置》，四库全书存目丛书影印本。

③ 邓之诚：《骨董锁记全编·骨董三记》卷6《郑和印造大藏经》。

④ （明）佚名：《非幻庵香火圣像记》，转自郑一钧《郑和死于一四三三年》，载《光明日报》1983年3月16日《史学》版。

介乎南海，言言梵刹，灵盛翕彰。比者遣使诏谕诸番，海道□开，深赖慈佑，人舟安利，往来无虞。永惟大德，礼用报施，谨以金银、织金纻丝宝幡、香炉花瓶、表里灯烛等物，布施佛寺，以充供养，惟世尊鉴之。"① 郑和等宦官还自海外带回佛牙、佛像、法物及珍宝异卉等供施于寺院。如郑和至锡兰时，曾礼请佛牙归国，成祖诏"贮于皇城，式修供养"②；南京静海寺有"阿罗汉像，水陆毕陈，巧夺造化之奇，博山军持，鼎彝共存，精含制作之妙。此使者得之西洋，藏之兹寺"③。寺内又有"海棠，为永乐七年太监郑和舶上物"④；绣佛，"永乐中得自西洋"⑤。南京白云寺（一名永宁寺）多"名花异卉，有詹葡花一丛，乃三宝太监西洋取来者，中国无其种"⑥。南京弘济寺有娑罗树两株，也是"永乐中，太监郑和携自海外"者。⑦ 景帝时权宦兴安笃信佛教，"每岁饭僧，率以为常"⑧。成化时，宦官梁芳、韦兴、陈喜等大量向寺院布施佛经，一时"缮写经书布满寺观"⑨。嘉靖时，司礼太监李端在京师天宁寺"开木印造法华经，每岁印造一千部及印大乘诸品经，爰广流布"⑩。明末，有不少宦官还在房山施资助刻石经。⑪ 当然，明代宦官最大的布施是施财建寺，本章第三节将有详细的讨论。

人们的宗教信仰或由于家庭资受，或由于社会环境熏习，或者则是身处困境和艰难时的精神皈依。而趋利避祸的功利主义也往往是接受宗教信仰的重要动因。宦官是一个以皇家宫廷为生活核心的特殊群体，其奉佛的动因又是什么呢？是什么样的因素使佛教成为明代宫廷中宦官精

---

① 郑鹤声、郑一钧：《郑和下西洋资料汇编》上册，第 37 页。

② 西藏自治区文物管理委员会：《明朝皇帝赐给西藏楚布寺噶玛活佛的两件诏书》，《文物》1981 年第 11 期。

③ （明）葛寅亮：《金陵梵刹志》卷 18《静海寺重修疏序》。

④ （清）谈迁：《北游录》纪邮上。

⑤ （明）梅鼎祚：《鹿裘石室集》《诗集》卷 22，续修四库全书影印本。

⑥ （明）周晖：《金陵琐记》卷 2，河北教育出版社《历代笔记小说集成》本。

⑦ （清）谈迁：《枣林杂俎》中集《荣植》，江苏广陵古籍刻印社《笔记小说大观》本。

⑧ （明）至全：《大明故司礼监太监兴公之碑》，梁绍杰：《明代宦传碑传录》，第 71 页。

⑨ 《明宪宗实录》卷 260，成化二十一年正月己丑。

⑩ （明）张文宪：《殳山先生遗稿》卷 2《重修真空寺功德记》，书目文献出版社北京图书馆古籍珍本丛刊。

⑪ 北京图书馆金石组、中国佛教图书文物馆金石组编：《房山石经题记汇编》，书目文献出版社 1987 年版，第 620—631 页。

神生活的一个重要内容的呢?

第一，明代宦官的佛教信向是受皇室影响的结果。与以往任何一个朝代一样，明代的宦官绝大多数都是在幼童时期受阉入宫，他们脱离了家庭，与宫廷外的民间社会处于一种隔绝状态，特别是洪武时期，对宦官约束严厉，更难有与民间社会发生联系的机会，因此，皇家的宗教信向及相应的宫廷宗教文化氛围就成为宦官这个依附性群体宗教和文化选择的唯一导向。“人君好尚，天下趋向系焉”，何况身在君侧的宦官!郑和是明前期宦官中奉佛的代表人物，他虽出身穆斯林家庭，但自幼入宫，其佛教信仰显然是受宫中熏染所致。同时，宦官本身是皇家贱役，其奴才身份也决定了他们不可能有与帝后不同的思想信向。明皇室从太祖时期开始就大力倡导和信奉佛教，佛教影响也不断进入宫中，宦官也自然上行下效，信奉佛教。佛教史籍中就特别把明代宦官的佛教信向与永乐时期成祖强力倡导及宫廷中浓厚的奉佛氛围联系在一起，“中官因是益重佛僧，建立梵刹以祈福者，遍两京城内外云”[①]。因此，明皇室的佛教信向是明代宦官佛教信向的基本前提。

第二，宦官作为“刑余”之人，严重的生理残缺和低贱的宫奴身份，使他们成为一个被人们所鄙视的特殊群体。宦官深居禁庭，脱离家庭亲情，不能有正常人的生活，只能孤苦寂寞终老于宫禁。万历时太监王翱《咏笼雀》诗就真实、生动地表现了宦官的这种生活状态:

> 曾入皇家大罗网，樊笼久困奈愁何。徒于禁苑随花柳，无复郊原伴黍禾。秋暮每惊归梦远，春深空送好音多。圣恩未遂衔环报，羽翮年来渐折磨。[②]

作为宫奴，供帝后役使、驱遣是宦官的本分，其行事作为完全需要仰承帝后鼻息，稍有不慎，就会受到捶楚挞伐，以致性命不保。刘若愚《酌中志》就载万历时神宗“御前执事宫人、内官，或干圣怒，责处发遣，络绎不绝。每致重伤，兼患时疾而死亡者，殆无虚日”。又载:“中宫

---

① (明)幻轮:《释氏集古略续集》卷3。

② (明)刘若愚:《酌中志》卷22《内庭琐事杂记》。

孝瑞王娘娘，其管家婆、老宫人及小宫人多罹捶楚，死者不下百余人。其近侍内官亦多墩锁降谪。"[①] 因此，在宦官政治上擅权专横的背后，又隐藏着其内禁生活孤苦凄楚的一面。宦官日常生活中好赌、斗气、酗酒以及各种怪诞虚妄的生活习性也都反映出基于其特定的宫禁生活而出现在心理上的扭曲与畸变。因此在佛教中寻求精神慰藉，或者以奉佛而使自己趋利避祸，就很容易成为他们的一种信向选择。自然，在宦官中也有一部分人因得皇帝宠信而飞黄腾达，荣华富贵，但处在权力中枢的宦官要想固宠保位，就必须置身于各种复杂凶险而难有定数的人际倾轧和政治斗争的漩涡之中，浮沉不定，因此，通过吃斋念佛，达到使佛祖护佑自己的目的，是许多宦官佛教信向的重要诉求。总之，通过奉信佛教而达到或者满足自己的各种心理期待，也即所谓"祈福"、"求福"是明代宦官佛教信向的一个最主要诉求。

第三，明代宦官参与了大量皇家奉佛活动，包括传宣、迎请和护送僧人，督建寺院、法会以及斋僧、送供，等等，基本都是差用宦官，这些活动无疑为宦官接受佛教影响提供大量的机缘。

另外，成祖上台后，对宦官的"多所委任"，这是明代宦官政治的一个前奏，而与此相应的则是宦官佛信仰的逐渐彰显，这两者间也存在有不可忽略的内在关联。成祖对宦官之"多所委任"，其中一项重要内容便是以宦官作为朝廷命使出使四方。郑和七下西洋，侯显五使"绝域"是其中最具代表性的奉使活动。而宦官奉使活动，无论海上还是陆上，除了路程本身的种种艰难险阻之外，还随时面临着沿途海盗、劫匪以及有敌意的政权或部族的种种严重威胁。所以祈盼使程的平安无虞和逢凶化吉就成为奉使宦官们最大的心愿，祈求佛的佑怙，便成为宦官出使活动极其重要的精神寄托。郑和出洋活动，突出地表现了这一点。陈玉女先生指出，"佛、道两教在郑和七次下西洋的航海中，扮演着精神护航的重要角色"[②]。郑和本人"凡奉命于四方，经涉海洋，常叨恩于三宝"[③]。

---

① （明）刘若愚：《酌中志》卷5《三朝典礼之臣纪略》。

② 陈玉女：《郑和施印佛经与兴建佛寺的意义》，陈信雄、陈玉女主编：《郑和下西洋国际学术研讨会论文集》，台湾稻香出版社2003年版。

③ （明）郑和：《施印大藏经发愿文》（永乐十八年），郑鹤声、郑一钧：《郑和下西洋资料汇编》上册，第36页。

他也把使程平安归功于“佛天呵护”。前述郑所施九部佛大藏，时间“多属其启程之时”[①]，其用意就很清楚。郑和出洋活动从永乐一直持续到宣德时期，正是出于祈求和报答“佛天”对其出洋活动的“呵护”，郑和一方面不断地印造各种佛教经像等供奉于南京、北京、云南及福建等地寺院，另一方面则在南京、福建等地施财建寺（详后）。郑和是如此，其他参与出使的宦官也是同样。正统时期南京宁海寺，就是一批“下西洋”而归的宦官为报佛的庇佑而奏请英宗赐建的：“正统间中使至西洋诸国，船回，遇海风，作念佛号解脱，奏闻赐建。”[②]

明前期宦官出使特别是郑和等下西洋活动影响重大而深远，而在这一过程中他们的奉佛活动也值得注意，这一方面彰显了明代宫中宦官的佛教信向，另一方面也必然对宦官佛教信向起到强化作用。

第二节 宦官与皇室奉佛活动

一 皇室奉佛活动中对宦官的委用

在明代帝后推崇和信奉佛教的基本背景下，宦官与佛教的关系成为明代宫廷与佛教关系的一个重要方面，正是帝后的奉佛，不仅直接影响到宦官的宗教信向，而且使宦官获得了大量与佛教及其僧团广泛接触并建立联系的机会，即在皇家奉佛活动中，宦官受到了大量的委用。

一是奉旨召请和宣赐僧人。委宦官召请和宣赐僧人，在太祖时就时有所见。梵琦坐化后，危素铭文中“帝敕中使来传宣，钟山说法超沈绵”[③]之句即可说明。永乐时，成祖征召、宣赐藏僧，更主要以宦官为使，著名者如侯显、杨三保、戴兴、邓诚等。其后宣德间宫中赴藏使臣亦仍以宦官任之。如前述宣德时，宦官侯显和宋成就先后奉敕入藏宣赐。而到明末特别是万历时，凡皇家布施、颁藏、宣赐诸事几乎都是由宦官去做的。

二是督修佛寺，甚至督理寺院。从永乐开始，皇室对宦官多所委

---

① 邓之诚：《骨董琐记·骨董三记》卷6《郑和印造大藏经》。

② （明）葛寅亮：《金陵梵刹志》卷44；（清）佟世燕等：《江宁县志》卷5《梵刹》，中国书店稀见中国地方志汇刊本。

③ （明）宋濂：《佛日普照慧辩禅师塔铭有序》，《楚石梵琦语录》卷20。

任，授以权柄，主持、督修敕建佛寺也是对宦官的委任之一。较早的一例是永乐五年成祖遣太监杨升赴五台山修大宝塔院寺。[①] 永乐十年，成祖又令太监汪福等督修南京大报恩寺。[②] 宣德初，郑和等宦官又奉宣宗之命继续督修大报恩寺。宣德初在北京西山敕建大圆通寺，也由“中官经营整饬”[③]。宣宗还派宦官到西北督修藏传佛教寺院。宣德二年，太监尚义、孟继、陈亨、袁琦等奉旨在西宁卫瞿昙寺修建了一座佛殿。[④] 同年，人崇教寺的兴建，也是委太监王锦、罗玉、杜马林等前往督理的。[⑤] 正统、景泰时，敕修大兴隆寺和大隆福寺，主持修造的主要是太监尚义，另外有黎贤、陈谨、陈祥等。[⑥] 明代宗还差宦官“赍送金银等物往西宁瞿昙寺赏赐及修理殿宇”[⑦]。宦官主持官寺的修造以万历时期最为瞩目。京师内外凡皇室施建的寺院几乎全由宦官为之督董经理。“有司例不与闻”。如承恩、海会、万寿诸寺均由司礼太监冯保主持督造，慈寿寺也是先由冯保选址购地，由太监范江主持修建。[⑧] 京师以外，孝定与神宗在五台、普陀、伏牛、峨眉等地修寺，也都遣宦官主事。以五台山为例，万历六年遣太监范江、李友重修五台山大宝塔院寺；九年遣李友重修五台山大文殊寺；二十六年遣太监曹奉修建五台山洪福万寿藏经楼阁。[⑨] 又如普陀山，万历三十年差张随重建普陀寺藏殿；三十三年又差张随重修普陀寺。[⑩] 宦官督理寺院事务，最早可以追溯到永乐时期。《金陵梵刹志》卷二《钦录集》载宣德初南京大报恩寺房产、寺院维护及僧人度牒等事务，都是由太监尚义奏请处置的。正统时，胡濙所撰《神宫监太监昌公墓志铭》中有“钦委提督庆寿寺庶务

---

① （明）释镇澄原纂，释印光重修：《清凉山志》卷2《伽蓝胜概》。

② （明）葛寅亮：《金陵梵刹志》卷2《钦录集》。

③ （明）沈榜：《宛署杂记》卷18《恩泽》。

④ 马羊欠本：《瞿昙寺文物概述》，《青海文物》1990年第4期。

⑤ （明）欧阳铎：《陕西番僧乞拨军匠护持寺院疏》，（明）陈子龙、徐孚远等编：《明经世文编》卷212，中华书局1962年影印本。

⑥ 《明英宗实录》卷171，正统十三年十月丁巳；卷277，景泰四年三月癸未。

⑦ 《明英宗实录》卷275，天顺元年正月丙戌。

⑧ （明）张居正：《新刻张太岳先生诗文集》卷12《敕建承恩寺碑文》、《敕建海会寺碑文》、《敕建慈寿寺碑文》、《敕建万寿寺碑文》。

⑨ （明）释镇澄原纂，释印光重修：《清凉山志》卷2《伽蓝胜概》、卷7《帝王崇建》。

⑩ （明）周应宾：《普陀山志》卷2《命使》。

中贵阮公兰赍状请铭"之语,[①] 说明庆寿寺是由宦官管理的。万历时，孝定所建慈寿、万寿两寺均敕宦官入寺督管。慈寿寺"老僧觉淳主之，中官王臣等典管领焉"[②]。万寿寺则"令内官监太监张进等侍奉香火，率督僧众焚修"[③]。另外，孝定皇后还在伏牛山委宦官姜某建慈光寺，寺院建成后，仍命姜某留寺"料理"寺务。[④]

三是奉旨兴修斋会、赍送供施等。明自太祖以来就有在佛寺修举斋会的传统，洪武太祖敕建蒋山广荐法会，永乐时成祖敕建灵谷寺法会，都极一时之盛，影响深远。永乐以后，随着宦官势力的抬头，一些由皇家兴办的斋会、佛事等也开始让宦官操办。宣德三年南京大报恩寺建成，明宣宗敕太监尚义、郑和、王景弘、唐观、罗智等，"启建告成大斋七昼夜，燃点长明塔灯，特敕尔等提调修斋"[⑤]。据《明实录》，宣德之后，英、代、宪、孝及武宗诸朝，在京师各大寺院或宫内大兴斋醮，尽管具体情况记载很少，但大多数都是委用宦官经手操办的。如正统时，司礼监少监孔哲就奉敕"总督大国师某率领番僧三十余众常于能仁寺修建大斋，上答天庥，祝延圣寿，用吉祥如意"[⑥]。弘治初在大兴隆寺"修斋"，"监斋"者是宦官李彪。[⑦] 万历时，孝定太后以"兴福"、"祈福"为名，在京师内外名山大寺广兴佛事，大都委用宦官。特别是在五台和普陀两山举办的佛事活动基本都是由宦官经办的。据《清凉山志》及《普陀山志》记载，万历七年，神宗与孝定为"祈储"，遣太监尤用、张本往五台大塔院寺修无遮斋七日；二十六年，遣御马监太监王忠、曹奉于五台五顶并狮子窝等处修建弘福万寿报国家佑民吉祥大斋，又于千佛澡浴池设大施会；三十七年，差御用监太监张随至普陀山饭僧并"启建检阁藏期场三年"；三十九年，张随又"奉旨到山启建酬

---

① 梁绍杰:《明代宦官碑传录》，第 12 页。

② （明）张居正:《敕建慈寿寺碑文》。

③ （明）沈榜:《宛署杂记》卷 18《恩泽》。

④ （明）德清:《憨山老人梦游全集》卷 32《伏牛山慈光寺十方常住碑记》。

⑤ （明）葛寅亮:《金陵梵刹志》卷 2《钦录集》。

⑥ （明）罗亨信:《觉非集》卷 5《司礼监右少监孔公寿塔铭》。

⑦ 《明孝宗实录》卷 41，弘治三年八月戊申。

答佛恩、保佑圣体万万安道场，斋施合山僧众”[①]。另外，京师一些佛寺，皇家还定期派宦官前往进香祷祝。如大圆通寺，从英宗时期开始，“每值大节，皆遣中使，赍香奠币，用答景贶”[②]。明末，“京师内外寺庙，各有烧香内官十余员”[③]，大概是专门在寺院中为皇家操办佛事的人员。

另外，万历时续修《大藏经》也有宦官参与。袾宏《竹窗三笔》“续入藏诸贤著述”条载：

> 古来此方著述入藏者，皆依经论入藏成式……有当入而未入者，有元之天目高峰禅师语录、国初之琦楚石禅师语录，皆宝之遗珍也。近岁又入藏四十余函，而二师语录依然见遗，有不须入者反入焉。一二时僧与一二中贵草草自定，而高明者中不与其事故也。

二　内廷诸经厂

内廷诸经厂是明代内廷宦官衙门中直接从事有关佛、道宗教事务的机构，其中大藏经厂、汉经厂、番经厂、西天经厂都属佛事机构。这些经厂在众多宦官衙门中并没有显赫的权位，但从宫廷宗教以及宦官与佛教关系的角度看，诸经厂在其中的影响和地位是值得注意的。

大藏经厂。《日下旧闻考》卷四一《皇城》引《燕都游览志》载：

> 司礼监大藏经厂，按碑记，皇城内西隅有大藏经厂，隶司礼监，写印上用书籍及造制敕龙笺处。内有廨宇、库藏、作房及管库监工等处官员所居。藏库则堆贮历代经史文籍、三教番汉经典及国朝列圣御制诗赋文翰印板石刻于内……建自正统甲子，历至嘉靖戊午，世宗皇帝造玄都官殿，将本厂大门拆占，廨宇等项虽存，而官匠出入狭隘不便。隆庆改元，玄都拆毁，其后内监展拓旧基，重加修饰，始于万历三年二月，落成于五月。

① （明）释镇澄原纂，释印光重修：《清凉山志》卷7《帝王崇建》；（明）周应宾：《普陀山志》卷2《命使》。

② （明）沈榜：《宛署杂记》卷18《恩泽》，明宪宗：《御制大圆通寺重修碑》。

③ （明）刘若愚：《酌中志》卷16《内府衙门职掌》。

据此，大藏经厂实为内廷司礼属下的印书和藏书机构，始建于正统甲子即正统九年（1444）。所印、所藏书籍则涉及儒、佛、道三家及明朝帝王著述，佛教经籍中又包括汉、藏两种文字。明代内廷所刊书籍即“经厂本”或“内府本”者，即出自大藏经厂。

据刘若愚《酌中志》，大藏经厂有专职宦官即“经厂掌司”司理：“经厂掌司四员或六员，在经厂居住，只管一应经书印板及印成书籍，佛藏、道藏、番藏皆佐理之。”①“番藏”者即藏文大藏。

又据清高士奇《金鳌退食笔记》，大藏经厂作为宫廷中印、藏图书的一个专门机构，入清后仍被保留下来了：“大藏经厂，在玉熙宫遗址之西，即司礼监经厂也。贮经书典籍及释藏诸经。今仍旧制。”②

汉经厂与番经厂。这两个经厂建于何时，史无明载。张居正《敕建万寿寺碑文》称，“初禁垣艮隅有番汉二经厂，其来久矣”。张氏又撰有《番经厂记》，略纪隆庆、万历之际穆宗和孝定太后重修番经厂始末，由此可知番经厂始置于永乐时期：

> 番经来自乌思藏，即今喇嘛教，达摩目为旁支曲窦者也。成祖文皇帝贻书西天大宝法王，延致法尊尚师等，取其经缮写以传。虽贝文梵字不与华同，而其义在戒贪恶杀，宏忍广济，则所谓海潮一音，醍醐同味者也。厂在禁内东偏，与汉经并列，岁久亦渐圮矣。穆宗庄皇帝尝出帑金，命司礼监修葺。今上登大宝，复以慈圣太后之命，命终其事。经始于隆庆壬申，至八月而告成事，因为文铭于石，垂诸久远焉。③

很显然，番经厂的建置与永乐时藏文大藏经的刊印有直接的关系，或者就是应刊印大藏经的需要而建立的。联系到永乐时佛《北藏》的刊印有宦官与事的史实，汉经厂也应是永乐时期为刊印汉文大藏经特别是

---

① （明）刘若愚：《酌中志》卷16《内府衙门职掌》。

② （清）高士奇：《金鳌退食笔记》卷下，北京古籍出版社1980年版。

③ （清）于敏中等：《日下旧闻考》卷39《皇城》。

《永乐北藏》的需要而建立的。至成化、弘治时，汉经厂中也还延请僧人从事写经活动。[①] 不过，可能是由于大藏经厂的建立，番、汉经厂的主要职能并非佛教经籍的刊印，而是从事佛事活动。所以早在永乐时期，明成祖就延请僧人至内廷教习经厂宦官佛事仪轨。如我们在前面提到桑渴巴辣就奉旨在内廷番经厂教授宦官“习学梵语真实名经诸品、梵音赞叹以及内外坛场”。天顺时，三曼答室哩也“奉敕于内府番经（厂）管教中贵官百有余员，习授西天各佛坛场，好事举，皆成就”。另外，天顺时，僧录司左讲经、智化寺僧然胜也“承旨提督汉经厂教经”[②]。可见，汉、番两经厂的宦官是接受僧人专门的佛事训练的。

又据刘若愚《国朝宫史》卷二十一，“番经厂，首领二名，无品级，充喇嘛，每月银二两五钱，米一斛半。太监十名，俱充喇嘛，每月用银一两五钱，米一斛半。汉经厂，首领二名，无品级，俱充僧，每月银二两五钱，米一斛半。太监六名，俱充僧，每月银二两五钱，米一斛半”。这些充为喇嘛和僧人的宦官当是番、汉两经厂的固定人员。但从一些史籍所反映万历朝的情况来看，这两经厂均有“经厂掌坛”的名目，多由御马监太监充任，当为负责经厂事务的首领。如万历时吏部侍郎王舜鼎所撰《护国大善弘恩寺碑》中，提到宦官杨用名衔为“汉经厂掌坛旧都府管事御马监太监”，卢永寿名衔为“汉经厂掌坛御马监太监”[③]。《普陀山志》提到万历中颁经使之一赵永为“汉经厂掌坛御马监太监”[④]。

西天经厂，又称为西天厂或西经厂，此经厂刘若愚《酌中志》及《国朝宫史》均未记载，最早提到“西天厂”的是《明孝宗实录》卷四六，弘治三年十二月壬戌条：

> 六部等衙门尚书等官王恕等以星变奉诏言经筵讲学乞不间寒暑，各寺观斋醮、西天厂诵经供应太侈，费财害民。

---

① （明）程敏政：《篁墩文集》卷29《应诏挥毫诗序》。

② 《智化寺颁藏经碑》阴，北京图书馆金石组：《石刻拓本汇编》第52册，第38页。

③ （民国）周志中修，吕植等纂：《良乡县志》卷8《艺文志·碑文》。

④ （明）周应宾：《普陀山志》卷2《命使》。

此后，嘉靖初时许多朝臣的奏文中都提及西天厂。如前引吏科给事中张原在给世宗所上《祛异端疏》中就并列提到汉经厂、番经厂、西天经厂。当时同为给事中的郑一鹏在同样议题的奏文中也提到了西天厂，称各厂斋醮糜费太甚，请求世宗“改西天厂为宝训厂，以贮祖宗御制诸书；西番厂为古训厂，以贮五经子史诸书；汉经厂为听纳厂，以贮诸臣奏疏，选内臣谨畏者，司其筦钥”[①]。由此可见，西天厂确为内廷经厂之一。西天厂的出现无疑与西天僧的活动有直接的关系。西天厂直到万历时似仍存在。李日华《六研斋笔记》卷二载万历后期曾有来自东天竺的“梵僧”锁南嚷结等五人经番经厂太监张贵奏请“命西天厂掌坛，教授中贵”。但不知何故，刘若愚于西天厂却无只字记载。

此外，《国朝宫史》卷二十中又载：“万善殿，首领四名，无品级，正副各二，俱充僧，每月银三两，米二斛，太监二十五名，俱充僧，每月银二两，米二斛。”则万善殿也应是一个有宦官从事佛事活动的专门场所。

番、汉两经厂作为内廷职掌佛事的机构，其法事活动的情况在刘若愚《酌中志》中有简略的记载：

> 皇城内旧设汉经厂，内臣若干员。每遇收选宫人，则拨数十名习念释氏经忏，其持戒与否，听人自便。如遇万寿圣节、正旦、中元等节，于宫中启建道场；遣内大臣瞻礼，扬幡挂榜如外之应付僧一般。其僧伽帽、袈裟、缁衣与僧同，惟不落发耳。法事毕，仍各易内臣服色。[②]

所谓“如应付僧一般”，点明了经厂佛事实际上就类同于民间瑜伽经忏活动，以此满足宫中佛事活动的需要，只不过，佛事是由扮充僧人的宦官来作的。除经忏佛事之外，汉经厂的另一职能是向新入宫的宫女教习佛家经忏。神宗时还“选择经典精熟、心行老成持斋者数员，教习宫女

---

① （明）郑元锡：《皇明书》卷10，四库全书存目丛书影印本。

② （明）刘若愚：《酌中志》卷16《内府衙门职掌》。

数十人，亦能于佛前作佛事，行香念经，若尼姑然”[①]。

番经厂的佛事则由宦官扮充藏僧进行，具藏传佛教的特色：

> 番经厂，习念西方梵呗经。凡有佛事，本厂内官易番僧帽，衣红袍，黄领，黄护腰，一日或三昼夜。[②]
>
> 番经厂内官百人习西方梵呗，遇万寿元旦等节，于英华殿作法事，卒事之日，一人妆韦陀捧杵，北面立，余披璎珞，鸣锣钹海螺诸器，赞唱经咒。至夜午方设佛位，立五色伞，数十人鱼贯而行其间，所谓九连环者，其行颇疾，至九连环变，则体迅飞鸟，观者目眩矣。[③]

番经厂作佛事的英华殿供有“西番佛像”[④]，当类似于世宗时被拆除的大善殿，为宫中佛殿。番经厂的法事在天启时，也“奉旨教宫女为之”[⑤]。

两经厂的法事虽由本经厂宦官进行，却调动着许多宦官衙门的力量：

> 凡三经厂将做好事之前，须先颁旨意，传各衙门答应钱粮。其所诵经卷，所费纸答，司礼监也；桌凳、香炉等件，内官监也；铃杵等件，御用监也；幡、桌围，针工局也；拜单、围帏（莫）、伞，司设监也；香烛、油米，内府供用库也；炭饼、柴炭，惜薪司也；斋供饮食，尚膳监也；钟磬、锣鼓、铙钹，兵仗局也。[⑥]

“好事”即佛事、法事之谓。[⑦]

隆、万之际，适应皇室崇佛的需要，在嘉靖时几被废圮的番、汉两

---

① （明）刘若愚：《酌中志》卷16《内府衙门职掌》。
② （清）于敏中等：《日下旧闻考》卷39，皇城引《芜史》。
③ （明）朱权等：《明宫词》，（明）秦征兰：《天启宫词一百首》。
④ （清）于敏中等：《日下旧闻考》卷34《宫室二》。
⑤ （明）朱权等：《明宫词》，（明）秦征兰：《天启宫词一百首》。
⑥ （明）刘若愚：《酌中志》卷16《内府衙门职掌》。
⑦ 《元史》卷202《释老》云：“若岁时祝釐祷祠之常，号称好事者，其目尤不一。”

经厂得到重新修葺，“命中贵官虔诚者焚修，以兴佛事”，“于三经厂内，屡建法事，以祝圣母万寿，以祈四海康宁”。[①] 到天启、崇祯时，此类活动更成为宫中一大文化景观了。特别是中元节宫中“例作法事，放河灯于玉河桥”，皇帝、后妃临幸，宦官、宫女也竞往观之。中元节即盂兰盆节，俗称鬼节，民间于是日祭祖荐亡。宫中也如此。天启时，陪熹宗西苑游湖的两内臣落水溺毙，熹宗即命魏忠贤于中元节组织番经厂宦官作佛事超荐。“高玄法会演盂兰，个个西僧紫袖宽，泽畔魂归幡影乱，波罗蜜供佛灯寒。”[②] 崇祯十五年，思宗宠妃田氏病故，也中元节作法事超度。王誉昌《崇祯宫词》云：

> 鸣螺叠鼓觉凄凌，今岁盂兰法事增，不是云龙星斗暗，移来金河作河灯。

王氏词注谓，“是年法筵倍盛于旧，盖田贵妃于是月十六日薨，特追荐之也”[③]。

第三节　宦官营寺活动

一　宦官营寺与财力的耗用

明代宦官普遍信佛、奉佛，他们的佛事活动中，最引人注目的现象是大量施营佛寺。宦官佛寺的营建，大致有三种情形，一是对现有寺院进行修葺或者增修、扩修；二是对已经废圮的古旧寺院进行重建；三是新建。明代自太祖时期开始，就严禁私创寺院，“其原非寺额，创立庵、堂、寺院名色，并行革去”[④]。受此制约，明代宦官施营佛寺以废寺重建者居多。

就目前我们所见资料，郑和是明代宦官中开施营佛寺先河的人物。而南京吉祥寺则是郑和所建最早的佛寺。吉祥寺原本是元朝的天妃庙，

---

① （明）觉淳、道安等：《大明续诸经未人藏者添进诸函序》。
② （明）朱权等：《明宫词》，（明）蒋之翘：《天启宫词一百三十六首》。
③ （明）朱权等：《明宫词》，（清）王誉昌：《崇祯宫词一百八十六首》。
④ （明）葛寅亮：《金陵梵刹志》卷 2《钦录集》。

永乐初改为佛寺。[①] 万历时焦竑撰《敕赐吉祥寺重修碑》称："吉祥禅寺者，胜国时天妃庙……永乐初中官郑和归自西洋，增置为寺，朝廷降敕护之。"[②] 按郑和首次出洋在永乐三年至五年间，五年归后，同年又再度出使。"永乐初"可以理解为郑和首次出洋归来的永乐五年。很显然，吉祥寺是郑和首次出洋平安归来后，为报"佛天护持"之恩而建的。除了吉祥寺，永乐时郑和还在福建闽县施资重建云门寺。[③] 宣德初，南京牛首山佛窟寺（弘觉寺）也曾由郑和施财修葺。天顺时佚名所撰《非幻庵香火圣像记》载，宣德改元，宗谦和尚住持佛窟寺，郑和往谒寺中，"览兜率崖辟支佛洞，愕然有感，乃伐木鸠材，复崇栋宇像设，起人之瞻敬"[④]。另外，南京静海寺的营造也与郑和有关。静海寺具体建置年份史无明载，《金陵梵刹志》卷十八所录嘉靖时进士俞彦《静海寺重修疏序》称："文皇践祚，海夷西洋尚逆颜行，爰命专征……乃折鲸飓涛弱浪之外，楼帆无恙，获所贡琛异以归，岁奉朝朔，皇灵震荡。说者奇其绩，以为神天护呵，合建寺酬报。诏可，赐今额。"《江南通志》卷四十三《舆地志·寺观》载："静海寺，府西北仪凤门外，卢龙山之麓，明永乐间内监郑和使西洋归，因建寺赐额。"[⑤] 可见，静海寺是以郑和为首的出洋宦官为酬答佛祖佑护之恩而奏请营建的。寺院中如前所述还供藏有宦官们自海外带来的阿罗汉像等。

永乐之后，宦官权势日趋显要，宦官政治的局面逐渐形成，宦官施营佛寺的活动也日益频繁，即使在世宗斥佛的嘉靖时期也没有受到明显遏制。

明代宦官施营佛寺的活动主要集中于京畿地区，永乐十九年迁都北京后，则主要是在北京及周边进行。但南京作为明朝留都，仍是北京之外宦官最集中的地区。所以继郑和之后，南京地区宦官营寺活动也时有所见。何孝荣《明代南京寺院研究》检出永乐以后南京地区由宦官施

---

① （明）葛寅亮：《金陵梵刹志》卷25《吉祥寺》。

② （明）焦竑：《焦氏澹园集》卷19，续修四库全书影印本。

③ （明）黄仲昭：《八闽通志》卷75《寺观》，书目文献出版社北京图书馆古籍珍本丛刊本。

④ 转引自郑一钧《郑和死于一四三三年》，《光明日报》1983年3月16日，标点略有改动。

⑤ （清）伊继善、赵国麟等：《江南通志》，文渊阁四库全书本。

资营建或修葺的寺院有如下几处[①]：

永泰寺，正统中内府酒醋局太监喜住建。

静明寺，正统间南京守备、内官监太监罗智建。

金陵寺，正统中太监金普英建。

承恩寺，景泰时由御用监太监王瑾宅第改建为寺。

普应寺，正统至成化间太监扬寿藏建。

祝禧寺，正德间南京内官监太监余俊建。

观音阁，正德间太监萧通重建。

栖霞寺，万历中太监客仲募缘重修。[②]

另外，何著中未列或未标明为宦官所施营者尚有：

弘觉寺，正统初太监王瑾拓之。[③]

翼善寺，正统中袁智海建，袁智海即太监袁诚，智海是其法名。已见前述。

万寿寺，“在凤台门外，太监岳建”。[④]

清风寺，“在小山，太监廖建”。[⑤]

承恩寺，正德中南京守备司礼太监郑强建。[⑥]

永宁寺，正德中南京守备司礼太监傅容建。[⑦]

崇因寺，古刹，嘉靖间太监丘得重建。[⑧]

幕府寺，古刹，万历中“有中涓李区崇信燕僧性恒，迎置其中，尽捐赀修寺”。[⑨]

应该说，明代南京地区宦官施营的佛寺实际还不止以上所列，特别是明人记载中往往有意无意间隐没其事，宦官施营佛寺的活动多有湮

---

① 何孝荣：《明代南京寺院研究》，第98—119页。

② 按此寺之募建，首先发起者为内臣暨禄、刘海和党存仁等，见（明）焦竑《焦氏澹园续集》卷4《栖霞寺修造记》，续修四库全书影印本。

③ （明）李维桢：《大泌山房集》卷61《牛首山游记》，四库全书存目丛书影印本。

④ （清）佟世燕等：《江宁县志》卷5《梵刹》。

⑤ 同上。

⑥ （明）王诰、刘雨：《江宁县志》卷6，北京图书馆古籍珍本丛刊。

⑦ （明）闻人诠、陈沂：《南畿志》卷7。

⑧ （明）闻人诠、陈沂：《南畿志》卷7；（明）葛寅亮：《金陵梵刹志》卷40。

⑨ （明）李维桢：《大泌山房集》卷60《金陵城北三寺游记》。

没。但随着明宫廷的北迁，宦官营寺活动的重心也很快就移至北京地区，南京地区宦官营寺活动就显得冷清许多了。

明代宦官在北京地区的营寺活动在宣德时期已瞩目。万历时沈榜所撰《宛署杂记》中有宛平县境内佛寺名录，其中建于宣德间的崇化寺、万寿戒坛寺、广恩寺、永安寺等均为宦官施营。崇化寺为宣德六年（1431）太监吴亮所建，万寿戒坛寺为宣德九年阮简等建，广恩寺为宣德十年钱安建，永安寺为宣德九年太监但住建。[①] 正统、景泰时期，当权宦官王振和兴安都以奉佛著称，于营建佛寺也表现出极大的热情。王振"广造寺于北京"[②]，其中最著名的便是智化禅寺，此为正统九年（1444）王振为"祝厘"而建，寺额为英宗敕赐。寺院毗邻王振宅第，"规制弘敞，像设尊严，涂暨坚完，采绘鲜丽"[③]。除智化寺之外，王振还施赀重修了北京潭柘寺、栖隐寺和隆恩寺三所辽、金时代的古刹。[④] 兴安所营佛寺则有万宁、真空两处。[⑤] 有权宦的表率带头作用，其他宦官也踵相兴作，纷纷加入营寺的行列。"是时中官奉佛始盛，京城内外及西山建塔庙甚侈，踵作者倾其平生赀力为之，穹峻弘丽，上拟宸极。"[⑥] 此后天顺、成化、弘治及正德诸朝京师地区宦官营寺活动持续不断，未见消歇。其中成化、正德两朝尤为频繁。成化时期是明代北京地区佛寺数量增长最快的时期之一。成化二十二年（1486）礼部尚书周洪谟的奏疏中称："成化十七年以前京城内外敕赐寺观至六百三十九所，后复增建，以至西山等处相望不绝。"[⑦] 这其中宦官所建寺院占有相当比例。西山等处"相望不绝"的佛寺主要就是由宦官所营建的，"西山佛寺百数，多建自内官"[⑧]，明人王世贞诗中就有"西山二百寺，蝉缓琉璃刹，其

① （明）沈榜：《宛署杂记》卷19《僧道》。

② （明）周叙：《石溪集》卷2《正统十四年十月八日奏疏》，书目文献出版社北京图书馆古籍珍本丛刊本。

③ （明）王振：《敕赐智化禅寺之记》，梁绍杰：《明代宦官碑传录》，第90页。

④ （明）沈榜：《宛署杂记》卷19《僧道》。

⑤ 同上。

⑥ （明）谭希思：《明大政纂要》卷27，四库全书存目丛书影印本。

⑦ 《明宪宗实录》卷260，成化二十一年正月己丑。

⑧ （清）朱彝尊：《曝书亭集》卷67《西山碧云寺记》，四部丛刊本。

人中贵人，往往称檀越”之句。[①] 正德时期，武宗佞佛，宦官建寺更无所拘束。“太监刘（瑀）瑾、谷大用居中用事，家舍寺刹，争相起构。”[②] 嘉靖时，内阁首辅王廷相有《西山行》诗云：“西山三百七十寺，正德年中内臣作。”[③] 西山数百佛寺显然并不是正德一朝间宦官所建，但反映出这一时期宦官营寺活动之盛。嘉靖时期，世宗排斥佛教，特别是在宫中尽力清除佛教影响，然而，这并没有对宦官营寺活动产生明显的影响。被世宗呼为“黄伴”的司礼太监黄锦在宛平一地就营建有普安寺、广通寺和观音庵三处寺院。[④] 同为司礼太监的李端（号中轩）更是广修佛寺，所修寺庵有真空、正法、镇国、大慧、法琳、佑圣、上方、西方、延寿等近十所之多。[⑤] 当然，为迎合世宗奉道心态或出于保护佛寺的目的，一些宦官修佛寺的同时也修道观，甚至将道教祠堂也建置于佛寺之中。如李端就修有三官庙、真武庙及城隍庙等。[⑥] 而宛平境内大慧寺，系正德中司礼太监张雄所建，嘉靖中，提督东厂太监麦福，于寺左增建佑圣观，寺后又有真武祠。“盖是时，世宗方信道士而厌缁流，内官惟恐寺刹之毁，故建道观于其旁，而寺后山又有真武祠，藉以存寺也。”[⑦] 与此相同的是，嘉靖二十九年（1550），御用太监马玉等重修万寿戒坛寺，在寺内也增创真武殿。[⑧] 嘉靖之后，穆宗重新采取奉佛政策，特别是万历时期，慈圣太后力倡佛教，宦官营寺活动也再次升温。宛平西山一带，宦官营寺活动尤为繁密，“又见其新有作者，其所集工匠、夫役，歌而子来，运斤而云，行缆而织，如潭柘寺经年勿亟，香山寺、弘光寺数区并兴”[⑨]。

沈榜在《宛署杂记》中称：“今天下二氏之居，莫甚于两都，莫极盛于北都；而宛平西山，实尤其极盛者也。”[⑩] 这是总括佛道两教而言，

---

① （明）沈榜：《宛署杂记》卷20《志遗四》，（明）王世贞：《游西山诸寺有感》。

② 吴晗：《朝鲜李朝实录中的中国史料》上编卷13《中宗大王实录一》。

③ （明）沈榜：《宛署杂记》卷20《志遗三》。

④ （明）沈榜：《宛署杂记》卷19《僧道》。

⑤ （明）张文宪：《殳山先生遗稿》卷2《重修真空寺功德记》。

⑥ 同上。

⑦ （清）纳兰性德：《通志堂集》卷15《渌水亭杂识一》，上海古籍出版社1979年版。

⑧ （明）高拱：《重修万寿禅寺戒坛记》，北京图书馆金石组：《石刻拓本汇编》第56册，第12页。

⑨ （明）沈榜：《宛署杂记》卷19《僧道》。

⑩ 同上。

但两者中道观所占比例甚低。京师地区尤其是宛平西山一带佛寺“极盛”的状况与宦官持续不断的修建活动有直接关系。在北京明代所建寺院中，由宦官捐施资财的占有很大比例。前述沈榜在《宛署杂记》中录有宛平县佛寺二百二十一所，其中标明为宦官营建的为六十三处，占近三分之一，实际上，还有一些属宦官营建者，沈氏未能标出。可以说，在明代宦官上层中只要是奉佛者，几乎都有营寺之举。万历初汪道昆在《重修古刹翊教禅寺碑记》中称：“京师为四方首善，海内于是观听焉。当其时，中贵人若戚里世禄之家，率崇象教，以维风弼□，于是庵寺胪列，数且及千。”[①] 清人则总结道，“都城自辽金以后至于大元靡岁不建招提，明则大珰无人不建佛寺，梵宫之盛倍于建章万户千门”，“琳宫绀宇皆巨珰逆竖所为”。[②]

不过，明代宦官的营寺活动显然并不仅限于两京地区。随着永乐以后宦官政治力量的不断增长，宦官的活动也以奉旨在外镇守、监军、监税、监造等各种名义和形式而日益扩展到全国各地，宦官营寺活动亦随之延及各处。前面已提到，永乐时郑和就曾在福建修寺，而福建继郑和之后，宣德中又有内使卓广梁在闽县重建南法云寺；正统间镇守奉御来住在侯官重修地平瑜伽教寺；成化中镇守太监陈道则重修了侯官县神光寺、南涧报国寺和雪峰庵。[③] 曾为辽东首任镇守太监的王彦在边三十年，其重修、新创的寺院居然有十处之多。“方数千里之间，凡道场禅宇，旧者以新，坏者以葺：曰普陀、端寂、兴福、天宁、仙宁五寺，则重建者也；曰双峰、福田、玉泉、崇兴、普慈，则创新赐名者。”[④] 杭州为江南佛教重镇，明时也多有宦官兴寺之举。如上天竺讲寺，弘治、成化及万历诸朝之修葺都是当地镇守等太监所为。[⑤] 万历时驻杭州监督织造的司礼太监孙隆更是在当地广修佛寺，净慈、烟霞、龙井、昭庆及

---

① 北京图书馆金石组：《石刻拓本汇编》第57册，第52页。

② （清）神穆德撰，释义庵续撰：《潭柘山岫云寺志》卷1《梵刹原宗》，台湾明文书局中国佛寺志本。

③ （明）何乔新：《闽书》卷75《寺观》，福建人民出版社1994年版。

④ （明）杨荣：《敕赐广宁寺记》，梁绍杰：《明代宦官碑传录》，第1页。

⑤ （明）释广宾：《上天竺讲寺志》卷7《因革》、《建置》。

灵隐等西湖周边多所佛寺都经由孙氏施赀重修，“所施不下数十万”。[①]孙隆也因之得“西湖功德主”之誉。在甘肃河西地区，不少佛寺的修葺也都是在镇守太监的倡率和捐助下进行的。如山丹发塔寺，宣德间由镇守太监王安倡率重建[②]；山丹土佛寺，正统六年由镇守太监王贵和都指挥杨斌发起重建[③]；山丹广化寺，凉州副总兵和镇守太监张睿“各捐俸禀以助之”[④]。

施营寺院，需要有雄厚的财力保障，而明代宦官不仅在政治上得势，经济上也通过各种合法和非法的途径聚集了巨量的财富，“锦衣玉食之荣，上拟王者”[⑤]。清代史学家赵翼称：“明代宦官擅权，其富亦骇人听闻。”[⑥] 因为如此，他们“往往能捐重赀，以举大役”[⑦]。正统时范弘营香山永安寺，“费巨七十余万”[⑧]。正德中于经建香山碧云寺“费金以万万计”，“封山穴泉，规制逾等，尽天下之工役巧丽，而目无所施”[⑨]。后来魏忠贤又建坟修寺，“费金钱几百万”。到明末，“内臣性更侈奢争胜……甚至坟寺、庄园第宅，更殚竭财力，以图宏壮”[⑩]。正由于如此巨大的财力投入，“缁宫佛阁，外省直纵佳丽，不及长安城十之一二，盖皆中贵香火，工作辄效阙庭，故香山碧云甲于天下”[⑪]。很显然，真正有能力营造佛寺的是宦官中有权势的太监、少监等上层。而其巨大的财力投入招致许多怨愤。弘治时李梦阳在《上孝宗皇帝书稿》称：

---

① （明）吴之鲸：《武林梵志》卷2，文渊阁四库全书本；（明）张岱：《西湖梦寻》卷1、卷2、卷4，作家出版社1994年版。

② （清）钟赓起：《甘州府志》卷13《艺文上》，（明）陈敏：《重修山丹发塔寺碑记》，台湾成文出版有限公司中国方志丛书本。

③ （清）钟赓起：《甘州府志》卷13《艺文上》，（明）陈敏：《重建土佛寺碑记》。

④ （清）钟赓起：《甘州府志》卷13《艺文上》，（明）张嵩：《建广化寺碑记》，台湾成文出版有限公司中国方志丛书本。

⑤ （明）张萱：《西园闻见录》卷100《内臣上》。

⑥ （清）赵翼：《廿二史札记》卷35，中华书局1984年版。

⑦ （明）程敏政：《篁墩文集》卷18《香山永安禅寺观音阁重修记》。

⑧ （明）刘侗、于奕正：《帝京景物略》卷6《西山上》。

⑨ （明）陈沂：《游名山录》卷3《游西山记》，书目文献出版社北京图书馆古籍珍本丛刊本。

⑩ （明）刘若愚：《酌中志》卷20《饮食好尚纪略》。

⑪ （明）王士性：《广志绎》卷2《两都》，中华书局1981年版。

> 今京城内外千观万寺，亦炽矣。顾又不止，彼左右侍臣孰匪造寺者也？动孰匪以巨万计？谚曰十入一出，彼巨万出，则其入不止于巨万明矣……彼以巨万入者，又何惮而不造寺也！[①]

明人沈守正也说：

> 凡西山诸刹皆诸珰墓院，假佛慈以托不朽。此曹盗国灵，吸民髓，不知财所自来，辇金输璧如委诸壑。[②]

宦官营寺之巨大财力，主要出自于个人各种渠道而得的积蓄。大宦官财力雄厚，营事往往独力担负。如正统时王振建智化寺，“凡百工之费，一出己资”[③]；弘治时内官监太监姚训重修善果寺，“凡百费俱出于公”[④]；冯保建双林寺，“以三朝赐金为之”[⑤]。不过，一方面，由于寺院营造工费浩大，所以宦官施营常常采取合作协赞的形式；另一方面，营寺为修福功德，所以一人发愿，则众人施助，共成胜缘。正统初，太监宋文毅施资修崇福寺（即唐悯忠寺，今法源寺），“乃告其同列阮民福、黎文遥、杜可隆等共相协赞”[⑥]。正德七年（1512），司设太监韦懋与艾清发起重修寿明寺，“各弃囊赀，遂言于太监韦公固、高公瑾收众善乐施之资”，参与施助的宦官多达七百人之众。[⑦] 而万历时内官监太监张祯、刘恺及神宫监太监高朝等发愿重修昌平昭圣寺，请于司礼太监张

---

① （明）李梦阳：《空同集》卷39，文渊阁四库全书本。

② （明）沈守正：《雪堂集》卷6《游香山碧云二寺记》，四库禁毁书丛刊本。

③ （明）王振：《敕赐智化禅寺之记》，梁绍杰：《明代宦官碑传录》，第90页。

④ （明）李绅：《重修善果寺碑记》，北京图书馆金石组：《石刻拓本汇编》第53册，第144页。

⑤ （明）张居正：《新刻张太岳先生诗文集》卷9《司礼监太监冯公预作寿藏记》。

⑥ （明）陈赞：《重建崇福禅寺碑记》，北京图书馆金石组：《石刻拓本汇编》第51册，第106页。

⑦ （明）顾经：《重建寿明寺碑记》及碑阴题名，北京图书馆金石组：《石刻拓本汇编》第54册，第4页。

诚，“诚首捐禀俸，以树施帜，其下僚属各随分愿有差”[①]。由此可见大宦官“树施帜”对营事有着重要意义。坟寺之建则又往往通过义会组织进行协济。上述商质建千佛寺即是一例。

当然，宦官营寺也有以权谋私，假公济私者。景泰时，“内使阮绢阿附司礼太监兴安，为嘱管工太监黎贤擅于内府西海子边作佛庵及西山等处作生坟佛寺，盗用官木料等万计”[②]。外朝官员中也自然有投其所好，刻意奉迎者。如正德时“权倖阉官庄园祠墓香火寺观，工部复窃官银以媚焉”[③]。

明代宦官在施营佛寺的同时，也为寺院捐施田土以供香火，为僧众提供衣食之资。寺院施舍田产钱财者也颇为普遍。正统时，太监金英将“朝廷原赐武基庄田房舍，树株，内旧有废坏古刹道场，臣发心重建。就将原赐田土、树株布施本寺常住收用，以供斋粮”[④]。成化时，太监梁芳修胜泉寺，“又买田一顷以给寺”[⑤]。卒于成化十年的太监夏时，生前造寺三所，并分别为置香火田总计超过十七顷。[⑥] 正德时太监赖义建延恩寺，也为寺“置民郭鉴地七顷六十三亩”，并奏请优免地内所有杂泛差役。[⑦] 据载，前述鲍忠所建延寿庵有寺田十四顷，“收入一供庸调，一供鲍氏香火”[⑧]。而两寺田土的来历虽然史书无载，但主要途径应该是宦官的施舍。

二　坟寺的营造

坟寺又称生坟佛寺，生坟为人们生前预置的坟墓，又称为“寿藏”。生坟佛寺就是生坟与佛寺并置。坟寺之设，发端于南北朝而盛行

---

① （明）程奎：《重修昌平州旧县昭圣寺碑记》，北京图书馆金石组：《石刻拓本汇编》第58册，第42页。

② 《明英宗实录》卷248，景泰五年十二月丁亥。

③ 《明史》卷78《食货二》。

④ （明）金英：《圆觉寺碑》，梁绍杰：《明代宦官碑传录》，第76页。

⑤ （明）彭华：《彭文思公文集》卷5《敕赐胜泉禅寺重修碑铭》，台湾文海出版社明人文集丛刊本。

⑥ 明武宗：《敕谕禁占崇勋寺寺产碑》，梁绍杰：《明代宦官碑传录》，第82页。

⑦ （明）沈榜：《宛署杂记》卷18《恩泽》。

⑧ （明）余有丁：《余敏文公文集》卷5《游西山记》，续修四库全书影印本。

于唐宋，是官僚与士庶为守护坟墓以及由僧人为祖先荐福、祭祀而设置的，其生前营造者，即为生坟寺。[①] 清人全祖望说："设为寺、庵、院之属以守墓，宋人最盛。"[②] 到明代，一般官僚士庶不再有预置坟寺的风气，而宦官中此风甚盛。刘若愚说："中官最信因果，好佛者众，其坟必僧寺也。"[③] 因此，在明代宦官所营佛寺中，就出现了为数众多的坟寺类寺院。至迟在正统时期，宦官中营造此类寺院的现象已有所见。正统初王彦在昌平营造广宁寺，即为归终而作。杨荣《敕赐广宁寺记》载：

> 公今年近七十，而好善之心，亹亹不倦，复出楮币若干，买地于昌平县桃谷口之阳，将创立禅宇，且卜寿藏，为身后计。曰："吾生有重信，没有所依归也。"力请于朝，于是命工市材。创三世佛殿五间，规划如制，四壁绘诸天梵象。后为祖师二殿，天神护法，各有所栖。禅斋有堂，方丈有室。□湢仓□，咸适其宜。构钟鼓二楼于左右，别建藏经阁于后，置金书般若经六百卷于中。寺成之日，集僧若干人，择戒行修洁者为开山□，以祝景贶，以徼庇佑。[④]

坟、寺并置，以佛寺为葬身归依之所，是明代宦官佛教信向的重要体现，但同时，坟寺之营，也是宦官"以僧为子孙"[⑤]，由寺僧为其守护坟茔，身后四时祭祀，供奉香火，以期永久之举。清人朱彝尊谓此为"显为邀福于佛，阴令其徒守冢"[⑥]。明王廷相《西山行》诗中称："人间富贵尔所有，不虑生前虑生后。高坟大井拟王侯，假借佛宫垂不朽。"[⑦]

---

① 关于唐宋时期坟寺诸问题参见常建华《宗族志》第二章第三节，上海人民出版社1998年版；白文固《宋代的功德寺和坟寺》，《青海社会科学》2000年第5期。

② （清）全祖望：《鲒埼亭集》外编卷21《宝积庵记》，四部丛刊本。

③ （明）刘若愚：《酌中志》卷22《见闻琐事杂记》，北京古籍出版社1994年版。

④ （明）杨荣：《敕赐广宁寺碑记》，梁绍杰：《明代宦官碑传录》，第1页。

⑤ （明）王思任：《谑庵文饭小品》卷3《游西山诸名胜记》，续修四库全书影印本。

⑥ （清）朱彝尊：《曝书亭集》卷67《西山碧云寺记》。

⑦ （明）沈榜：《宛署杂记》卷20《志遗三》。

作为坟寺，一般都配置有专门的祭祀场所如享堂、祠堂等，呈墓、堂（祠）、寺并置格局。成化时，都知监太监崔保“鬻昌平何氏之地，营寿藏一所。开穴其中，下施石椁，外缭石垣，前设飨堂，中绘大士像，制极工丽。其左建佛寺，右建禅堂”[①]。万历初司礼太监冯保于京城东南郊自营其“寿藏”，也是如此。张居正为其所撰的《寿藏记》称：“前为大门，驰道属之。门内左为僧寺，以奉香火，右为护藏之宅。寺宅后为石楼各一，中为祠堂，堂后为寿藏，缭以周垣，树之松柏。”[②]王振生前所建智化寺，天顺时英宗诏“招魂以葬，祠智化寺，赐祠曰精（旌）忠”[③]。实际上也变成了一座坟寺。正德时南京守备太监傅容于城南置生坟，坟侧则分置祠堂与佛寺。[④] 而另一南京守备太监郑强在江宁建成恩寺，“寺南公墓在焉，墓堂赐额褒能祠”[⑤]。天启时，魏忠贤造生坟于西山碧云寺，坟“前列生祠”[⑥]。

明代，北京西山是宦官坟寺最集中的地方。严嵩《西山杂诗》即吟道：“本朝陵墓壮西山，松柏神宫未可攀；独有中官奉祠祀，石房烟火翠微间。”[⑦]“西山诸寺皆司礼大奄葬地香火院也。”[⑧]“其金碧阁殿皆浮屠氏之宫，大都中贵人自营其身后香火藏。”[⑨] 宦官建坟寺于西山始于何时，已不可考。但“一作百作，互相诩赛”[⑩]，终于使西山成了明代宦官坟寺之渊薮。其中碧云寺、永安寺和延寿庵最具代表性。碧云寺有“西山第一景”之称。钱谦益《碧云寺》诗中“丹青台地层层起，玉碣雕栏取次登，近禁恩波蒙葬地，内家香火傍禅灯”之句，就是碧云寺作

---

① （明）张升：《大明都知监太监崔公寿藏碑》，梁绍杰：《明代宦官碑传录》，第87页。

② （明）张居正：《新刻张太岳先生诗文集》卷9《司礼监太监冯公预作寿藏记》，四库全书存目丛书影印本。

③ 《明史》卷304《宦官一》。

④ （明）罗玘：《圭峰集》卷13《故南京守备司礼监太监傅公墓道碑》，文渊阁四库全书本。

⑤ （明）王诰、刘雨：《江宁县志》卷6，书目文献出版社北京图书馆古籍珍本丛刊本。

⑥ 《明史》卷245《万燝》。

⑦ （明）沈榜：《宛署杂记》卷20《志遗四》。

⑧ （清）钱谦益：《牧斋初学集》卷2《还朝诗集》下《碧云寺》，四部丛刊本。

⑨ （明）黄汝亨：《寓林集》卷9《游西山记》，续修四库全书影印本。

⑩ （明）王思任：《谑庵文饭小品》卷3《游西山诸名胜记》，续修四库全书影印本。

为宦官“香火藏”的文学写实。[①] 碧云寺始建于元代。清孙承泽《天府广记》卷三八载：“元碧云庵在西山，建于元耶律阿利吉，正德中内监于经拓之为寺。”[②] 明朱国桢《涌幢小品》卷二八载：

> 京城西香山碧云寺，瑰壮靡丽，正德中于经大珰所造，经为御马监太监，以便给得幸……复导上于通州张家湾等处榷商贾舟车之税，极为苛，悉岁入银八万两之外，即以自饱。斥其余羡为寺于香山而立冢域于后，所费金以万万计。上亦亲幸焉，故为之赐额及敕。[③]

可见，碧云寺从于经开始重修时就具有坟寺性质。寺既为于经所创，又为其葬地，故民间俗称“于公寺”。[④] 但碧云寺并非于经一人的葬地，于经之后，葬于此寺的宦官还有很多，“其北内官坟墓数十”[⑤]。因此寺院也屡经修葺。[⑥] 明末大宦官魏忠贤也以碧云寺为葬地。《明史》卷二四五《万燝传》载，万氏“间过香山碧云寺，见忠贤自营坟墓，其规制弘敞，拟于陵寝，前列生祠，又前建佛宇，璇题耀日，珠网悬星，费金钱几百万”。碧云寺经魏忠贤重修后，“奢侈逾甚”[⑦]。

与碧云寺齐名的西山永安禅寺，也是一座坟寺性质的寺院。据明商辂《香山永安寺记》，此寺始建于唐，沿于辽、金，入明时仅存废址。正统年间，司礼监太监范弘“捐赀市材，命工重建，殿堂、楼阁、庑廊、像设焕然一新，规制宏丽，蔚为巨刹”[⑧]。《明史》卷三〇四《宦官一》载：“正统时，英宗眷弘，尝目之曰蓬来吉士。十四年从征，殁于土木，丧归，葬香山永安寺。”景泰时，太监王诚又“继志修葺，寺刹

① （清）钱谦益：《牧斋初学集》卷2《还朝诗集》下《碧云寺》。
② （清）孙承泽：《天府广记》卷38《寺庙》，北京出版社1962年版。
③ （明）朱国桢：《涌幢小品》卷28《两京诸寺》，中华书局1959年版。
④ （清）孙承泽：《天府广记》卷38《寺庙》。
⑤ （清）朱彝尊：《曝书亭集》卷67《西山碧云寺记》。
⑥ （明）沈榜：《宛署杂记》卷19《僧道》：“国朝中贵屡修之。”
⑦ （清）吴长元：《宸垣识略》卷15《郊坰四》，北京出版社1964年版。
⑧ （明）沈榜：《宛署杂记》卷20《志遗三》。

赖之"[①]。弘治时，住持僧左善世定皑（东白）通过太监李兴和陈冕得孝宗给赐，益以信众檀助之资，重修寺内观音阁，寺内"凡所居狭者辟、缺者葺、敝者新，由是香山之刹视昔益胜"[②]。

延寿庵为正德、嘉靖司礼太监鲍忠所建，亦以规模宏丽如碧云寺而著称。[③] 鲍忠死后即葬于寺侧，故名鲍家寺。[④]

西山之外，京师内外各地，特别是四郊，也到处都有属于宦官坟寺性质的寺院。清人龚景瀚在一篇游记中记叙道：

> 薄游京城内外，而环城之四野，往往有佛寺，宏阔壮丽，奇伟不可胜计。询之，皆阉人之葬地。阉人既卜葬于此，乃更创立大寺于其旁，使浮屠者居之，以为其守冢之人。[⑤]

需要指出的是，在明代宦官所营坟寺中，有相当一部分是宦官集体葬地。前述之碧云寺即是如此。另外如灵福寺、护国寺所在京师黑山会地方，弘治时宦官"葬此者不下百数冢"[⑥]。京师东郊最胜寺为宦官钱喜、钱福及钱能三人葬地。[⑦] 西郊宏化寺"西北隅林木中冢累累，遗碑尚存，大珰徐澄、王朝等所瘗也"[⑧]。规模或大或小的集体坟茔的形成，缘之于与宦官内部的各种人脉关系和义会组织。明代"中官规矩：本管者，视甲科之大主考；照管老叔者，视房考；同官者，视同门；本管之于名下，照管之于侄子，犹座师之视门生，亦若父子焉"[⑨]。这些人脉关系纵横交错，但其中的核心则是那些形同"座师"的"本管"和

---

① （明）沈榜：《宛署杂记》卷20《志遗三》，商辂：《香山永安寺记》。

② （明）程敏政：《篁墩集》卷18《香山永安禅寺观音阁重修记》。

③ （明）朱孟震：《游西山诸刹记》谓"庵之侈如碧云"；（明）沈榜：《宛署杂记》卷20《志遗四》。

④ （清）吴长元：《宸垣识略》卷15《郊垧四》。

⑤ （清）周家楣、缪荃孙等：《光绪顺天府志》《京师志十七寺观二》。

⑥ （明）佚名：《重修黑山会坟茔碑铭》，梁绍杰：《明代宦官碑传录》，第41页。关于黑山会及其相关问题，参见赵世瑜、赵宏艳《黑山会的故事》，《历史研究》2000年第4期；梁绍杰《刚铁碑刻杂考》，《明代宦官碑传录》附论二。

⑦ 《明武宗实录》卷26，正德二年五月癸亥。

⑧ （清）于敏中等：《日下旧闻考》卷91《郊垧西一》。

⑨ （明）刘若愚：《酌中志》卷14《客魏始末纪略》。

"照管"之属，实际也就是宦官中最有权势的人。他们也是宦官中施营佛寺的主要力量。当这部分宦官建坟寺后，与其关系亲密的所谓"名下"及"侄子"之属也在同一坟寺处造墓附葬。程敏政《篁墩集》卷二十《太监何公寿藏记》载，太监何琛与夏栾二人"父事"尚膳监太监金兴，兴也厚待二人。金兴生前曾于京西香山作生茔，"且建寺以守"，何、夏二人即向金请求："某等敢徼惠墓傍地，以俟幸没而有知获侍左右。"金兴"恻然许之"。冯保建坟寺，其名下宦官王喜等也同在一处置有寿藏。① 所谓"义会"，主要是宦官间以治葬为目的组成的互济组织。"凡内臣稍富厚者，预先捐资摆酒，立老衣会、棺木会、寿地会，念经殡葬，以为身后眼目之荣。"② 其中参加"寿地会"者，往往就在同一处所构建坟寺，所有建造、修葺及维持由会众共同责任。明佚名《重修古刹千佛寺碑记》载，太监商尚质曾于都城广宁门南建生坟，又得知此地曾经有过一座古刹，于是重加建造。《碑记》云：

> 不意翁（按即商氏）有恙，工务未备，托翁之长孙太监绍渠公经代之。翁临终遗语，续增千佛殿、廊庑、方丈僧舍，聘其同官同众僚友义会，偕入寿茔。朋合资财，协济工费。在义会者，昆山张公暹、东湖孟公暹等数余人，慨然义美，共纳己资。复置本茔向南园地一段，并旧园余地□□□。众议出价银贰百伍拾，交付绍渠公给散族人商仲清等盘费支用。园地、寺所概归会中，千佛寺承业管理耕种，逐年租课出产，以备春秋祭享及修理佛殿墙垣，养赡僧众过活。③

三　宦官营寺活动与皇室、廷臣的关系

与皇室的关系。宦官营寺，自有其内在信向和现实功利的个人企望，而现实功利的状态对宦官而言全赖皇帝宠信、垂注与否。所以宦官都普遍以"报称皇恩"、"祝延圣寿"、"护国佑民"等字眼表述其营寺

---

① （明）张居正：《新刻张太岳先生诗文集》卷9《司礼监太监冯公预作寿藏记》。
② （明）刘若愚：《酌中志》卷16《内府衙门职掌》。
③ 梁绍杰：《明代宦官碑传录》，第209页。

诉求。正统时太监李童就说："吾营佛寺，用其法以报上恩。"他所谓"上恩"就是"遭遇盛世，致身显荣，朝夕近侍，近被宠光"，所以"崇建精蓝，归诚诸佛，以图报万一"。① 正统时司礼太监金英修造圆觉寺，寺碑中也是强调"报称"皇恩：

> 臣本草茅微贱，荷蒙太宗皇帝、仁宗皇帝、宣宗皇帝扶养长成，授以官职，莫能补报，拳切于心。兹又蒙今上皇帝、太皇太后娘娘、皇太后娘娘圣德深恩，益加信任，自愧菲陋，效报无由。今将朝廷原赐武基庄田房舍，树株，内旧有废坏古刹道场，臣发心重建。就将原赐田土、树株布施本寺常住收用，以供斋粮，并欲请僧□内，朝夕讽诵经文，祝延圣寿，及报答三圣在天之灵，以表臣涓埃之报切。②

成化时梁芳修胜泉寺，其寺碑中也称：

> 公每私念荷朝廷厚恩，锦衣玉带，出入禁闼，日近天子之清光，莫之报称。闻浮图教有佑国福民之利，思所以崇奉者久矣。③

而正统时王振营智化寺，寺碑中则以为皇帝、为国家祈福为其发愿：

> 将以休沐之暇，时获瞻礼，及诸眷属，朝夕崇奉，颛祈慈造，保佑国家。上愿圣天子福寿万年，永膺景命，福惠苍生；再愿天地清宁，和气充溢，雨畅时顺，年谷屡丰；以及国家民物之众，无间远迩巨细，贵贱愚良，均沾化育之恩，同跻仁寿之域，庶副区区平素之志。

正德时太监吴亮和焦宁营祝寿寺则直为武宗祈禳而发心。寺"古名普

---

① （明）王直：《法海禅寺记》，北京图书馆金石组《石刻拓本汇编》第51册，第114页。

② 梁绍杰：《明代宦官碑传录》，第76页。

③ （明）彭华：《敕赐胜泉禅寺重修碑铭》。

庆。正德八年，上微疾，太监吴亮、焦宁重建，祷之"[①]。

宦官营寺既迎合了皇帝崇奉佛教的宗教信向，又以"祝延圣寿，护国佑民为解"，契合了帝王希冀福寿安乐、国泰民安的一般心态，则宦官营寺明显附有邀恩固宠之意向。而皇帝对宦官在政治上信用器重，也往往以支持营事的形式体现出来。这些支持主要表现在以下几个方面：

1. 赐金助工。宦官营寺自有其雄厚的财力为依托，但也常得皇室给赐襄助。如成化二年（1466），尚衣太监廖屏重修弘慈广济寺，司设太监曹整为之上闻于帝，"遂荷累赐白金助工恩典"[②]。成化末，司设太监王助在西直门外建寺，以工料不足奏请官盐引二万，宪宗赐千引为助。[③] 弘治时司礼太监戴良矩重修潭柘寺，"出所积为工食费，又请于上赐金益之"[④]。弘治十六年（1503），内官监太监姚训重修善果寺，奏请于朝，孝宗命内官监太监彭喜等"监临其事，仍赐白金以助其费"[⑤]。万历时期，孝定太后笃信佛教，宦官营寺多得其捐助，实际成为皇家与宦官共营。千佛寺的营造就是一个例子。杨守鲁所撰《千佛寺碑记》载："西蜀僧遍融自庐山来游京师，御马太监杨君用以其名荐之司礼监冯公保，随贸地于都城干隅，御用监太监赵君明扬宅也。将建梵刹，迎遍融主佛事，闻于圣母皇太后，捐膏沐资，潞王、公主亦佐钱若干缗，即委杨君董其役。"[⑥]

2. 给赐寺额、藏经、护敕。由皇帝给赐寺院名额是表彰佛教和承认寺院合法性的重要标志，对于佛寺而言，是一种殊荣，更是护身之符。明代宦官所营寺院，新建者居少，自然要取得皇家的认可，而所营旧寺和废寺本来就有名额，但由当朝皇帝给赐名额方能确保其合法地位，因此，每当宦官营寺，相应的举动就是为寺院请额。当然，寺额弃

---

① （明）沈榜：《宛署杂记》卷19《寺观》。

② （明）万安：《弘慈广济寺碑铭》；（清）释湛祐：《弘慈广济寺新志》《建置上》，台湾明文书局中国佛寺志本。

③ 《明宪宗实录》卷216，成化十七年六月甲寅。

④ （明）谢迁：《重修嘉福寺碑文》，（清）神穆德、释义庵：《潭柘山岫云寺志》卷1《梵刹原宗》，台湾明文书局中国佛寺志本。

⑤ （明）李绅：《重修善果寺碑记》，北京图书馆金石组：《石刻拓本汇编》第53册，第144页。

⑥ （清）于敏中等：《日下旧闻考》卷54《城市》。

旧换新，对于营寺宦官而言，无疑也是彰显自身营寺功德的一个重要方式。所以明代凡宦官所营寺院无一例外全由皇帝赐额。明陆容《菽园杂记》卷五载："京师巨刹大兴隆、大隆福二寺为朝廷香火院，余有赐额者皆中官所建。"因宦官之请，皇帝还常常给寺院颁赐藏经。如范弘建香山永安寺，"事闻，乃赐额永安禅寺，于是请颁大藏经及护敕"。此后，"天顺、成化以来，累蒙颁赐经典"。"护敕"的颁赐则使寺院直接受到皇权的保护。香山永安寺除了初建时明英宗给赐护敕之外，成化时，御马太监郑同"又虑将来寺宇、田园、林木或致侵毁，请之于上，复赐敕谕禁护"①。同时期，万寿戒坛寺所属田土园林等遭到侵扰破坏，宪宗因司设太监王永之请赐给护敕。②

3. 以僧官主寺或授寺僧以僧职。"僧官"本是国家各级僧衙的官员，由僧官住持寺院或者授寺院住持以僧官名号，使寺院具有"官寺"色彩，此为抬高寺院地位的重要方式。所以明代宦官营寺，往往奏请皇帝由僧官住持寺院，或者为本寺僧人奏请僧官名分。因此就有了"寺必有僧官主之"的局面。天顺时，英宗眷念王振，"赐振祭，招魂以葬，祀之智化寺，赐祠曰精忠"③，并"以僧官主之"④。弘治时太监李兴修隆禧寺，奏请"以僧录司左觉义定锜住持"⑤。成化时，尚衣太监廖屏修弘慈广济寺，奏以本寺僧圆洪"授僧录司右觉义寻升右阐教住持于内"⑥。

4. 给赐田土，优免赋税。这是皇室对宦官所修寺院在经济上的一种优待。正德初应太监刘瑾之请，武宗诏赐最胜寺官牧地十顷，"与寺作香火并且赡护太监钱喜、钱福、钱能坟茔"。并赐护敕。⑦ 正德二年（1507），武宗诏夏时所建各寺寺田"该征粮草并杂泛差徭，悉与除

---

① （明）沈榜：《宛署杂记》卷20《志遗三》，（明）商辂：《香山永安寺记》。

② 明宪宗：《万寿寺禁谕碑》，北京图书馆金石组：《石刻拓本汇编》第52册，第144页。

③ 《明史》卷304《宦官一》。

④ 《明武宗实录》卷26，正德二年五月癸卯。

⑤ 《明孝宗实录》卷174。

⑥ （明）万安：《弘慈广济寺碑铭》；（清）释湛佑：《弘慈广济寺新志》《建置上》，台湾明文书局中国佛寺志本。

⑦ 《明武宗实录》卷26，正德二年五月癸亥；明武宗：《敕谕禁占最胜寺寺产碑》，梁绍杰：《明代宦官碑传录》，第111页。

豁”。并赐敕保护寺产。[①] 正德时太监赖义建延恩寺，为置民地七顷六十亩，又奏请将地内所有杂泛差徭，“悉予优免”。

与廷臣的关系。明代宦官专权，严重制约和侵消了廷臣的权力，形成了内外官之间严重对峙的局面，然而宦官身处内禁，亲近皇帝，因此外廷朝臣无论是政治上施展作为，还是仕途上进用攀升，都需与宦官周旋，从而在朝中形成错综复杂的政治连接。所以一方面，尽管朝臣们诟病于宦官营寺活动之糜耗或助长僧团规模的膨胀，但另一方面，又自觉、不自觉地在推就之间为其营寺活动歌功颂德。阉党之属自然更是竞相效劳。营寺为檀施功德，宦官施营自然要彰显其事，昭示永久，“万古流芳”。早期王彦营普慈寺，大学士杨荣“尝为记其事，且述其行业”，正统初，王彦又营广宁寺，又请杨为之撰“敕赐广宁寺碑记”。此后，凡宦官营寺，“必请于中朝之贵人，自公辅以上，有名当世者为文，而刻石以记之”。以宛平县为例，宦官营寺而廷臣撰记者表列如下：

寺院	施营宦官	撰记廷臣
万善寺	万历九年太监王臻重建	编修刘元震
寿明寺	天顺初太监段信等建	大理寺丞杜昌
兴德寺	正统十二年太监阮安舍宅建	学士李时勉
万宁寺	景泰五年太监兴安建	礼部郎中萧聪
青塔寺	天顺初年宛民郭真重建，太监普安施助	编修蒋冕
广济寺	成化元年太监刘嘉林舍宅建	学士孙天济奉敕撰
正法寺	成化十一年太监黄高建	学士李东阳
宝禅寺	成化六年太监麻俊舍宅建	户部尚书万安
祝寿寺	正德八年太监吴亮、焦宁重建	编修孙清
普安寺	嘉靖四十三年太监黄锦修	学士徐阶
衍法寺	成化四年太监阮安重建	吏部尚书杨一清
广通寺	嘉靖十四年太监黄锦重建	大学士徐阶
广福寺	嘉靖中太监景宗政建	大学士徐阶

① 明武宗：《敕谕禁占崇勋寺寺产碑》，梁绍杰：《明代宦官碑传录》，第82页。

续表

寺院	施营宦官	撰记廷臣
镇国寺	正德四年太监张钦重建	学士邹守益
洪庆寺	成化八年太监金鉴建	大学士商辂
普觉寺	正统三年太监阮昌建	祭酒胡濙
极乐寺	嘉靖二十七年太监暨擢建	大学士严嵩
永禧寺	弘治十五年太监李彪重建	编修孙绍祖
真空寺	正统中太监兴安等建	祭酒吴节
永隆寺	正统十一年太监童海重建	学士黄谏
云惠寺	正德初太监张永重建	吏部尚书梁储
昭化禅寺	正统五年太监阮普耳等重建	礼部尚书胡濙
华严寺	正统十年太监吴弼建	祭酒胡濙
观音禅寺	正统十六年太监黄创建	太子宾客胡濙
隆教寺	成化十六年太监邓锵建	学士万安
香山永安寺	正统六年太监范弘建	太常寺卿程南云
靖安寺	太监吴弼建	大学士梁储
佑善寺	成化年太监罗重建	户部郎中居达
永安寺	宣德十年但住建	太常寺卿程南云
大慧寺	正德八年太监张雄建	学士李东阳
崇化寺	宣德年太监吴亮建	礼部尚书杨溥
广慧寺	正德元年太监王念等重修	大学士刘忠
圆照寺	成化七年太监覃祥重修	吏部尚书彭时
宝林寺	正统三年太监王直等重建	礼部尚书胡濙
弘恩寺	弘治十三年太监戴蒙重建	户部尚书李东阳
潭柘寺	正统年太监王振重修	礼部尚书胡濙
潭柘寺	弘治十年太监戴义重修	大学士谢迁
栖隐寺	正统年太监王振、天顺年太监吴琪等重建	学士刘定之
净德寺	成化四年太监李棠建	祭酒吴节

廷臣为宦官营寺撰记，自然是颂扬宦官奉佛修寺的功德，读这些碑文，展现在人们面前的宦官都是乐善好施、济人利物的佛门弟子，与一般社会舆论所诟病的宦官形象形成反差。嘉靖时翰林院侍读高拱为太监马玉重修万寿戒坛寺所撰碑记就颇具代表性。内称：

马公贵在貂当，受恩弘厚而能翼翼小心，敦修行谊。其事主忠而勤，其处友和而信，其逮下恕而慈，其济人利物常若不及。今年已七十，而好善之心亹亹不倦，观于此举可知也。予故特为表述，俾后之历此者不独考其营建之迹，而亦有以知其为人，则马公之令誉固可以传之无穷也已。[①]

天启时，魏忠贤重修碧云寺，阁臣叶向高为其撰记，其内也是多有誉词，“颇称许魏氏”[②]。因此，明代宦官营寺活动既彰显了其奉佛的宗教信向，也成为树立自身正面形象的一个特殊形式。同时，反映着明代廷臣与宦官之间的微妙关系。清人龚景瀚于此有一番分析议论，颇中肯綮：

夫彼使中朝之贵人为文，固若挟之以不得不作之势，而彼贵人者，亦遂免首下气，承之以不敢不作之心，天下未有不相知而可以挟之使必然者，原其初，必自中朝之贵人而与宦寺有相知之旧。夫以中朝贵人，而与宦寺有相知之旧，则彼其所以为贵人者，未必不出于宦寺之推引，自我得之而何畏乎？彼推引而不出于宦寺而甚畏宦寺，则是惟恐宦寺之能为祸福于我，此孔子所谓患得患失也。

实际上，随着宦官与寺院关系的日益密切，特别是作为寺院檀施的功德主，寺院成为宦官在宫廷之外民间社会中的一个据点，在政治上希求进用者也往往借助于寺院僧人的途径与宦官结纳。

中官公出，必于其寺休憩，巧宦者率预结僧官，俟其出，则往见之，有所请托结纳，皆僧官为之关节，近侍大臣多与僧官交欢者以此。[③]

---

① （明）高拱：《重修万寿禅寺戒坛记》，北京图书馆金石组：《石刻拓本汇编》第56册，第12页。

② （清）谈迁：《枣林杂俎》中集《逸典·磨碑》。

③ （明）陆容：《菽园杂记》卷5，中华书局1985年版。

寺院由此成为官场外官员请托结纳宦官的重要场所。

四 宦官营寺与其他信众

佛教信仰普及于中国社会各个阶层，而非宦官所独具，因此宦官尽管有特殊身份，但共同的宗教信向使其营寺活动与民间其他佛教信众产生联系。换言之，宦官营寺并非完全局限于本集团的封闭性行为，而具有一定程度的开放性。不少宦官营寺活动中有社会其他阶层信众的参与，或者成为宦官与其他信众共同的行为。正统时，太监李童建法海寺，寺基即为当时的工部侍郎所施，而捐资助缘者除汉藏僧人和大批“官员人”外，尚有“信士”、“信女”数人。[①] 宛平真空寺即是景泰时司礼太监兴安偕其同僚陈瑾、沈温、韦定和宛平居士郑道明等共同兴建的。[②] 而这位居士郑道明，在成化初又将太监韩谅所施宅第建为寺院，宪宗赐名正觉寺。青塔寺也是如此，“天顺初，宛民郭真重修，太监普安感梦助成”。嘉靖中，御马监太监杨禄重修古刹普会寺，施资助缘的太监有八十余人，而一般信士、信女也有六十余人之多。[③]

在佛教世俗化的背景下，寺院不仅仅成为社会大众礼佛祈祷的宗教场所，同时也扩展成为民众休闲娱乐活动乃至于经济活动的中心。如京师万寿戒坛寺、碧云寺、香山寺、潭柘寺等在明代都是民众奉佛兼娱乐活动最为兴盛的地方。《宛署杂记》卷十七《民风》载：

> 碧云、香山二寺，都下称福地……戒坛在（宛平）县南七十里，先年僧人□□奏建说法之所，自四月初八说法起，至十五日止。天下游僧毕会，商贾辐辏，其旁有地名秋坡，倾国妓女竞往逐焉，俗云赶秋坡。宛俗是月初八日，要西湖景、玉泉山，游碧云、香山。十二日要戒坛，冠盖相望，绮丽夺目，以故经行之处，一遇山坳水曲，必有茶蓬酒肆，杂以伎乐，绿树红裙，人声笙歌，如装

---

① （明）王直：《法海禅寺记》碑阴题名。

② （明）张文宪：《重修真空寺记》，北京图书馆金石组：《石刻拓本汇编》第56册，第83页。

③ （明）李廷相：《古刹普会寺重修记》碑阴题名，北京图书馆金石组：《石刻拓本汇编》第56册，第20页。

如应，从远望之，盖宛然图画云。

又载：

县西潭柘寺有两青蛇，与人相习，每年以四月八日来，寺中僧人函盛事之。事传都下，以为神蛇，游人竞相往施，手摩之，以祈免厄。

寺院既成为民间活动的中心，则宦官营寺树碑，更能彰显其“功德”于民间社会。

这样，营寺活动既体现着宦官内部的人脉关系以及朝外力量与之结纳的脉络，同时又成为宦官勾通民间社会的一个重要途径，因而宦官营寺活动成为明代各种政治和社会力量的一个结合点。所营寺院也隐隐然成为这多种力量接合的一种标示。凡宦官建寺，必有朝臣为之题词，又有民间力量的参与。我们并没有看到佛教在明代政治上扮演什么刚性角色或者僧人参政干政的事件和个案，然而，佛教作为一种文化的力量显示出其社会政治的整合功能，发挥的是一种隐性作用。

第四节　宦官与僧人的关系

敬信“三宝”是佛教徒必须要遵循的基本行为准则。作为佛教信徒的宦官也不例外。永乐时曾一度出仕为钦天监官的道永就深得郑和的敬信。“忝礼亲炙，求决心要，企仰至矣。”① 宣德至正统间为皇室所崇重的僧人道孚，也得宦官敬仰和慕重。宣德时太监阮简等兴复京师万寿戒坛寺，即力请其主事。② 成化时僧人大闻驻锡于京师大宝禅寺，“道风翕然”，“司礼监黄、高二公闻师名袖香见之，言机契合，恨参承之晚。欲闻于上，师固辞乃已”③。正德时，太监张永贵极一时，于名僧大德

① （明）佚名：《非幻庵香火圣像记》。

② （明）明河：《补续高僧传》卷5《风头祖师传》。

③ （明）明河：《补续高僧传》卷16《大闻禅师传》。

却颇礼重。僧法会（云谷）自江南至京，有名望，张永慕而屈节，“请书华严、法华各一部祈皇嗣繁昌。师回南都书之”①。又有湘僧宝珠，张永慕其道行，“密奏张太后赐紫色伽黎衣，以征其德”②。嘉靖时，少林僧匾囤至京，御马太监张暹等“待之以礼，卜吉祥庵居焉”③。华严名宿真圆（遍融）在京师，御马太监杨用“常游师之门，入师之室，先为敷座献花，执弟子礼”④。明末四大高僧中的达观与德清也都甚为宦官信从。达观万历二十九年至京师，“一时禁中大珰趋之，如真赴灵山佛会”；德清在山东大劳山建海印寺，“大珰辈慕之，争往顶礼。时慈圣太后宫近幸张本者尤尊信”⑤。明末权阉魏忠贤也是“素好佛重僧，宣武门外柳巷文殊庵之僧秋月，及高桥之僧愈光法名大谦者，乃贤所礼之名衲也”⑥。

不过，明代宦官与僧人的关系绝不仅仅停留在宦官对僧人礼敬的层面上。以宫廷近侍和佛教信徒的特殊身份，宦官与佛教僧团之间的关系实际上具有更多的意义。第一，宦官在宫廷中拥有的权势和影响力可以为佛教寺院和僧人提供许多宗教政策方面的优待。明中叶一再过量度僧就明显与宦官有关。明自太祖以来，历朝对寺僧额数都有限定，而实际上只是具文而已，特别是明中后期，常常违例度僧以至于滥度。其中宦官的推助是重要原因。如正统与景泰间，广度僧徒与敕修官寺便是权宦王振与兴安从中促动的结果。史称正统时王振“请帝岁一度僧”⑦。“掌邦礼者屈于王振之势，今年曰度僧，明年曰度僧，百千万亿，日炽月盛”⑧。代宗即位后，鉴于正统度僧道过滥，“有旨不度僧道，既而以中旨三万二千八百余人”⑨。所谓“中旨”其实却有兴安在其中发挥作

---

① （清）陈毅：《摄山志》卷3《高僧》，台湾明文书局中国佛寺志本。

② （明）释如惺：《大明高僧传》卷4《天台慈云寺沙门释真清传》附宝珠，台湾白马精舍影印大正藏本。

③ （明）傅梅：《嵩书》卷9《竺叶篇》，四库全书存目丛书影印本。

④ （明）赵志皋：《大护国千佛寺遍融大师塔院碑记》，北京图书馆金石组：《石刻拓本汇编》第58册，第84页。

⑤ （明）沈德符：《万历野获编》卷27《释道》。

⑥ （明）刘若愚：《酌中志》卷14《客魏始末纪略》。

⑦ 《明史》卷164《单宇》。

⑧ 《明史》卷164《尚褫》。

⑨ 《明英宗实录》卷210，景泰二年十一月壬子。

用。前述景泰时太监兴安"以皇后旨度僧、道五万余人"，又请代宗"三年一度僧，至数万人"，都说明代宗朝广度僧徒与有"佞佛"之称的兴安有直接关系。成化朝是明代度僧最滥的时期，张萱《西园闻见录》载朝臣中曾有上言谏止者，"三上皆不报，僧道通中贵欲普度，撼以危言……"[①] 宦官的作用于此可见。而正德时武宗遣太监刘允入藏"取佛"事，与宦官焦宁、吴亮等人的大力鼓动有密切关系。正德十六年，御史李美等人的奏疏中指焦、吴为"奸党"，其罪名就是"诱引先帝崇信番僧，盖新寺于禁地，尊胡虏为法王，首倡取佛之名，大遂刘允之恶……"[②] 又，隆庆、万历时期，京师僧团通过宫中宦官以为皇上"造福田利益"等为词，屡请开放嘉靖时被封禁的西山万寿寺戒坛，"大珰辈屡屡力为之请"[③]。五台山戒坛之开，也是宦官从中周旋的结果。五台戒坛"自明以来，岁久封锢"，万历时僧远清以"欲兴此举，非叩帝阍其道末由，乃具文疏略述梗概，因内宦奏之"。终于得到神宗允准。[④]

第二，宦官可以为僧人亲近皇室起到重要的推引作用。如成化时僧人继晓"以星命之术因太监梁芳以进，大见亲幸，赏赉甚厚"[⑤]。"时妖僧挟近倖梁芳以秘术进，得被殊眷。"[⑥] 又如隆庆、万历时与宫中关系密切的僧人觉淳，从其师自成开始就与宦官过从甚密。自成先是在京师西山一带结庵而居，后由宦官迎至京师普安寺中，嘉靖三十九年自成去世后，司礼太监黄锦等重修普安寺，又延请觉淳住持寺院。穆宗即位崇佛，"就普安建吉祥道场，师主斋坛"。觉淳始得皇室信重。[⑦] 遍融、达观等这些在万历时期与皇室关系密切或得到皇室眷顾的僧人几乎都是直接或间接地通过宦官推引。遍融最初与太监杨用过从甚密，后由杨

---

① （明）张萱：《西园闻见录》卷105《二氏后·佛》。

② 《明世宗实录》卷3，正德十六年六月壬寅。

③ （明）张萱：《西园闻见录》卷105《二氏后·佛》；（明）沈德符：《万历野获编》卷27《释道》。

④ 喻谦：《新续高僧传》四集卷28《明太原永明寺沙门释远清传》。

⑤ 《明孝宗实录》卷20，弘治元年十一月甲申。

⑥ （明）林俊：《见素集》附录下，杨一清撰：《墓志铭》，文渊阁四库全书本。

⑦ （明）德清：《憨山大师梦游全集》卷29《普济庵始祖宝藏成公塔铭》、《敕建大护国慈寿寺开山第一代住持古风淳公塔铭》。

用荐于冯保，再经冯保闻于慈圣。达观真可最初亦系“由内阉以闻于慈圣”[①]。

当然，僧人若刻意攀附皇室，宦官的渠道显然是一条捷径。万历时蜀僧明开在山东五莲山建寺弘法，就有意通过结交宦官而得皇室眷顾：

> 畴念兹山僻处海堧，虽云堂有寺，而芳躅无闻者，固僧非祥麟威凤乎？抑天章宝篆未有以光被之也。且东武素悍而骄轻，我骤而建大宝坊，则必啧有烦言，正恐未可以慈悲摄受之耳。天作高山非万乘荒之，曷由光且大哉！由是定议入请大藏于神京。初至之日，京师大德群疑山非岱宗，寺非名刹，未易上闻紫阁……居无事，偶游西山蓝若，适惜薪司内监王忠者在焉，与师相见，一语心契，遂以师名及山奏上，且白其状，上大悦，敕赐山曰“五莲”，寺曰“光明”，仍手敕师管领御藏，遵持礼诵，储集弘庥，载赐紫伽黎，金千两。差御马监太监张思忠赍藏以往。师如敕供诵，保安圣躬，为国祈祥与民消灾弭患。已，赴阙谢恩，上复赐内帑金钱若干命师重修殿宇。[②]

可见，明开之名闻于内廷，宦官的推引实为关键。此后，明开又得光宗、毅宗礼重，“实受三朝宠被，身为帝者之师也”[③]。

第三，宦官是寺院僧人重要的经济来源。或是宦官主动捐施，或是寺院僧人化缘募集，在明代寺院特别是京师地区寺院的营建与僧团的衣食供养方面，宦官都投入了大量的资财，特别是那些坟寺类寺院更因为得到宦官长期固定的檀施而拥有优裕的经济条件。“凡寺属中贵为守冢者则富，否则贫。”[④] 西山碧云、永安两寺“宫殿之巍，器用之备，旛幢之富，田土之广，比之诸寺，特为极盛”[⑤]，正是源于历朝宦官源源不断之檀施。

---

① （明）文秉：《先拨志始》卷上。

② （清）释道忞：《布水台集》卷15《敕赐五莲山护国光明寺心空开法师塔铭》。

③ 同上。

④ （明）余有丁：《余文敏公文集》卷5《游西山记》。

⑤ （明）沈榜：《宛署杂记》卷19《僧道》。

第四，宦官既在政治、经济上成为寺院僧团强有力的依托力量，也必然能够对寺院僧团产生深刻影响乃至于左右丛林事物；而寺院僧团也逐步形成对宦官势力的依附趋向。《补续高僧传》卷十八《宽念小师传》载：

> 京师诸刹凡属中贵供奉者，皆以中贵为主人，僧反客焉，见中贵则膜拜敬礼。小师所居崇因寺亦然，乃祖若师守礼无失。

所谓“守礼无失”，显然成了一种僧人必须遵守的规矩。这种寺院与檀越间主客失序的现象，是佛教寺院阿附宦官的体现和反映。尽管宽念对此现象颇为鄙薄，但一般僧众显然并不以为耻。庸劣之流甚至主动阿附宦官，期得覆庇，谋取名利。如正统时，五台山显通寺僧人从铃大概就是通过结交王振而得为僧录司右觉义“住本寺提督五台一带寺宇”的：“从铃赀富巨万，结权贵为之请，遂有是命。”[①] 此“权贵”显然就是当权的司礼太监王振了。当时，与王振关系最为密切的僧人是僧录司右觉义然胜。然胜系京师宛平人，俗姓龚，“附太监王振，得为右觉义”[②]。王世贞《弇山堂别集》载然胜“贿嘱马顺引进王振家出入，积成巨富”[③]。可知然胜系通过马顺得与王振结纳。当王振败后，然胜也被罢去僧官。[④] 英宗复辟，然胜复官，仍为僧录司右觉义兼智化寺住持，奉敕为王振“继嗣香火”[⑤]。天顺三年正月，然胜上奏王振“有功社稷，赐祠额名旌忠，已立旌忠碑于祠前，乞赐赠谥，实万世旌忠之劝”[⑥]。至天顺六年，然胜又奏智化寺成于太监王振，旧有赐经及敕谕，正统十四年散失无存，乞仍颁赐以慰振于冥漠。上又从之。直到万历时，王振像尚存智化寺中，由僧人奉祀，香火不绝。[⑦]

在明代，僧人为结交和趋附宦官，甚至直接投到宦官门下以宦官为

---

① 《明英宗实录》卷 166，正统十三年五月乙未。

② 《明英宗实录》卷 291，天顺二年五月乙卯。

③ （明）王世贞：《弇山堂别集》卷 91《中官考二》。

④ 《明英宗实录》卷 291，天顺二年五月乙卯。

⑤ 《明英宗实录》卷 299，天顺三年正月乙未。

⑥ 同上。

⑦ （明）沈德符：《万历野获编补遗》卷 1。

师，而自称“门僧”。《明英宗实录》卷一一八，正统九年七月丙寅条下有这样一条记载：

> 京师仰山寺僧金和尚，自称王太监门僧，诈罪人金银数百。

这是恶僧打着王振“门僧”的旗号招摇撞骗，但说明王振门下肯定聚集着一批这样的僧人。到正德时，此种僧徒自号“门僧”，也即以宦官为师的现象更是司空见惯了。“缁流率贿近幸，号称门僧。”[①]“门僧”之称是一些僧人为讨好、结交宦官而自弃操守之举，更凸显出明代佛教僧人对于宦官势力的趋附之象，也从一个侧面反映出明代僧人乃至整个社会僧团庸劣窳败的景象。清初朱彝尊《西山碧云寺记》又载：

> 西山佛寺百数，多建自内官。其最闳丽者云碧云。寺因山上下筑，台殿金碧，露松栝之表。其北内官坟墓数十，镌石为阑，穷极纤巧，翁仲羊虎夹侍，墓碑林列，其文皆宰辅所制。中立穹碑二，具书总督东厂官旗魏忠贤爵秩，游人每画灰于壁作愤詈语，寺僧辄涂去，洒扫唯谨。过者徒有叹息而已。[②]

魏忠贤可谓恶迹昭彰，人所共愤，而碧云寺僧人却直到清代还能为其守墓洒扫，明代宦官势力对佛教僧团影响与渗透之深由此可见一斑，得到宦官檀护的佛教僧团已隐然成为民间社会中支持宦官的一种力量。“寺僧藉以衣食，遂甘为所愚，而洒扫无废。”[③]

另外，明代宦官与藏传佛教僧人也颇有结纳。永乐时宦官郑和崇奉佛教，在他身上就有受藏传佛教影响的明显痕迹。郑和本人在宣德初年为所印《优婆塞戒经》写作的题记中自署“大明国奉佛信官内官太监郑和，法名速南吒释，即福吉祥”。“速南吒释”即藏语“bsod-nams-bkra-shis”之译音，汉语意为“长寿吉祥”，义同“福吉祥”。这是一个

---

① （明）谈迁：《国榷》卷46，正德二年三月壬戌。

② （清）朱彝尊：《曝书亭集》卷67《西山碧云寺记》。

③ 同上。

十分重要的历史信息，它一方面表明自永乐时期开始，藏传佛教在明朝宫廷中影响的增长；另一方面则反映出藏僧与宦官之间是有交往和结纳的。遗憾的是，没有其他史料供我们深入考察更多有关郑和与藏传佛教的内在关系。继郑和之后，宣德时为御用太监的王瑾也受取藏式法名为“扎释端竹”，此见于其本人在北京大隆善寺所立的《西天佛子大国师班丹札释寿像记》碑。“扎释端竹”系藏语“bkra-shis-don-grub”的译音，意为“吉祥胜意”。而此人正与景泰时封为大智法王的藏僧班丹札释有非同寻常的关系。陈芜来自于安南，为永乐时明军平安南时被掳入宫的阉童之一。宣宗赐名王瑾，字润德。曾多次参与重大的边事活动，“东夷北虏西戎南闽窃发，芜皆与征行，皆被重赐。又尝被赐诗章，及范金为图书四，曰‘忠肝义胆’、曰‘金貂贵客’、曰‘忠诚自励’、曰‘心迹双清’以赐之”[①]。极见亲近信用。但作为与皇室关系密切的僧人，班丹札释与宫中奉佛宦官甚有交结。王瑾即与之过从甚密。明陈循《芳洲文集续编》卷二收有《西天佛子源流录序》一文，内称王瑾于班丹札释“尤所崇信，契合间，绘述其世出功行、遭遇之隆，萃为一帙，锓梓以广其传，而题曰《源流录》”。可知王瑾以信徒身份曾专为班丹札释纂辑了一部家谱兼个人传记性质的著作，题为《西天佛子源流录》。据陈氏序文，《源流录》追溯了班丹札释的家世渊源，并详细叙述了其行迹、事功及所获皇家眷待诸事。目的显然是为了彰显班丹札释的事功及其所得荣耀。所述内容与藏文史籍所载是一致的。[②] 此外王瑾又在班丹札释驻锡的京师大隆善寺为其立《西天佛子大国师班丹札释寿像记》，也是述其事功行业及所承皇家恩宠，可见王瑾于班丹札释奉礼之诚，交往之深。除了王瑾之外，正统时为御用监太监的李童与释迦也失、班丹札释等藏僧也有过从。李童正统四年建北京法海寺，正统八年所立寺碑助缘檀越题名中首列即为大慈法王释迦也失为首的藏僧六人，其他诸僧为西天佛子大国师哑蒙葛、西天佛子大国师班丹札释、灌顶国师锁南释剌、国师舍剌巴、禅师锁南藏卜和班卓儿。其中，哑蒙葛《明英宗实录》卷五五，正统四年五月己巳条记载于正统四年由国师加封为

① （明）叶盛：《水东日记》卷34《太监陈芜恩宠》。

② 参见智贡巴贡却乎丹巴绕杰著，吴均等译《安多政教史》第640—641页有关记述。

西天佛子大国师。锁南释剌《明英宗实录》中又作锁南舍剌，于正统八年由国师封灌顶国师，景泰四年封灌顶大国师，景泰七年封为灌顶大国师西天佛子。[①] 天顺四年，锁南释剌卒，英宗遣官致祭。[②]《明英宗实录》载锁南释剌死后，光禄寺在援例终百日停给其日常供养，但英宗却下令锦衣卫对有关官员治之"擅停之罪"[③]。可见锁南释剌是一个极得英宗宠眷的藏传佛教僧人。舍剌巴于正统八年封为弘善妙智国师。[④] 妙胜禅师锁南藏卜曾奉旨出使灵藏赞善王之地，因此于正统十三年进封国师。[⑤] 另有藏僧领占巴、扎失乳奴和扎失远丹三人则作为寺院"同开山剌麻"而列于题名碑中，可知法海寺建寺之初是一座汉藏僧混合的寺院。另外，新中国成立后在南京弘觉寺地宫发现有李童布施的诸多法器供物，其中就有具有藏传佛教特征的喇嘛塔，[⑥] 也反映出李童与藏传佛教确有密切的关系。

正统时与藏僧过从的宦官尚有土木之变时叛投瓦剌的喜宁。《明英宗实录》卷一八八，景泰元年闰正月戊申条载：

> 释番僧锁南。初，太监喜宁为北使，与锁南乞别，校尉廉得宁尝邀锁南至家，阅兵书、图谶，诏下锦衣卫狱。至是，释之。

前引陈宗藩《燕都丛考》所载大隆善寺内弘治七年国师后著乩领占施铸铁钟，钟身"尚铸有内监名数行"，显系助缘施主。则京师藏僧与内监始终保持着相当密切的关系。由此看来，明代藏传佛教影响在内廷的存在和延续，宦官是非常重要的因素。而藏僧能够出入内廷，往来禁掖，得与皇帝亲近，也多赖宦官之汲引，"法王佛子倚之以恣出入宫

---

① 《明英宗实录》卷 104，正统八年五月壬午；卷 228，景泰四年四月丙午；卷 268，景泰七年七月辛巳。

② 《明英宗实录》卷 315，天顺四年五月辛巳。

③ 《明英宗实录》卷 319，天顺四年九月甲戌。

④ 《明英宗实录》卷 104，正统八年五月己未。

⑤ 《明英宗实录》卷 166，正统十三年五月丁未。

⑥ 葛晓康：《南京牛首山弘觉寺塔地宫初探》，《东南文化》1996 年第 2 期。但此文指李童为郑和，实属臆猜附会。

禁”[①]。所以明诸帝对藏传佛教的沉溺，对藏僧的眷宠，宦官实起着推助作用。《明武宗实录》即指出武宗是“宠臣诱以事佛”，藏僧也因此而“皆得幸进”[②]。武宗之遣太监刘允入藏“取佛”事，就是听信了“左右近幸”也即内宦之言的结果，焦宁、吴亮等人尤其起了鼓动作用。正德十六年，御史李美等人的奏疏中指焦、吴为“奸党”，其罪名就是“诱引先帝崇信番僧，盖新寺于禁地，尊胡虏为法王，首倡取佛之名，大遂刘允之恶……”[③] 世宗初政，“崇正黜邪”，藏僧被逐，但不久也“修设斋醮，宠用僧道”，其中很重要的原因就是由于前朝“坏事之人各名下掌家管家等项人员计引番、汉僧道人等巧言诳惑”[④]。所以杨廷和、蒋冕等阁臣一再吁请世宗要“慎选左右”近侍，谓“人君一身，天下根本，欲令出入起居事事尽善，惟在前后左右皆用正人”，奏请“先朝随侍遗奸不得滥与”[⑤]。后来，世宗崇好道教，也是“左右近侍之人有与外面宫观革职人员阴相交结，承其指受，诱引陛下崇信道教”[⑥]。看来，无论是僧、道，也无论汉、藏，其之所以能够得幸于皇帝，宦官实为中介。而历朝对京寺藏僧减而复增，逐而复返，恐怕都有宦官在其中发挥的作用。

---

① 《明史》卷179《邹智》。

② 《明武宗实录》卷64，正德五年六月壬辰。

③ 《明世宗实录》卷3，正德十六年六月壬寅。

④ （清）黄宗羲：《明文海》卷56，蒋冕：《请慎选左右停止斋醮疏》。

⑤ 《明世宗实录》卷26，嘉靖二年闰四月乙巳。

⑥ （明）张原：《玉坡奏议》卷3《袪异端疏》。

结　语

以上我们就明代宫廷与佛教关系作了较为系统的考察，可以看出，从明太祖时期开始，基于佛教益于治化的功用，明皇室在思想层面上对佛教采取了崇尚和扶持的态度。而在社会组织的层面上，对其实行约束和限制，将其严格置于皇权的监控之下。但佛教作为一种广泛渗透于中国社会的思想信仰，使得宫廷皇室并不能始终超然其外，到明中期，皇室帝后对佛教的崇尚已不仅仅是基于其政治教化价值的考量，而是更明显地具有了以“祝厘”、祈福为诉求的信向意义，佛教也由单纯的社会“教化”之具变成了“护国佑民”之器。但皇室崇佛奉佛对宫廷政治生活以及社会经济方面的消极影响也是显而易见的，这又扭曲了佛教的形象，甚至败坏了佛教的名声。所以，皇室的崇奉并没有真正推动佛教的发展，相反却产生了负面效应，使佛教在很大程度上被社会舆论视为一种十分消极的文化存在。这是明朝皇室与佛教关系的基本特征。

明太祖一朝，曾极力笼络江南地区佛教上层，以此为巩固新政权的重要举措。与此同时，则在极端强化专制皇权的背景下，对于佛教丛林事务的控制较以往诸朝更加严密，明太祖甚至以行政力量直接改造丛林结构，以使其更有效地发挥“阴诩王道”的教化功用。而专职教寺的建构，体现了朱元璋重瑜伽而轻禅、讲的思想，直接影响了明代佛教的发展状况，即世俗化、大众化的应供佛事盛行，而禅道不兴，义学沉寂。基本上而言，太祖对佛教的推崇，是着眼于其教化之用，而超脱于信仰之外的。可谓之崇用。

明成祖借僧人道衍的谋划，以暴力手段登上帝位，崇尚佛教便成为为自己篡位“正名”，建树仁孝之君的形象以及营造和渲染吉祥盛世景象的一种特殊手段和形式。因此，成祖之于佛教，在表象上虽有浓厚的信向色彩，而归其根本，仍在于政治上的利用。但成祖大力弘宣和奉事佛教，却给世人以“溺事”佛教的印象，因此，他又极力掩饰自己的奉佛行为，并时常摆出一副遵循“贤圣之道”的明君姿态，斥责臣民中溺尚佛教的现象，对佛教僧团的统制也丝毫不肯放松。然而，成祖事佛声势浩大，佛教对宫廷影响也得到大幅度增长，奉事佛教由此成为宫廷上下的一种风尚和传统。当然，以佛教《大藏经》的刊刻为标志，明成祖在佛教文化的建设上也是有所建树的。成祖又迎请哈立麻、昆泽思巴及释迦也失等入朝，并广泛封赐上层僧人，从而与藏传佛教建立起密切的政治与宗教关系，于藏人的归化内向富有积极而深远的意义。

明中期诸帝奉佛祈福，凡帝后营建佛寺、启设斋醮都以邀祈福祉为诉求，宗教修持及功德意义十分突出。以宪宗和武宗为代表，诸帝又崇信密宗教色彩浓厚的藏传佛教，在京师寺院中供养大批藏僧，极尽优渥和宠眷。中期诸帝对佛教之热衷与沉溺，与朝政之委靡荒怠形成强烈的反差；与此同时，诸帝为建寺、斋醮等糜耗国赀民财无数，又因奉佛而滥度僧徒，对社会的政治、经济产生了诸多消极影响。如此崇佛护法，于佛教的发展不仅不能有所助益，反而把佛教推置于“惑世害政”和“蠹财耗民”的“异端”、“左道”的境地，在儒家正统视野中，诸帝奉佛偏离了所谓“贤圣之道”，所以朝臣中奏请“崇正黜邪”的声音便此起彼伏。这在一个侧面也反映出明代虽盛行“三教合一”之论，但对佛教的“异端”之斥说明儒学仍要竭力维护自身的主导地位不容动摇，尤其是在帝王治国理民方面更要体现出儒家“王道”的正统意识。

世宗之斥佛主要是其个人信向因素使然，其范围也主要局限于宫廷，斥佛之举虽然抑压了宫廷中对佛教的崇尚之风，疏离了皇室与佛教的关系，但宫廷中佛教影响根深蒂固，所以穆宗登极后，佛教影响又强力反弹，至万历时，在孝定太后的主导下更形成崇奉佛教的热潮。

万历时期皇室奉佛礼僧，与佛教“复兴”活动声气呼应，成为佛教“复兴”活动极为重要的推助力量。以德清、真可为代表的一批僧人也以“方外臣子”自命，主动迎合皇室，借以弘法济世。但帝后崇佛，又怠于朝政，且殃民建寺，糜耗无数，损害了国计民生，因此，佛教虽盛，而国运日衰，民生日蹙。在皇室建寺、布施、斋会等繁密的奉佛活动消耗了大量的国赀民财的同时，朱明王朝的气数也就在如潮的法音声中慢慢耗尽了。

明代宦官在宫廷政治生活中有着举足轻重的作用，在宫廷与佛教的关系中同样扮演着重要的角色。明代宦官普遍信奉佛教，在京师内外广兴佛刹，与佛教僧团建立有广泛而密切的联系，是明代佛教一股十分重要的檀护力量，并在很大程度上起着为佛教僧团在宫廷中代言的作用。由于宦官的檀护，加之一些寺院僧人的主动趋附，在宦官和寺院、僧人之间往往形成主从依附的关系，宦官因此在一定程度上成为影响和左右佛教丛林的势力，佛寺和僧人也隐然成为支持宦官的一种社会力量。与此同时，在宦官与佛教的关系中又折射着宦官之间、宦官与朝臣之间、宦官与皇室之间乃至宦官与民间社会等复杂而微妙关系的因素，其实际意义也远远超出宗教范畴，产生了更多的社会与政治影响。但很显然，以明代宦官专权跋扈的政治劣象，其与佛教的密切关系无疑也给佛教的社会形象蒙上了一层阴影。而众多僧徒之迎合亲附，也映照着明代佛教僧团媚俗庸劣的客观状态。

参考文献

《元史》，中华书局点校本。

《明史》，中华书局点校本。

《明实录》，（台湾）“中央研究院”历史语言所校勘本。

（清）自融撰，性磊补辑：《南宋元明禅林僧宝传》，台湾白马精舍影印卍续藏经本。

（明）明河：《补续高僧传》，台湾白马精舍影印卍续藏经本。

喻谦：《新续高僧传》，上海古籍出版社高僧传合集本。

（明）文琇：《增集续传灯录》，台湾白马精舍影印卍续藏经本。

（明）幻轮：《释氏稽古略续集》，台湾白马精舍影印大正藏本。

（明）如惺：《大明高僧传》，台湾白马精舍影印大正藏本。

（清）聂先：《续指月录》，台湾白马精舍影印卍续藏经本。

（清）钱谦益：《列朝诗集小传》，上海古籍出版社 1983 年版。

（明）梵琦：《楚石梵琦禅师语录》，台湾白马精舍影印卍续藏经本。

（清）傅维麟：《明书》，丛书集成初编本。

（明）袾宏：《皇明名僧辑略》，台湾白马精舍影印卍续藏经本。

（清）纪荫：《宗统编年》，台湾白马精舍影印卍续藏经本。

（明）李东阳等敕撰，申时行等奉敕重修：《大明会典》，江苏广陵古籍刻印社影印本。

（清）龙文彬：《明会要》，中华书局 1956 年版。

怀效锋点校：《大明律》，法律出版社 1998 年版。

（明）徐学聚：《国朝典汇》，四库全书存目丛书影印本。

（明）袾宏：《竹窗三笔》，福建广化寺《莲池大师全集》影印本。

（明）焦竑：《国朝献征录》，上海书店 1987 年影印本。

（明）雷礼等：《皇明大政记》，四库全书存目丛书影印本。

（明）仁孝皇后：《梦感佛说第一希有大功德经》，台湾白马精舍影印卍续藏经本。

明太宗：《诸佛世尊如来菩萨尊者神僧名经》，北京线装书局影印永乐北藏本。

（明）范守正：《皇明肃皇外史》，四库全书存目丛书影印本。

（明）姚士观等编校：《明太祖集》，文渊阁四库全书本。

（明）宋濂：《宋学士文集》，四部丛刊本。

（明）宗泐：《全室外集》，文渊阁四库全书本。

（明）徐一夔：《始丰稿》，文渊阁四库全书本。

（明）姚广孝：《逃虚子集》，续修四库全书影印本。

（明）杨士奇：《东里文集》，四库全书存目丛书影印本。

（明）胡广：《胡文牧公文集》，四库全书存目丛书影印本。

（明）宣宗：《大明宣宗皇帝御制集》，四库全书存目丛书本。

（明）陈循：《芳洲集》，续修四库全书影印本。

（明）陈循：《芳洲文集续编》，续修四库全书影印本。

（明）李贤：《古穰集》，文渊阁四库全书本。

（明）周叙：《石溪集》，书目文献出版社北京图书馆古籍珍本丛刊本。

（明）罗亨信：《觉非集》，书目文献出版社北京图书馆古籍珍本丛刊本。

（明）归有光：《震川先生文集》，四部丛刊本。

（明）程敏政：《篁墩文集》，文渊阁四库全书本。

（明）罗玘：《圭峰集》，文渊阁四库全书本。

（明）林俊：《见素集》，文渊阁四库全书本。

（明）刘瑞：《五清集》，北京出版社四库未收书辑刊本。

（明）彭华：《彭文思公文集》，台湾文海出版社明人文集丛刊本。

（明）文徵明：《甫田集》，文渊阁四库全书本。

（明）李梦阳：《空同集》，文渊阁四库全书本。

（明）张文宪：《殳山先生遗稿》，书目文献出版社北京图书馆古籍珍本丛刊本。

（明）杨廷和：《杨文忠公三录》，文渊阁四库全书本。

唐景绅、谢玉杰点校：《杨一清集》（上下册），中华书局 2001 年版。

（明）梅鼎祚：《鹿裘石室集》，续修四库全书影印本。

（明）朱赓：《朱文懿公文集》，台湾文海出版社明人文集丛刊本。

（明）李维桢：《大泌山房集》，四库全书存目丛书影印本。

（明）余有丁：《余敏文公文集》，续修四库全书影印本。

（清）全祖望：《鲒埼亭集》，四部丛刊本。

（明）德清：《憨山大师梦游全集》，台湾白马精舍影印卍续藏经本。

（明）达观：《紫柏尊者全集》，台湾白马精舍影印卍续藏经本。

（明）达观：《紫柏尊者别集》，台湾白马精舍影印卍续藏经本。

（明）焦竑：《焦氏澹园集》，续修四库全书影印本。

（明）沈守正：《雪堂集》，四库禁毁书丛刊本。

（明）张居正：《新刻张太岳先生诗文集》，四库全书存目丛书影印本。

（明）瞿汝稷：《瞿卿集》，四库全书存目丛书影印本。

（明）王思任：《谑庵文饭小品》，续修四库全书影印本。

（明）黄汝亨：《寓林集》，续修四库全书影印本。

（明）卢维祯：《醒后集》，四库全书存目丛书影印本。

（明）冯梦祯：《快雪堂集》，四库全书存目丛书影印本。

（明）臧懋循：《负抱堂文选》，四库全书存目丛书影印本。

（明）黄宗羲：《明文海》，文渊阁四库全书本。

（清）释道忞：《布水台集》，北京出版社四库未收书辑刊影印本。

（清）钱谦益：《牧斋初学集》，四部丛刊本。

（清）朱彝尊：《曝书亭集》，四部丛刊本。

（清）纳兰性德：《通志堂集》，上海古籍出版社 1979 年版。

（明）张原：《玉坡奏议》，文渊阁四库全书本。

（明）王圻：《续文献通考》，台湾新兴书局影印本。

（明）陈子龙、徐孚远等：《明经世文编》，中华书局 1962 年版。

（清）高宗敕编：《明臣奏议》，丛书集成初编本。

（明）谭希思：《明大政纂要》，四库全书存目丛书影印本。

（明）邓元锡：《皇明书》，四库全书存目丛书影印本。

（明）沈越：《皇明嘉隆闻见记》，四库全书存目丛书影印本。

（明）邓球：《皇明泳化类编》，书目文献出版社北京图书馆古籍珍本丛刊本。

（明）俞汝楫：《礼部志稿》，文渊阁四库全书本。

（清）厉鹗：《玉台书史》，续修四库全书影印本。

（清）谈迁：《国榷》，中华书局1958年版。

（明）陈沂：《游名山录》，书目文献出版社北京图书馆古籍珍本丛刊本。

（明）葛寅亮：《金陵梵刹志》，四库全书存目丛书影印本。

（明）大壑：《南屏净慈寺志》，四库全书存目丛书影印本。

（明）释镇澄原纂，释印光重修：《清凉山志》，台湾文海出版有限公司中国名山胜迹志丛刊本。

（明）宋奎光：《径山志》，四库存目丛书影印本。

（明）周永年：《邓尉圣恩寺志》，四库全书存目丛书影印本。

（明）释广宾：《杭州上天竺讲寺志》，四库全书存目丛书影印本。

（明）周应宾：《普陀山志》，四库全书存目丛书影印本。

（清）张维新、查志隆：《钦定清凉山志》，续修四库全书影印本。

（清）释湛祐：《弘慈广济寺新志》，台湾明文书局中国佛寺志本。

（清）神穆德撰，释义庵续撰：《潭柘山岫云寺志》，台湾明文书局印行中国佛寺志本。

蒋超原纂，释印光重修：《峨眉山志》。

（清）陈毅：《摄山志》，台湾明文书局中国佛寺志本。

（清）范承勋：《鸡足山志》，四库全书存目丛书影印本。

许止净述，王亨彦辑：《普陀洛迦山新志》，台湾文海出版有限公司中国名山胜迹志丛刊本。

（明）傅梅：《嵩书》，四库全书存目丛书影印本。

（明）严从简：《殊域周咨录》，国立北平图书馆善本丛书本。

（清）智贡巴贡却乎丹巴绕杰著，吴均等译：《安多政教史》，甘肃民族出版社1989年版。

（明）沈榜：《宛署杂记》，北京古籍出版社1980年版。

（明）刘侗、于奕正：《帝京景物略》，古典文学出版社1957年版。

（明）蒋一葵：《长安客话》，北京出版社1960年版。

（明）沈应文等：《顺天府志》，台湾成文出版有限公司中国方志丛书本。

（明）谈迁：《北游录》，中华书局1960年版。

（明）刘若愚：《明宫史》，北京古籍出版社1980年版。

（清）高士奇：《金鳌退食笔记》，北京古籍出版社1980年版。

（明）刘若愚：《酌中志》，北京古籍出版社1994年版。

（明）周晖：《金陵琐记》，河北教育出版社历代笔记小说集成本。

（明）柳瑛等：《中都志》，台湾成文出版有限公司印行中国方志丛书本。

（清）于万培等修，谢永泰续修：《凤阳县志》，台湾成文出版有限公司印行中国方志丛书。

（明）黄仲昭：《八闽通志》，书目文献出版社北京图书馆古籍珍本丛刊本。

（明）王诰、刘雨：《江宁县志》，书目文献出版社北京图书馆古籍珍本丛刊。

（明）闻人诠、陈沂：《南畿志》，书目文献出版社北京图书馆古籍珍本丛刊。

（明）吴之鲸：《武林梵志》，文渊阁四库全书本。

（明）何乔新：《闽书》，福建人民出版社1994年版。

（清）孙承泽：《天府广记》，北京出版社1962年版。

（清）吴长元：《宸垣识略》，北京出版社1964年版。

（清）佟世燕等：《江宁县志》，中国书店稀见中国地方志汇刊本。

（清）呼延华国：《狄道州志》，台湾成文出版有限公司中国方志丛书本。

（清）钟赓起：《甘州府志》，台湾成文出版有限公司中国方志丛书本。

（清）苏铣：《西宁志》，1959年据顺治刻本的油印本。

（清）汪元炯修，田而穟纂：《岷州志》，康熙四十一年刻本。

（清）佚名著，吴丰培整理：《西藏志》，西藏人民出版社 1982 年版。

（清）周家楣、缪荃孙等：《光绪顺天府志》，北京古籍出版社 1987 年版。

（清）龚景瀚：《循化志》，青海人民出版社 1981 年版。

（清）于敏中等：《日下旧闻考》，北京古籍出版社 1981 年版。

陈宗藩：《燕都丛考》，北京古籍出版社 1991 年版。

周志中修，吕植等纂：《良乡县志》，台湾成文出版有限公司中国方志丛书本。

（明）王鏊：《震泽纪闻》，三秦出版社中华野史本。

（明）沈德符：《万历野获编》，中华书局 1959 年版。

（明）谈迁：《枣林杂俎》，江苏广陵古籍刻印社笔记小说大观本。

（明）何良俊：《四友斋丛说》，中华书局 1959 年版。

（明）董穀：《碧里存杂》，丛书集成初编本。

（明）杨士聪：《玉堂荟记》，丛书集成初编本。

（明）都穆：《都公谭纂》，丛书集成初编本。

（明）叶盛：《水东日记》，中华书局 1980 版。

（明）张萱：《西园闻见录》，全国图书馆文献缩微复制中心中国文献珍本丛书本。

（明）张岱：《西湖梦寻》，作家出版社 1994 年版。

（明）王士性：《广志绎》，中华书局 1981 年版。

（明）陆容：《菽园杂记》，中华书局 1985 年版。

（明）杨士聪：《玉堂荟记》，丛书集成初编本。

（明）李贤：《古穰杂录摘抄》，丛书集成初编本。

（明）李日华：《六研斋笔记》，文渊阁四库全书本。

（明）朱国桢：《涌幢小品》，中华书局 1959 年版。

（明）文秉：《先拔志始》，丛书集成初编本。

（明）王世贞：《弇山堂别集》，中华书局 1985 年版。

（明）朱权等：《明宫词》，北京古籍出版社 1987 年版。

（清）赵翼：《廿二史札记》，中华书局 1984 年版。

（清）毛奇龄：《明武宗外纪》，上海书店 1982 年版。

邓之诚：《骨董琐记全编》，北京出版社 1996 年版。

吴晗：《朝鲜李朝实录中的中国史料》，中华书局 1980 年版

北京图书馆金石组：《北京图书馆藏中国历代石刻拓本汇编》，中州古籍出版社 1991 年版。

国家图书馆金石组：《明清石刻文献全编》，北京图书馆出版社 2003 年版。

北京图书馆金石组、中国佛教图书文物馆金石组编：《房山石经题记汇编》，书目文献出版社 1987 年版。

梁绍杰：《明代宦传碑传录》，香港大学中文系 1997 年版。

王春瑜主编：《明史论丛》第二辑，兰州大学出版社 2003 年版。

郑鹤声、郑一钧：《郑和下西洋资料汇编》，齐鲁书社 1980 年版。

韩儒林：《穹庐集》，上海人民出版社 1982 年版。

王森：《西藏佛教发展史略》，中国社会科学出版社 1997 年版。

郭朋：《明清佛教》，人民出版社 1982 年版。

中国藏学研究中心等：《元以来西藏地方与中央政府关系档案史料汇编》，中国藏学出版社 1994 年版。

牙含章：《达赖喇嘛传》，人民出版社 1984 年版。

牙含章：《班禅额尔德尼传》，西藏人民出版社 1990 年版。

邓锐龄：《元明两代中央与西藏地方的关系》，中国藏学出版社 1989 年版。

［意］利玛窦、［比］金尼阁：《利玛窦中国札记》，何高济、王遵仲、李申译，广西师范大学出版社 2001 年版。

陈玉女：《明代二十四衙门宦官与北京佛教》，台湾如闻出版社 2001 年版。

常建华：《宗族志》，上海人民出版社 1998 年版。

杨启樵：《明清皇室与方术》，上海书店 2004 年版。

李富华、何梅：《汉文佛教大藏经研究》，宗教文化出版社 2003 年版。

张显清、林金树等：《明代政治史》（上下册），广西师范大学出版社 2003 年版。

黄卓越主编：《中国佛教大观》（上下册），哈尔滨出版社 1995 年版。

吕建福：《中国密教史》，中国社会科学出版社 1995 年版。

陈垣：《明季滇黔佛教考》，河北教育出版社 2000 年版。

文史知识编辑部：《佛教与中国文化》，中华书局 1988 年版。

吕大吉主编：《宗教学通论》，中国社会科学出版社 1990 年版。

何孝荣：《明代南京寺院研究》，中国社会科学出版社 2001 年版。

南炳文主编：《佛道秘密宗教与明代社会》，天津古籍出版社 2002 年版。

佟洵：《佛教与北京寺庙文化》，中央民族大学出版社 1997 年版。

任继愈主编：《佛教史》，中国社会科学出版社 1990 年版。

谢重光、白文固：《中国僧官制度史》，青海人民出版社 1990 年版。

白文固、赵春娥：《中国古代僧尼名籍制度》，青海人民出版社 2002 年版。

黄卓越主编：《中国佛教大观》，哈尔滨出版社 1994 年版。

吕大吉：《宗教学通论》，中国社会科学出版社 1989 年版。

卓新平：《宗教理解》，社会科学文献出版社 1999 年版。

中国佛教协会：《中国佛教》（1—4），知识出版社 1980—1989 年出版。

方立天：《中国佛教与传统文化》，上海人民出版社 1988 年版。

杜继文、魏道儒：《中国禅宗通史》，江苏古籍出版社 1993 年版。

陈扬炯：《中国净土宗通史》，江苏古籍出版社 2002 年版。

韩儒林主编：《元朝史》（上下册），人民出版社 1986 年版。

南炳文、汤纲：《明史》（上下册），上海人民出版社 2003 年版。

孟森：《明清史讲义》（上），中华书局 1981 年版。

蔡美彪主编：《中国通史》（第八册），人民出版社 1993 年版。

吴晗：《朱元璋传》，三联书店 1965 年版。

商传：《永乐皇帝》，北京出版社 1989 年版。

丁易：《明代特务政治》，中外出版社 1950 年版。

陈学霖：《明代人物与史料》，香港中文大学出版社 2001 年版。

王春瑜、杜婉言：《明代宦官》，紫禁城出版社 1989 年版。

温功义：《明代宦官与宫廷》，重庆出版社 1989 年版。

（所引论文均已在文内注明，此处从略）

后　记

本书系笔者暨南大学博士学位论文。论文是在业师马明达先生的指导下完成的。在暨南大学就读期间，马明达先生不仅在学业上提携勉励，而且在生活上也提供种种关照和方便，在此，我向先生致以衷心的感谢！

论文写作过程中，台湾成功大学陈玉女教授惠赠其个人相关的学术论著，使我对台湾学术界、特别是对陈玉女先生本人的同类研究有了更多的了解，启示良多，受益匪浅。在佛教社会史研究中颇有建树的青海师范大学白文固教授也多有指教，在此并致谢忱！

邓昌友及姜清波博士等也给予了诸多充满友情的支持和帮助，十分感谢！

三年博士学业及学位论文能够顺利完成，离不开我妻子郭凤霞和女儿杜纯瑶的全力支持。妻子郭凤霞兼顾工作和家务，她的付出和操劳，使我免去后顾之忧。女儿杜纯瑶则以优秀的学习成绩让我安心学业。

读博期间，我的母亲与世长辞，令我哀伤，更令我愧疚和不安，因为作为儿子，我为母亲所做太少了！在此还要对我的姐姐多年来对母亲的照料深表谢意！